JN041937

大学生の
学びをつくる
New Basics for
Collegiate Learning

憲法入門
法・歴史・社会をつなぐ

清水雅彦

著

大月書店

はじめに

　実は私，法学部は滑り止めで入った．1年で他学部に移るつもりであったが，受験に失敗して法学部に残らざるをえなかったのである．「法は支配階級が人民を支配するためにつくったもの」と考えていたので，法学関連の授業には関心がなく，大学1年生のときはアルバイトと部活動で忙しかったこともあり，成績で「優」だったのはなんと体育だけ．受験に失敗して法学部2年生になり，困り果てていたところ，出合ったのが憲法の授業だった．当初，大学で勉強したいと考えていたのは哲学か政治学だったので，特に政治学に近い憲法が大変おもしろかった．3年からのゼミも憲法を選び，そのまま大学院でも憲法を学び，そして憲法学の大学教員になってしまったのである．「大学教員としてのアドバイス」として聞かれると説得力はないかもしれないが，「法学部の落ちこぼれのアドバイス」として聞いてもらえば，このような私でも今や憲法の教員なのだから，まずは少しでも憲法に関心を持ってもらえば，憲法の内容が頭に入ってくると言いたい．

　とはいえ，確かに憲法というと，一般的に「難しい」「堅い」というイメージがつきまとう．また，自分とは関係のない法だと考える人も多いかもしれない．しかし，私たちに今，さまざまな権利・自由が保障されているのは，たまたま20〜21世紀の，しかも日本に生まれたからにすぎない．あなたが弥生時代に生まれていれば，あなたは奴隷だったかもしれない．あなたが現代の軍事独裁国家に生まれていれば，軍事政権を批判して投獄されたり，戦場に送り込まれ戦死するかもしれない．今の日本には日本国憲法があり，平等や自由が保障されているので，私たちは奴隷ではないし，政府批判も許され，徴兵制もない．

　憲法には私たちが自由に考えたり（思想の自由），モノを言ったり（表現の自由），学んだり（学問の自由），働く（労働者の権利）など，私たちにとって大変大事な権利・自由を保障している．また，私たちは一人で生きていくことはできず，市区町村・都道府県・国に属して生活している．この自治体・国との関係では，私たちの税金をどのようにどのくらいとるのか，どのように

使うのか，誰かが決めなければならない．実際には，私たちが選挙で選んだ地方議員や国会議員が地方議会や国会で条例・法律や政策を決めていく．これら私たちに保障されている権利・自由や，地方公共団体・国会についても憲法に規定がある．生まれてから死ぬまで，私たちは憲法と無縁の生活を送ることはできない．

では，なぜ「難しい」「堅い」と考えられてしまうのか．やはり条文の表現が難しく，かたっ苦しいのかもしれない．あるいは，中学・高校の社会科・公民科の授業のなかには，キーワードや条文の丸暗記をするだけで，なぜこのような規定があるのか，実際の社会のなかでどのように使えるのか，かかわってくるのか，そのような具体的実践的な授業をしないため，憲法は自分とは無関係のものだと思われてしまったのかもしれない．

しかし，司法試験では『六法』が貸与されて受験できるように，法律家に条文の丸暗記が求められているわけではない．また，ただキーワードを覚えればいいというわけでもない．大事なのは，憲法にはおおよそどのような規定があり，それを具体的な場面でどのように解釈し，適用するのかということである．憲法の人権規定なら，私たちにどのような権利・自由が保障されているのか，国の組織・構造を規定した憲法の統治規定なら，地方公共団体や国は私たちに何をしてはいけないのか，何をしなければいけないのか，である．

●

前任校（札幌学院大学）では法学部に属していたが，法学部のない日本体育大学で「法学（日本国憲法）」を教えて13年．法学部生とは異なり，かならずしも憲法に関心があるわけではない学生に教えてきたなかで，そのような学生でも憲法に関心を持って授業に臨めるよう，努力はしてきたつもりである．その成果を本書の形で還元できればと思っている．ただ，前任校の法学部の憲法は2年間60回設定されていたが，日体大のような教養・教職系の憲法は半年15回しか設定されていない．このような法学部ではない授業受講者を想定しているので，本書も法学部用の憲法のテキストとくらべると取り上げる学説や判例は少なくなるが，なるべく具体的な内容を盛り込んだ．

ところでなぜ，法学部以外の大学・短大・高専（高等専門学校）の授業に「法学（日本国憲法）」の授業があるのか．教員免許状取得には「日本国憲法」の科目履修が必要だからである．憲法99条に公務員の憲法尊重擁護義務があるため公務員試験にはかならず憲法の問題が出るので，公務員志望者も憲法を学ぶ必要がある．人権意識のない者が教員や公務員になることは，子どもや住民・国民にとって大変迷惑なことである．教員や公務員志望ではない学生でも，私たちに権利・自由を保障している憲法は当然知っておいたほうがいい．

　また，この間，そのときどきの憲法問題について，市民団体や労働組合などに呼ばれて全国各地で講演もしてきた．そのような憲法問題について関心のある市民・労働者であっても，あらためて憲法を学ぶことのできる教科書として使えることをめざしたつもりである．さらに，人によっては中学・高校・大学以来，憲法を学ぶ機会がなかったかもしれないが，そういう方にもぜひ，本書で久しぶりに憲法にふれてほしい．

●

　本書の構成であるが，大きく「序章」「第1部　人権規定」「第2部　統治規定」から成る．そして，「序章」以外の各章構成は，「この章を学ぶ前に」「一　歴史」「二　憲法の規定と解釈」「三　現実問題」から成る．「この章を学ぶ前に」では，なるべく具体的事例から各章で扱う項目について関心を持てるような内容を取り上げた．そして，「一　歴史」で各章項目の歴史を概観し，「二　憲法の規定と解釈」で憲法ではどのような規定になっているか，これをどのように解釈するかについてまとめた．最後に「三　現実問題」で，各章項目の事柄が実際の社会でどのような形で立ち現れ，問題になってきたかなどについて論じた．また，教科書としてはめずらしいとは思うが，自身の経験も題材にしている．

　さあ，本書で一緒に憲法について勉強してみよう．

目 次

はじめに　003
判例の略語表　008

序　章　憲法とは何か, 憲法史 ‥‥‥‥‥‥‥‥‥‥‥‥‥‥‥009

第 1 部　**人権規定**

第1章　人権総論 ‥‥‥‥‥‥‥‥‥‥‥‥‥‥‥020

第2章　幸福追求権 ‥‥‥‥‥‥‥‥‥‥‥‥‥‥‥032

第3章　法の下の平等 ‥‥‥‥‥‥‥‥‥‥‥‥‥‥041

第4章　思想・良心の自由 ‥‥‥‥‥‥‥‥‥‥‥‥053

第5章　信教の自由 ‥‥‥‥‥‥‥‥‥‥‥‥‥‥‥060

第6章　表現の自由 ‥‥‥‥‥‥‥‥‥‥‥‥‥‥‥070

第7章　学問の自由 ‥‥‥‥‥‥‥‥‥‥‥‥‥‥‥088

第8章　経済的自由 ‥‥‥‥‥‥‥‥‥‥‥‥‥‥‥095

第9章　人身の自由 ‥‥‥‥‥‥‥‥‥‥‥‥‥‥‥101

第10章　国務請求権・参政権 ‥‥‥‥‥‥‥‥‥‥‥117

第11章　生存権 ‥‥‥‥‥‥‥‥‥‥‥‥‥‥‥‥‥125

第12章　教育を受ける権利 ‥‥‥‥‥‥‥‥‥‥‥‥135

第13章　労働者の権利 ‥‥‥‥‥‥‥‥‥‥‥‥‥‥152

第2部 統治規定

第14章 天皇 ……………………………………………… 164

第15章 平和主義 ………………………………………… 175

第16章 国会 ……………………………………………… 192

第17章 内閣 ……………………………………………… 203

第18章 司法 ……………………………………………… 212

第19章 財政 ……………………………………………… 229

第20章 地方自治 ………………………………………… 237

第21章 憲法の改正, 憲法の保障 ……………………… 249

判例索引　261

事項索引　264

判例の略語表

最大判（決）	最高裁判所大法廷判決（決定）
最一小判（決）	最高裁判所第一小法廷判決（決定）
最二小判	最高裁判所第二小法廷判決
最三小判	最高裁判所第三小法廷判決
高判	高等裁判所判決
地判	地方裁判所判決
民集	最高裁判所民事判例集
刑集	最高裁判所刑事判例集
下民集	下級裁判所民事裁判例集
下刑集	下級裁判所刑事裁判例集
集民	最高裁判所裁判集・民事
行集	行政事件裁判例集
訴月	訟務月報
判時	判例時報
判タ	判例タイムズ

なお，紙の判例集に未掲載で，裁判所のウェブサイト（https://www.courts.go.jp/）で公開している場合は，「裁判所ウェブサイト」と表記している．

憲法とは何か，憲法史

一　憲法とは何か

1　声を上げるということ〜権利・自由の獲得史

　以前，私の母の知人の娘さん（女子高校生）が，電車内で痴漢の被害にあった．我慢できずに加害者を捕まえ，駅員に突き出すと，駅員が警察を呼び，警察官が彼女に「告訴しますか？」と聞いた．彼女は「告訴」の意味がわからなかったが，「はい」と答えたら，後日，加害者が雇った弁護士が母娘に連絡してきたので，私にアドバイスを求めてきたのである．

　新聞・テレビなどで痴漢逮捕の報道がされることがあるが（もちろん，すべての痴漢事件が報道されることはなく，報道されるのはほんの一部であるが），そのほとんどは各自治体の迷惑防止条例違反で検挙される（当条例では，痴漢行為を迷惑行為として処罰の対象にしている）が，悪質な痴漢行為は刑法176条の不同意わいせつ罪（2023年の刑法改正前は強制わいせつ罪）で検挙される．条例は六法に収録されていないので，ここでは六法に収録されている刑法で見ていこう．

　2017年に性犯罪に関する刑法の規定から親告罪が削除されたが，それ以前は強制わいせつ罪は親告罪だった．親告罪とは，告訴（犯罪被害者等が捜査機関に対して犯罪事実を申告し，犯人の訴追を求めること）がなければ公訴（検察官が裁判所に対して刑事事件の審判を請求すること）できないとするものである．なぜ，告訴が必要だったのか．例えば，電車内で男性からお尻をさわられた女性が「止めてよ」と言ったので，まわりの乗客が男性を捕まえたら，両者

は夫婦で，「止めてよ」の意味は「電車内だから」ということだったとする．この場合は不同意わいせつ罪（犯罪）にはならない．「お尻をさわられた」場合，さわられた側がどう考えるかで，その行為が犯罪になるのか否かが決まる．先の事例も，警察官が女子高校生に確認したのは，当時は強制わいせつ罪が親告罪だったからである．

結局，この事例では，加害者が女子高校生に謝罪し，30万円の慰謝料（示談金）を支払うことで，刑事裁判にしなかった．しかし，裁判で解決するにしろ，示談（当事者間の話し合いによる合意）で解決するにしろ，ここで大事なのは，痴漢の被害に遭ったとき，本人にとってはときに酷であろうが，「誰かが助けてくれる」と思ってはいけないということである．痴漢が嫌なら我慢せず，「嫌だ」という意思表示をしなければいけない．場合によっては，自分で加害者を捕まえないといけない．捕まえて，裁判にしろ，示談にしろ，加害者に制裁を加えることが大事なのである．もし我慢してしまったら，その不愉快な思いは残るし，また痴漢に遭うかもしれないと不安になるし，加害者は味を占めてほかの人にも痴漢をくり返すかもしれない．しかし，制裁を加え，その制裁に効果があれば，被害者は一定の範囲で納得・安心するし，社会から一人痴漢を減らす可能性がある．

実はこのような構図で，これまで世界において権利・自由が獲得されてきたのである．例えば，封建制社会のヨーロッパでは，人は生まれによって差別され，階級が固定し，国王は一方的に庶民に課税できた．国王批判を許さなかったし，国王とカトリックが結びついて，プロテスタントを弾圧していた．私たちは親を選んで生まれることはできないのに，無能な子どもでも親が国王なら国王になれたり豊かな生活を送ることができた一方，どんなに有能でも親が農民ならその子どもは一生農民になってしまう．しかし，これに疑問を抱き，国王に対して今で言う財産権・表現の自由・信教の自由を求めた人たちがいたのである．そして，国王がこれらの要求を拒んだので，革命を起こし，これらの権利を獲得した．さらに，革命を起こした本人たちだけでなく，まわりの人にも，後世の人にもこれらの権利・自由が保障されるようになったのである．

この構図は今も続いている．あるコンビニの店長が，「女性は男性とくら

べて体力がないから女性従業員の賃金は男性従業員の賃金より安くする」と
していた場合，そこで働く女性従業員がこれを受け入れてしまったら，何も
変わらない．しかし，「これは女性差別である」（憲法14条違反）という知識・
認識があり，おかしいことはおかしいと言う勇気があり，出るところに出て
訴えれば，本人の賃金は男性従業員と同額になるだけでなく，ほかの女性従
業員の賃金も同額になる．また，ある私立大学の運動部員が，あまりに理不
尽な部長の行為を告発するビラを学内でまいたところ，その大学の職員が
「学生が部長を批判するとは生意気だ」とビラを取り上げた場合，当該部員
がこれを受け入れてしまったら，何も変わらない．しかし，「これは表現の
自由の侵害である」（憲法21条違反）という知識・認識があり，おかしいこと
はおかしいと言う勇気があり，出るところに出て訴えれば，本人の部長批判
は許されるだけでなく，ほかの部員の部長批判も自由になる．

　抑圧されたり，差別されたり，自由が奪われたりしているとき，これに
「おかしい」と考えた者が声を上げたから，本人だけでなくまわりの人に
も，さらに後の人にも平等や権利・自由が保障されるようになったのであ
る．今後もこの構図は続く．授業で権利・自由を学ぶとき，これまで世界各
地でさまざまな闘いがあったのだろうなということをイメージしてほしい
し，自分たちもときに闘う必要があるということを考えてほしい．

2　憲法はいかにして登場したのか

　人類社会の歴史は，原始共産制社会から始まる（日本だと縄文時代まで）．
当時は狩猟生活が中心で，いくつかの家族が集まって部族を構成し，大きな
獲物を捕るような場合は助け合って生きていた．みんな貧しくて対等で，階
級というものがなかったのである．

　これが奴隷制社会から変わる（日本だと弥生時代から）．日本の場合，大き
な転機となるのは，大陸・朝鮮半島から稲作が伝わったことである．米は貯
蔵が利くし，食べる必要以上のものを生産できる．これが富となる．すると
人間は醜いもので，富をめぐって部族間の争いが始まるのである．そして，
争いに勝った者が負けた者の財産だけでなく，身体も支配した．ここに奴隷

主（支配階級）と奴隷（被支配階級）という階級が生まれる.

　さらに部族間の争いが空間的にも広がり，ますます一部の少数の者が多数の者を支配していくようになる．日本であれば，最初は天皇，次に貴族，そして武士が支配階級となる．この支配階級を封建領主というが，ヨーロッパであれば国王・貴族・騎士である．一方の被支配階級を農奴という．これが封建制社会である（日本だと江戸時代まで）.

　しかし，－1でふれたとおり，封建制社会末期のヨーロッパで，今度は革命が起きる．具体的には農奴のなかにブルジョアジー（有産階級）が徐々に増え，この人たちはお金があり，同時に知識もあったので，人を生まれによって差別する階級社会の理不尽さに気がつき，最後に立ち上がり，18世紀のフランス革命など市民革命を成功させるのである（「ブルジョアジー」を「市民」と訳したので，ブルジョアジーらによる革命を「市民革命」とした）.

　ブルジョアジーが市民革命を成功させ，考えたのが，今後の体制をどうするかということである．これまで散々悪さをしてきた国家権力を打倒したが，国家の枠組みをなくすと無秩序になる可能性がある．そこで国家を残すが，これまで国家が悪さをしてきたので，もう国家（権力）に悪さをさせないためにつくったのが憲法なのである.

　奴隷制社会・封建制社会における権力支配の正当化は，力の強さ（暴力）でなされる．力の強い者がほかの者を支配できるのである．日本であれば，力が強かった天皇・貴族・武士が支配階級になれた．ただ，暴力は行使される側に不満がたまっていくし，行使する側も労力を必要とする．そこで，権力支配を正当化する神話をつくり，被支配階級に信じ込ませるのである．ヨーロッパであれば王権神授説であり，日本であれば記紀である（『古事記』や『日本書紀』など．天照大神がニニギノミコトを地上に遣わせ，その末裔が天皇家であり，天皇は神の子であると信じ込ませた）．この時代の支配形態を「人の支配」という.

　これに対して，市民革命後は憲法によって支配の正当化を図る．この支配形態を「法の支配」という．憲法は，英語では constitution という単語を充てている．もともと，constitution は「組織」「構成」を意味する単語であったが，憲法は国家の組織・構成を規定した法なので，constitution にこの意

味も込めるのである．今後国家（権力）が悪さをしないためにつくったのが憲法なので，憲法のことを「国家権力制限規範」とも言う．

3 立憲主義とは何か

市民革命後に，暴走する危険性のある国家をしばるために登場したのが憲法であるが，この憲法にしたがって国家の運用をおこなう考え方のことを立憲主義と言う．

ただ，日本の場合，戦前も1889年制定の大日本帝国憲法（明治憲法）が存在した．しかし，主権は天皇にあり，臣民（今で言う国民のこと）の権利・自由は法律によっていくらでも制限可能なものであったため，大日本帝国憲法は「外見的立憲主義憲法」と言われている．これに対して，主権は国民にあるとし，基本的に多数派によっても奪えないのが人権であると考える日本国憲法は，形式面だけでなく実質面においても立憲主義的な憲法と言える．

戦前の日本は，内容に関係なく法は守るべきもの，「悪法も法なり」と考える「法治主義」の国であったのに対して，戦後の日本は，法は正義にかなっていなければならない，悪法は無効にすべきだし，無効になっていなければ，ときに国民は破ってもいいという「法の支配」の国に変わったと言える．

市民革命は法の支配の観点から正当化できるが，日本は市民革命を経験していないし，裁判所が法律をあまり違憲と判断しないので，いまだに法治主義的な発想の人が多いようである．しかし，法治主義は「どのような法でも守るべきもの」と思い込む点で，自分で法の是非を考えない思考停止の考え方である．2015年制定の「安保法制」（戦争法）が典型的であるが，数の力で制定された法律の違憲性を考える姿勢が大事である．

二 憲法の構造

1 統治規定と人権規定

憲法は，国家の組織・構成について規定した統治規定と，国民の権利・自

由を規定した人権規定の二つから構成されている．

　まず，統治規定であるが，例えば，日本国憲法の場合，第1章（天皇），第2章（戦争の放棄），第4章（国会），第5章（内閣），第6章（司法），第7章（財政），第8章（地方自治）の規定がそうである．すなわち，ここでは国にはどのような組織があり，そこは何をするのかを規定している．これにより，基本的に憲法に規定していない国家組織を勝手に設置してはいけない，憲法に授権していない行為を勝手にしてはいけないということになる．もちろん，その目的は人権保障にある．

　次に，人権規定であるが，日本国憲法の場合，第3章（国民の権利及び義務）のたった1章しかない．もちろん，この目的は国家権力から人権を直接保障することにある．

　憲法というと人権規定を思い浮かべるかもしれないが，大部分は統治規定である．―**2**でも説明したとおり，英語の constitution という単語から考えてもよくわかるであろう．

2　自由権，参政権，社会権

　人権規定は，大きく自由権，参政権，社会権から構成される．

　まず，自由権であるが，人身の自由，経済的自由，精神的自由から構成されている．人身の自由は，国家権力から国民の身体の自由を確保するものである（日本国憲法の場合，18条の奴隷的拘束・意に反する苦役からの自由，31条から40条までの刑事手続に関する規定）．経済的自由は，国家権力から財産や経済活動の自由を保障するものである（日本国憲法の場合，22条の居住・移転・職業選択の自由，29条の財産権）．精神的自由は，国家権力から精神活動を保障するものである（日本国憲法の場合，19条の思想・良心の自由，20条の信教の自由，21条の表現の自由，23条の学問の自由）．これらはおもに18世紀を中心とする市民革命後に獲得されたので，「18世紀的基本的人権」と言う．また，国家が余計なことをすべきではなく，余計なことをしなければ保障されるので，「国家権力によっても奪えない権利」「国家からの自由」と言う．そして，自由権を保障する国家を自由国家・消極国家・夜警国家（国家の仕事を治安・国

防・司法などに限定する国家）と言う．

　次に，参政権であるが，国民が国政に参加する権利のことであり，「国家
への自由」と言う．代表的なものとして，選挙権・被選挙権や公務就任権
（公務員になる権利）がある（日本国憲法の場合，15条）．

　さらに，社会権であるが，生存権（日本国憲法の場合，25条），教育を受け
る権利（日本国憲法の場合，26条），労働者の権利（日本国憲法の場合，27条，28
条）がある．これらは19世紀以降の労働運動・社会主義運動の成果として
20世紀に獲得されたので，「20世紀的基本的人権」と言う．また，自由権と
は対称的に，国家が必要なことをしなければ保障されないので（生存権を保
障するために国が生活保護をしたり，教育を受ける権利を保障するために国が教育制
度を整備したり，労働者の権利を保障するために労働法制や機関を整備するなど），
「国家権力によって実現される権利」「国家による自由」と言う．そして，社
会権を保障する国家を社会国家・積極国家・福祉国家と言う．

三　憲法史

1　世界史

①　自由権の保障

　先に，自由権はおもに18世紀の市民革命後に獲得されたと書いたが，イ
ギリスでは18世紀以降の自由権のレベルには達していなかったものの，そ
れ以前から少しずつ権利・自由が獲得されていった．具体的には，1215年
のマグナ・カルタ（イングランド王国のジョン王が国王の徴税権を制限し，貴族の
特権を確認した），1628年の権利請願（イギリス議会がチャールズ一世に不当な課
税や逮捕ができないことを承認させた），1679年の人身保護法（国家による不当な
逮捕を禁止した），1689年の権利章典（1688年の名誉革命後，臣民の権利・自由を
保障した）などである．

　広く市民・国民の権利・自由（自由権）を保障するのは，18世紀の市民革命
後のことである．封建制社会を打倒した市民革命後の時代を一般的に近代と
言い，この時代の憲法を近代憲法と言う．フランスでは，フランス革命後の

1789年にフランス国民議会が人権宣言（自由・平等，国民主権，権力分立などを保障した）を制定した。アメリカでは，イギリスからの独立後，1776年の独立宣言（独立の宣言と平等・自由・革命権を認めた），さらには1787年のアメリカ合衆国憲法（国民主権・連邦主義・三権分立を定めた）がある。なお，当初のアメリカ憲法には人権規定がなく，後から修正条項という形で人権規定が追加された。

②　社会権の保障

市民革命が成功し，憲法で自由権（国家からの自由）を獲得したが，新たな問題が起きてきた。市民革命後に本格的に資本主義社会に突入し，資本家と労働者という階級が生まれるのだが，両者の関係に国家が介入しないことで，資本家と労働者の格差が開いていく。労働者は資本家に雇われないと生きていけないなか，賃上げや長時間労働に反対するような労働者を資本家が簡単に解雇できたからである。

このような状況のなか，19世紀に入ると徐々に労働運動，さらに社会主義運動が展開するようになる。そしてついには世界で初めての社会主義革命が1917年のロシアで成功する。1918年にはソビエト憲法（レーニン憲法）が制定され，プロレタリアート（労働者）独裁を規定する。このロシア革命がドイツにも波及しそうになるが，資本家が革命を防ぐために妥協し，ドイツでは1919年にワイマール憲法を制定し，労働者の団結権など社会権を保障するのである。世界史では一般的にこの時代あたり以降を現代と言い，これ以降の憲法を現代憲法と言う。このような歴史の展開により，特に第二次世界大戦後の憲法は，日本国憲法がそうであるように，自由権のみならず社会権も保障するようになる。

2　日本史

①　日本国憲法の制憲過程

日本の「憲法」というと，604年に聖徳太子が制定したと言われている十七条の憲法が有名であるが，これは近代以降の「憲法」とは異なり，当時の

官僚や貴族に対する道徳的規範と言えるものであった．やはり，近代以降の
「憲法」と言えるのは，1889年制定の大日本帝国憲法（明治憲法）である．

　この大日本帝国憲法のもと，日本は国内では臣民の権利を法律で簡単に制
限し，天皇主権の中央集権国家をつくり，国外ではアジアへの侵略戦争を展
開した．しかし，日本は第二次世界大戦で連合国に負け，1945年8月14日
にポツダム宣言を受諾する．同年10月には幣原喜重郎内閣が発足し，憲法
問題調査委員会（委員長が松本烝治国務大臣だったので，松本委員会とも呼ばれ
た）が憲法改正案を検討する．ところが，日本は基本的人権や民主的政治制
度の確立を求めるポツダム宣言を受諾したにもかかわらず，大日本帝国憲法
と変わらない改正案を作成していたことが，1946年2月1日の毎日新聞で
スクープされた．そこで，連合国軍最高司令官総司令部（GHQ）の最高司令
官であるマッカーサーが同年2月3日に天皇制の存続，戦争の放棄，封建制
の禁止を内容とするマッカーサー三原則（マッカーサーノート）を示し，これ
に基づき2月13日に日本国憲法の改正案であるマッカーサー草案（GHQ草
案）が政府に提示された．

　これを受けて政府は政府案を作成・帝国議会に提出し，帝国議会で審議の
うえ，日本国憲法は制定された（1946年11月3日公布，1947年5月3日施行）．
この制定過程から，右派・保守派は日本国憲法のことを「押しつけ憲法」と
言う．しかし，GHQが憲法案を作成したのは，日本政府がポツダム宣言を
無視した改正案を用意したからである．また，GHQ草案は政府が修正し，
政府案は帝国議会が修正したうえで，日本国憲法が成立している．帝国議会
の議員を選出したのは国民であり，民主的正当性もある．制定後の世論調査
では，国民の多数派が歓迎していたこともわかる．「押しつけ憲法」とは言
えないであろう．

②　大日本帝国憲法と日本国憲法との比較

　大日本帝国憲法と日本国憲法には次のような違いがある．

	大日本帝国憲法	日本国憲法
主権	天皇主権	国民主権
天皇	神聖不可侵の存在，国家元首，統治権の総覧者 立法・外交・官制・任官大権 帝国議会の開閉・衆議院の解散権 緊急勅令・独立命令発令権	象徴 国事行為のみおこなえる
戦争	天皇に統帥権，宣戦・講和権 臣民の兵役義務	戦争の放棄 戦力の不保持
人権	恩恵的な臣民の権利 法律による留保あり	永久不可侵 社会権も保障
議会・国会	天皇の協賛機関 非民選の貴族院が存在	国権の最高機関 唯一の立法機関 国民の代表機関 民選の両院制
内閣	行政権は天皇に 天皇が任命 天皇に対して責任	行政権は内閣に 国会が内閣総理大臣任命 国会に対して責任
裁判所	司法権は天皇に 皇室・行政裁判所の設置	司法権は裁判所に 裁判所・裁判官の独立 特別裁判所の設置禁止 違憲審査権 最高裁裁判官に対する国民審査
財政	緊急処分による課税・支出可能	財政国会中心主義 租税法律主義
地方自治	規定なし 知事任命制 中央集権体制	地方自治を規定 首長・自治体議員の公選 自治体の条例制定権
憲法改正	天皇の勅令で議会の決議に付す	国会の発議 国民投票

第 1 部

人権規定

第 1 章

人権総論

この章を学ぶ前に

　みなさんは自分の体型をどのように判断しているだろうか．客観的な判断指標としては BMI 方式があり，体重(kg) ÷ 身長(m)^2 で出す．日本肥満学会は，18.5 未満を「低体重（やせ）」，18.5 以上25 未満を「普通体重」，25 以上を「肥満」とし，22 という数字が「適正体重」（最も病気になりにくい値）としている．しかし，このような客観的な指標がありながら，数値上は「適正体重」なのに，太っていると思い込んで，無理にやせようとする人が若い女性のなかに多い．以前，テレビで「納豆を食べたらダイエット効果がある」と放送し（実際には捏造），スーパーの棚から納豆がなくなる騒動に発展した．太るのは摂取カロリーが消費カロリーを上回った場合であるから，やせたければ食べすぎず，運動すればいいだけのことであるのに，客観的に物事を見ることができず，まわりに流される人が多い．

　まわりに流されるという点では，流行も同じある．日本男性のファッション史を見ると，1950 年代にアメリカのロックンロールの影響もあり革ジャンにリーゼントのロカビリースタイルが，1960 年代にアメリカの大学生の影響を受けてブレザー・シャツ・チノパンのアイビールックが，1970 年代にトンボの目のように大きいトンボメガネと膝から裾が広がったベルボトムのパンツが，1980 年代にスタジャンとデッキシューズが流行った．次から次へとみんなで同じような格好をしたら，個性でもなんでもないのに．

　ところで，戦前は学校教育や報道を通じて，国家が臣民に天皇を頂点とした思想を強制した．さらに，国民服という形で外見も統一した．臣民は国家の歯車の一つにすぎず，思想も外見も統一し，個人より国家が優先したので

ある.

　しかし，戦後はこの価値観が180度変わる．国家より個人を優先させるのである．日本国憲法では13条で「すべて国民は，個人として尊重される」と規定した．ただ，これはある意味当たり前のことであり，世界には約80億人の人がおり，同じ人は存在しない．一人一人異なるのが当たり前であり，憲法13条はそのことを全面的に肯定する．今は国家やまわりが人々に思想や外見の統一を求めないのに，日本では「出る杭は打たれる」「長い物には巻かれろ」「空気を読む」と言うように，いまだに同調圧力が強く，強い者に弱い特性が残っている．憲法13条がありながら，「自発的」に一つの方向に走ったり，自ら他の人と同じような外見で安心しているのである．

　憲法は変わったのに日本人の価値観はあまり変わっていないようにも見える．であれば，より詳しく憲法の規定と憲法の想定する価値観を考えてみよう．

一　歴史

1　市民革命の経験と憲法11条

　日本は市民革命を経験していないが，日本国憲法は第二次世界大戦後に制定された憲法として，市民革命後の近代憲法と20世紀以降の現代憲法の特徴を有する憲法である．

　この近代憲法の特徴が表れている規定として，まず11条がある．憲法11条は，「国民は，すべての基本的人権の享有を妨げられない」と規定している．これは基本的人権の普遍性を表現したもので，基本的人権は人種・性・身分などに関係なく保障されるとする．例えば，白人に保障され，アフリカ系に保障されないというものではない．また，男性に保障され，女性に保障されないというものでもないということである．

　11条は続いて，「この憲法が国民に保障する基本的人権は，侵すことのできない永久の権利として，現在及び将来の国民に与へられる」としている．これは基本的人権の永久不可侵性を表現したもので，今だけでなく将来も人

権は保障されるとしているのである．したがって，今後，国家によっても人権は奪えないと考える．

　さらに，11条全体から基本的人権の固有性という考えも出てくる．人権は権力者や国家が国民に与えたものではなく，憲法に規定して初めて保障されると考えるものでもない．人であれば当然持っているものであり，それを憲法が追認したと考えるのである．

　基本的人権の普遍性も永久不可侵性もそうであるが，とりわけ固有性は，いわゆる「天賦人権論」が反映した概念である．「天賦人権論」は，「人は生まれながらにして自由かつ平等である」，と考える理論である．このような理論から，市民革命が正当化された．ただ，実際には「人は生まれながらにして自由かつ平等」ではない．親が金持ちか貧乏か，民主主義国家か独裁国家かによって，その人の人権状況も変わってくる．これはあくまでも「人は生まれながらにして自由かつ平等である」と「考えたかった」というものであり，市民革命期のブルジョアジーのイデオロギーと言える．

2　市民革命後の個人観と憲法12条

　憲法12条は，「この憲法が国民に保障する自由及び権利は，国民の不断の努力によつて，これを保持しなければならない」と規定する．これも市民革命の経験から条文化された規定である．すなわち，市民革命は，財産権や信教の自由・表現の自由などが侵害されていることに対して，ブルジョアジーがこれらを認めない権力者に対する異議申立として声を上げ，闘いのなかで勝ち取ったものである．これら権利・自由侵害をおかしいと思っても，当事者が声を上げなければ抑圧されたり，侵害されたままになってしまう．侵害されたままの状態が嫌なら，自ら声を上げて権利・自由を獲得しなければいけないのである．

　すなわち，市民革命後の個人観は「強い個人」である．「強い個人」は自分の権利・自由が侵害されたとき，我慢しないのはもちろんのこと，誰かが助けてくれると期待しない人間である．自分の権利・自由はまず自分で守ろうとする人間である．したがって，それができない者は「弱い個人」であ

り，そのような人は自分の権利・自由が侵害されてもやむをえないと考える．ただ，これは市民革命期の勝者の論理であり，実際の社会には「弱い個人」が存在し，救いの手を差し伸べる必要もある．これについては第11章で説明する．

3　人権獲得の歴史を確認した憲法97条

憲法97条の後半部分はその重要性から11条の文言をくり返している．前半部分の「この憲法が日本国民に保障する基本的人権は，人類の多年にわたる自由獲得の努力の成果であつて，これらの権利は，過去幾多の試錬に堪へ」であるが，ここにいう「人類の多年にわたる自由獲得の努力」や「過去幾多の試錬」とは，これまでの世界における市民革命や労働運動などの闘いを指している．人権はある日，天から降ってくるものではなく，このような世界各地における闘いによって獲得されたことを確認しているのである．

二　憲法の規定と解釈

1　私人間効力

①　具体例から考える

序章一1で，コンビニ店長による女性従業員の賃金差別と私立大学職員による運動部員の表現規制について述べた．しかし，コンビニ店長も私立大学職員も国家ではない．

ところで，法には大きく公法と私法がある．公法は，国家と国民（ほかに，国家と自治体，自治体と住民）との関係を規律する法である．例えば，憲法や刑法（国家が国民の犯罪に対する刑罰を規定）がそうである．私法は，国民と国民（＝私人）との関係を規律する法である．例えば，民法（私人間の基本法）や商法（私人間の商取引の基本法）である．そうすると，コンビニ店長による差別も，私立大学職員による表現規制も，両者は国家ではないから，国家による国民の権利・自由侵害を防ぐためにつくった憲法違反の行為（14条

の法の下の平等違反と21条の表現の自由侵害）とは言えない．では，このような私人間では他人の権利・自由侵害は無制限なのであろうか．

② 考え方

先に見たとおり，私人間には私法が適用される．この私法を適用する際に，憲法を私法のなかに読み込むのである．

例えば，公序良俗を規定する民法90条は，「公の秩序又は善良の風俗に反する法律行為は，無効とする」と規定している．この「公の秩序」のなかに憲法が含まれるとし，「憲法に反する法律行為は，無効とする」と考えるのである．したがって，先の事例のコンビニ店長の行為も私立大学職員の行為も無効となる．また，不法行為を規定する民法709条は，「故意又は過失によって他人の権利又は法律上保護される利益を侵害した者は，これによって生じた損害を賠償する責任を負う」と規定している．この「他人の権利」のなかに憲法が保障する権利が含まれるとし，「故意または過失によって憲法が保障する権利を侵害した者は，これによって生じた損害を賠償する責任を負う」と考えるのである．したがって，先の事例のコンビニ店長も私立大学職員も損害賠償する責任が生じることになる．

以上まとめると，私人間における憲法が保障する権利・自由侵害については，憲法は公法なので私人間に直接適用できないが，私人間を規律する私法が適用される際に，その私法のなかに憲法を読み込み，私人間においても私法を媒介に間接的に憲法の効力が及ぶので，憲法が保障する権利・自由侵害は許されないということになる．

2　人権の制約原理

① 具体例から考える

電車内や飛行機で携帯電話使用を控えるよう求められる．通話はうるさくて迷惑ということもあるが，特に電車内優先席付近や飛行機離発時に電源を切ること，または機内モードへの切り替えを求めるのは，携帯電話が発する電磁波が心臓ペースメーカーや飛行機の機器の誤作動を招く危険性があるか

らである．携帯電話を使用する自由があるとはいえ，場所によって規制が必要なことはわかるであろう．ほかにも，クラシックコンサート上演中や映画上映中に携帯電話で通話してはいけないことは，当然のことである．

　また，表現の自由が憲法上保障されるとはいえ，何を表現してもいい自由がないこともわかるであろう．例えば，街頭である人の顔写真を撮影し，本人の同意なくネット上でその顔写真を上げてもいいのであろうか．友だちが秘密にしていることを，本人の同意なくネット上でばらしてもいいのであろうか．当然，ダメなことはわかるであろう．

②　考え方

　憲法11条は基本的人権の永久不可侵性を定めるが，絶対無制限ではない．**2**①の例で言えば，携帯電話を使用する自由はあえて憲法のどこにあるかといえば，幸福追求権を保障した憲法13条と言えるであろう．憲法13条は，「生命，自由及び幸福追求に対する国民の権利については，公共の福祉に反しない限り，立法その他の国政の上で，最大の尊重を必要とする」と規定する．携帯電話を使用することがその人の幸福につながると考えれば，携帯電話を使用する自由はこの幸福追求権から保障される．

　しかし，憲法13条には「公共の福祉に反しない限り」という文言もある．この「公共の福祉」がよく誤解されているようであるが，英語でいうと"public welfare"のことであり，public には形容詞以外に名詞の「人々」「民衆」という意味がある．すなわち，「公共の福祉」とは「他の人々の福祉・幸福」のことであり，ほかの人々の福祉・幸福を侵害してまでの私たちの幸福追求権はないということになる．携帯電話についても，誰もいない自分の部屋や昼間の公園で使用するのは問題ないが，クラシックコンサート上演中なら他の観客のコンサートを鑑賞する権利が侵害され，飛行機の離発着時なら他の乗員・乗客の生命を奪う可能性もあるから使用規制は正当化されるのである．

　では，**2**①に挙げた表現の自由であるが，憲法21条１項は，「集会，結社及び言論，出版その他一切の表現の自由は，これを保障する」と規定しており，ここには「公共の福祉に反しない限り」という文言がない．しかし，こ

の「公共の福祉」概念はすべての人権に内在していると考え，表現の自由も野放しではないということになる．

③ 「公共の福祉論」の展開

ちなみに，日本国憲法では，「この憲法が国民に保障する自由及び権利は，国民の不断の努力によつて，これを保持しなければならない．又，国民は，これを濫用してはならないのであつて，常に公共の福祉のためにこれを利用する責任を負ふ」と規定する12条と，「何人も，公共の福祉に反しない限り，居住，移転及び職業選択の自由を有する」と規定する22条1項，「財産権の内容は，公共の福祉に適合するやうに，法律でこれを定める」と規定する29条2項にも「公共の福祉」という文言が入っている．

戦後当初の学説には，基本的人権はすべて公共の福祉により制限できるという一元的外在制約説（全面制約説）があり，最高裁も表現のわいせつ性が争われたチャタレイ事件判決［最大判1957年3月13日刑集11巻3号997頁］でこの立場に立っていた．しかし，これに対しては，人権制約が容易であること，大日本帝国憲法の「法律の留保」（法律による安易な人権制限を認める考え）と変わらないこと，憲法12条・13条による人権の制約正当化は不適当であること，憲法22条の居住・移転及び職業選択の自由と29条の財産権といった経済的自由で特に公共の福祉を規定した意味を説明できないこと，人権の多様性を無視していることなどの批判が強くなった．

そこで次に出てきた学説は，まず憲法12条・13条は訓示的・倫理的規定と捉える．そして，憲法22条・29条の公共の福祉は社会国家的経済活動規制原理（外在的制約．社会権についても同様の制約が可能）であり，それ以外の自由権は内在的制約にとどまるというものである（内在・外在二元的制約説）．しかし，これに対しても，新しい権利の根拠規定である憲法13条を具体的権利として解釈できなくなるとの批判が出てきた．

そこで，さらに登場したのが，公共の福祉の意味を一元的内在制約説でまず捉える考え方である．この考えは，公共の福祉を人権相互の矛盾・衝突を調整するための実質的公平の原理と捉え，この公共の福祉はすべての人権に論理必然的に内在していると考える．そして，憲法12条と13条の公共の福

祉を消極的な「自由国家的公共の福祉」と考え，自由権を各人に公平に保障するために，自由国家にとって最小限の任務である社会秩序の維持と危険の防止に際してのような必要最小限度の規制にとどめるとする．一方，憲法22条と29条の公共の福祉を積極的な「社会国家的公共の福祉」と考え，社会権を保障するために必要な限度の規制のみ認めるというものである．このような考え方が学界では通説となったが，この説に対しても，判断基準の「必要最小限度」「必要な限度」の抽象性などに対する批判がある．

　そのような人権制約の際の明確な判断基準を求めようとしていくなかで，比較衡量論という考え方が唱えられるようになった．これは，人権の制限によって得られる利益と，人権を制限しない場合に維持される利益とを比較し，前者の価値が高い場合に人権の制限ができるとする考え方である．最高裁でも1960年代半ば以降の公務員の労働基本権の制限が争われた全逓東京中郵事件判決［最大判1966年10月26日刑集20巻8号901頁］などで見られるようになった．ただ，ここでも比較の基準が不明確である．国家と国民の利益が比較衡量される場合は国家が優先するのではないか，などといった批判がある．そこで，同程度の二つの人権を調整する場合にこの理論は妥当であると言われている．

3　権利主体（人権享有主体）

①　国民とは

　日本国憲法の人権規定の章である第3章の表題は「国民の権利及び義務」となっている．これを文字どおり解釈すれば，権利主体を「国民」に限定しているものと考えられる．憲法10条は「日本国民たる要件は，法律でこれを定める」としており，具体的には国籍法2条で「出生の時に父又は母が日本国民であるとき」「出生前に死亡した父が死亡の時に日本国民であつたとき」「日本で生まれた場合において，父母がともに知れないとき，又は国籍を有しないとき」に，「子は……日本国民とする」としている．すなわち，この規定にある女性差別の問題はさておき，原則としては，親が日本国民であるときに子どもも日本国民になるのである．これを「属人（血統）主義」

と言い，アメリカなどで見られる，生まれた場所で国籍が決まる「属地（生地）主義」とは異なる．

②　外国人の権利主体性

　一方で，日本には約341万人（2023年12月末）もの外国人登録をしている外国人が存在し，訪日外国人旅行者数はコロナウイルス感染症拡大前の2019年で約3188万人，2023年で2507万人に達し，これらの外国人の権利保障をどう考えるかという問題がある．学説としては，第3章表題から権利主体を日本国民に限定する否定説，条文中「国民は」となっている場合（憲法25条や26条など）は権利主体を日本国民に限定し，「何人も」（憲法18条や20条など）となっている場合は外国人にも適用可能とする文言説，人権規定を外国人に適用するのは無理だけど準用するのは可能であるとする準用説，個々の権利の性質により外国人への適用を区別し，可能なかぎり外国人にも人権規定を適用しようとする権利性質説とがある．

　これらの学説を検討するに，否定説は，憲法には前国家的な人間の権利を保障するという理念があるし，憲法98条2項には国際協調主義の規定があるので（日本は国際人権規約を批准しているため，外国人にも人権保障する責務がある），国籍によって区別することは人権保障の理念に合致しないと言える．文言説に対しては，憲法19条や21条には「国民」や「何人」といった権利主体を示す文言がなく，憲法制定者はそれほど厳密に考えて区別したのではないと言える．準用説は，外国人の人権享有主体性それ自体を否定している点で問題がある．このようななかで，権利性質説が通説となっており，日本滞在中の政治活動を理由に在留期間更新を拒否されたことを争ったマクリーン事件最高裁判決［最大判1978年10月4日民集32巻7号1223頁］もこの立場に立っている．

　従来，外国人にも権利保障をするとしても，入国の自由・社会権・参政権（選挙権・被選挙権，公務就任権）については限界があると考えられてきた．入国の自由については，国際慣習法上主権国家の裁量とし認められないとしてきたが，日本も国際人権規約や難民条約を批准している以上，再入国・一時旅行の自由を安易に規制すべきではなく，難民の受け入れに消極的であって

はならない．社会権については，例えば結婚後に帰化した在日韓国人の障害福祉年金申請が争われた塩見訴訟最高裁判決［最一小判1989年3月2日判時1363号68頁］で，社会保障は立法府の裁量であるから外国人に保障しなくても問題ないとされたが，実際には国民年金・福祉年金・生活保護・健康保険・雇用保険等で外国人への保障拡大の動きがある．選挙権・被選挙権については，ニュージーランドなど国政選挙権を永住者に付与する国もあるが，国民国家・国民主権の観点から国政レベルで保障する国は圧倒的に少ない一方，地方レベルではヨーロッパにおいて保障してきている．日本における外国人の地方選挙権については，外国人地方参政権訴訟最高裁判決［最三小判1995年2月28日民集49巻2号639頁］で，立法政策により定住外国人に地方選挙権を認めることは憲法上禁止されていないとした．また，地方レベルでは自治体によって公務就任権を容認・拡大する流れがあるが，最高裁は韓国籍を有する特別永住者の東京都職員が管理職試験の受験を拒まれたことを容認する判決を出している［最大判2005年1月26日民集59巻1号128頁］．

ただし，権利性質説に立つとしても，外国人を一括して捉えてはならず，その生活実態・保護の必要性と権利の性質とを考えあわせて，類型ごとの権利保障を考える必要がある．すなわち，外国人といっても，非正規滞在者，旅行者・会社員・就学生・研修生などの一時滞在者，長期滞在者，定住外国人一般，在日コリアン（戦前に日本で生活し，戦後帰国できなくなった・しなかった人々とその子孫．戦後，とりわけ近年来日したニュー・カマーは除く），難民などさまざま存在する．例えば，非正規滞在者といえども精神的自由は保障されても退去強制はやむをえないが，かつて日本の植民地であった朝鮮をルーツとする在日コリアンには限りなく手厚い人権保障が必要であろう．

三　現実問題

1　自民党改憲案

憲法学界では，「公共の福祉」を人権と人権とが衝突した場合の調整原理と考えるのに対して，自民党はこれを変えようとしている．自民党は，2005

年に「新憲法草案」，2012年に「日本国憲法改正草案」という全面的な改憲案を発表しているが，このなかで日本国憲法の12条や13条に出てくる「公共の福祉」を「公益及び公の秩序」に変えているのである（さらに，22条では制約原理自体なくしている）．「公共の福祉」はわかりづらい表現だからというのが理由である．

　しかし，この「公益及び公の秩序」という表現もわかりづらいが，2012年改憲案を説明する自民党のQ&Aでは，「『公の秩序』とは『社会秩序』のこと」だと説明している．2005年の自民党新憲法起草委員会各小委員会要綱では，「国家の安全と社会秩序」と表現していた．後者がより自民党の本音に近いであろう．すなわち，今後は「公」・国家の論理により人権の制約が簡単にできるということになりかねないのである．例えば，日本でも2001年の「9・11事件」以降，「テロ対策」が進んでいる．そのようななかで，入国審査時に外国人（特別永住者を除く）の指紋採取と写真撮影をおこなっている．国民に対しても，1990年代からの「治安の悪化論」により，銀行やコンビニエンスストア，駅などに限らず，警察も街頭や道路に監視カメラを設置してきている．2013年の秘密保護法の制定に向けた議論のなかでも，自民党議員から国民の知る権利よりも「国家の安全」のほうが優先するという意見も出た．

　これらは外国人・国民のプライヴァシー権や肖像権，知る権利と衝突し，日本国憲法の人権規定の観点から人権侵害の違憲政策・立法だとの批判もあるが，「国家の安全」や「社会秩序」のほうが優先するという論理で人権の制限が正当化されている．「公共の福祉」を「公益及び公の秩序」に置き換える改憲が実現すれば，これらの政策・立法は「国家の安全」の観点から合憲になってしまう．

2　権利主体の今後

①　外国人の権利問題

　二**3**②でふれたとおり，ヨーロッパでは在住外国人に地方選挙権を認める流れがあるなかで，日本でも同様の対応が求められる．定住外国人であれば

国民と同様税金を納めて日本社会で生活をしているのであり，「代表なくして課税なし」という近代市民革命後の原則からしても，少なくとも地方選挙権は早期に保障すべきである．国政レベルにおいても，ニュー・カマー以外の在日コリアンについては，朝鮮が日本の植民地であったという歴史的背景，朝鮮・韓国の国籍を有せず将来的にも日本で生活していくこと，かといって戦前の歴史から帰化を望まない人もいることから，外国人であっても選挙権・被選挙権の保障を検討する必要があろう．

② 法人と天皇・皇族の権利主体性

この権利主体性の問題に関しては，企業などの法人や天皇・皇族も国民と同じように権利主体になりうるという議論がある．民法34条では，「法人は，法令の規定に従い，定款その他の基本約款で定められた目的の範囲内において，権利を有し，義務を負う」と規定されている．しかし，法人については生身の人間である自然人とはまったく異なるのであるから，法人にも選挙で投票させろ（選挙権）とか，存続が危なくなったら救済しろ（生存権）とはならないとおり，自然人とまったく同じように扱うことはできない．

また，「天皇・皇族も人間なのだから」という理由で，天皇・皇族に選挙権を認めず，事実上居住・移転の自由や信教の自由・表現の自由・婚姻の自由などを制限していることに一部異論もある．しかし，天皇・皇族にも憲法で権利・自由を保障すると言うなら，天皇・皇族という特殊な地位を捨てればいいだけのことである．天皇・皇族といった憲法上例外扱いをする特権的地位に就いていながら，国民と同じように権利・自由を保障するということにはならない．

第2章
幸福追求権

この章を学ぶ前に

　監視社会化を考えるうえで，映画は大変参考になる．例えば，アメリカの
テロ対策立法に強硬に反対している連邦議会議員を殺害した国家安全保障局
工作員が，その一部始終を撮影した動画を入手したウィル・スミス演じる弁
護士を追跡するために，盗撮・盗聴・衛星追跡などをしていく様を描く『エ
ネミー・オブ・アメリカ』（1998年アメリカ映画）を見れば，映画とはいえ今
の国家ならこのくらいの国民監視ができるのだろうということをイメージす
ることができる．また，プリコグと呼ばれる3人の予知能力者がこれから発
生する殺人を予知し，実際に殺人事件が発生する前に警察が被疑者を逮捕す
ることで殺人発生率0％を達成している2054年のワシントンD.C.を描く，
トム・クルーズ主演の『マイノリティ・リポート』（2002年アメリカ映画）は，
建物の出入りや車の運転など何をするにしても人は眼球の網膜で識別される
超監視社会も描く．

　ただ，予知能力者がこれから発生する殺人を予知するというのは現実的で
はない．しかし，このプリコグをAIに置き換えたらどうなるであろうか．
性別・職業・雇用形態・性格・年収・借金の額・前科歴など，あらゆるデー
タをAIが収集・分析していけば，今後誰が罪を犯す可能性が高い人物か否
かを判断できるようになるのではないであろうか．アメリカの国家安全保障
局および中央情報局（CIA）の元局員であったエドワード・スノーデンを描い
た『スノーデン』（2016年アメリカ映画）でも描かれたとおり，アメリカは全
世界の人々を対象に電話およびメールに対する違法な盗聴をしているとされ
る国である．電話やメール情報も分析していけば，さらに特定人物の行動予

知は可能になる．

　日本でも憲法13条を根拠にプライヴァシー権や肖像権が憲法上保障されている．この保障内容をまず見たうえで，憲法で保障されながら実際はどうなのかを見ていこう．

一　歴史

1　日本国憲法制定時

　「この章を学ぶ前に」で述べてきたプライヴァシー権や肖像権などは憲法第3章のどこにも明記されていない．しかし，だからと言ってこれらの権利を保障しなくてもよい，とはならない．憲法自体はある時点での歴史的産物であり，制定当時の社会状況を受けた考え・必要性から条文内容が形作られていく．1946年に制定された日本国憲法であれば，1946年当時の社会状況とそれまでの憲法理論により規定されるのはやむをえないことである．

　しかし，歴史の発展とともに憲法制定当時はさほど必要性のなかった，あるいは想定できなかった人権問題も出てくる．条文で明示された個別的人権（例えば，憲法19条の思想・良心の自由や20条の信教の自由，21条の表現の自由など）以外に不可欠な人権が出てくるし，そうなると憲法に明確に条文化されている権利だけでは網羅できなくなる．

2　憲法13条の位置づけ

　そこで，憲法13条の「生命，自由及び幸福追求に対する国民の権利」を人権保障の一般原則・理念的権利として捉えるのではなく，ここに人格的生存に必要不可欠な権利・自由を包摂する包括的な権利・具体的権利と考える学説が通説となっていった．「生命，自由及び幸福追求」という表現が抽象的で幅広い解釈が可能なことから，ここに新たに保障する必要のある権利概念を柔軟に読み込み，条文で明示された個別的人権の枠からはみ出す権利を包括的に保障する具体的独立的権利として憲法13条を考えるようになった

のである．このため，憲法13条は「包括的な権利」「包括的基本権」とも呼ばれている．

二　憲法の規定と解釈

1　幸福追求権の内容

①　人格権

　ただ，一の観点からすれば，逆に言えば，幸福追求権の概念はいくらでも拡大することになり，「人権のインフレ化」を引き起こすことにもなりかねない．そうすると，絶対的に保障すべき人権概念が相対化することにもなりかねないので，具体的にはどのような権利が幸福追求権の一内容として保障されるのか明確にする必要がある．これまで「新しい権利」として議論されてきたものは，人格権，自己決定権などである．人格権とは，身体・名誉・信用・肖像・氏名など人格に関する利益の保護をおこなう権利であり，さらにこのなかから肖像権，名誉権，氏名権，プライヴァシー権などが主張されてきた．

　肖像権については，警察官によるデモ行進中の学生の写真撮影が争われた京都府学連事件で，最高裁は「これを肖像権と称するかどうかは別として」としながら，「承諾なしに，みだりにその容ほう・姿態を撮影されない自由」として認めた［最大判1969年12月24日刑集23巻12号1625頁］．今や携帯電話・スマホの普及により，誰でも簡単にすぐに写真撮影ができるようになった．だからといって，安易に相手の承諾なく撮影したり，それをネット上に公開してはいけないのであり，それをすれば肖像権侵害が問われる．

　名誉権については，刑法230条で名誉毀損罪があり，民法710条・723条で名誉が保護法益となっており，最高裁も記事の内容が問題となった北方ジャーナル事件において名誉権を優先して出版物の事前差止を認めた［最大判1986年6月11日民集40巻4号872頁］．これも誰でも簡単・安易にネット上への書き込みができるようになったからこそ，書き込み内容が場合によっては名誉権侵害として許されないという認識が必要である．

氏名権に関しては，在日韓国人氏名の日本語読み（韓国人・朝鮮人の氏名には当然韓国語・朝鮮語読みがあるのに，日本と同じ漢字表記をしていることを理由に日本語読みすること．例えば，「金さん」「朴さん」を「キムさん」「パクさん」ではなく，「キンさん」「ボクさん」と発音することである）が争われたNHK日本語読み訴訟で，最高裁は「人は，他人からその氏名を正確に呼称されること」を「氏名権」と表現していないが，人格権の一内容として認めた［最三小判1988年2月16日民集42巻2号27頁］．日本にも多くの在日韓国・朝鮮人や在留中国・韓国・朝鮮人がおり，同じ漢字を使っているからといって日本語読みするのではなく，中国語・韓国語・朝鮮語読みが必要である．特に，戦前の日本は，植民地にしていた朝鮮の朝鮮語使用を禁止し，日本語を強制した歴史があるからこそ，このような問題に気をつかう必要がある．

② プライヴァシー権

次に，アメリカの判例のなかで国家が国民に干渉しないという「ひとりで放っておいてもらう権利」として確立され，避妊・堕胎などの「私的領域における自己決定権」としても主張されてきたプライヴァシー権がある．日本では小説家・三島由紀夫の小説が，モデルとされた人物から問題にされた『宴のあと』事件東京地裁判決で「私生活をみだりに公開されない」権利として認められた［東京地判1964年9月28日下民集15巻9号2317頁］．

最近では，自己情報をコントロールする権利もプライヴァシー権の一内容と考えられている．なぜなら，国や自治体などは国民・住民のプライヴェートな個人情報を有しており，これが誤っていたり目的外で使用されれば，当該国民・住民の不利益が生じるので，当事者が自己の情報がまちがっていたら訂正を求め，承諾なく使用されることを拒むというように，自己情報をコントロールする必要があるからである．これに関し，市町村が保有する住民基本台帳上の本人確認情報（氏名，生年月日，性別，住所，住民票コード，変更情報）を都道府県および全国サーバーに送信・保存し，行政機関が管理・利用する住基ネットに対する住基ネット違憲訴訟に対して，最高裁は「自己情報コントロール権」という表現は用いず，「個人の私生活上の自由の一つとして，何人も，個人に関する情報をみだりに第三者に開示又は公表されない

自由を有するものと解される」と判断したうえで，プライヴァシー侵害の具体的な危険が発生しているとは言えないとして住基ネットを合憲とした［最一小判2008年3月6日民集62巻3号665頁］．

③　自己決定権

　私たちは朝何時に起きるか，どのような服を着るのかといった日常生活におけるさまざまな決定をしているし，さらに重要な決定として進学するか否か，どのような学校に進学または勤め先に就職するか，結婚するのか否かなどもしている．これらもプライヴァシーの問題ではあるが，これをプライヴァシー権から派生させ，自己決定権という形で議論がおこなわれてきた．特に議論があったのは，髪型・服装など自身のライフスタイルを決める自由や，子どもを持つか否かやどのような家族を形成していくかなどを決める自由である．

　日本の裁判所の傾向としては，中学・高校の生徒が校則で髪型・服装などを強制されることを自己決定権侵害で争っても，校則を社会通念上許容範囲にあるとして容認するのが一般的である．しかし，やはり自己決定権という観点からすれば，少なくとも中学・高校の校則で，生徒がまったく関与せずに髪型を強制するのは問題であろう．最近は一般社会から見た場合に明らかにおかしい校則を「ブラック校則」と表現して社会問題化してきている．日本人＝黒髪ではないのに黒髪ではない生徒に「地毛証明書」を保護者に出させるとか，髪の毛のトップの長さを残しつつサイドやもみあげ周辺，襟足などを刈り上げ，トップと段差をつける「ツーブロック」というヘアスタイルを校則で禁止する学校もある．そういうなかで，東京都教育委員会が都議会での議員からの追及などを受けて，2022年4月から「ツーブロック」などを禁止する校則を全廃したことは大きな成果である（ほかに，生来の髪を一律に黒色に染色すること，頭髪に関する届出の提出，下着の色の指定に関する指導なども）．

　そのほかにも，一部カトリックの国などに残っている堕胎・中絶の禁止も産む・産まないかは女性が決定できるという権利の観点から問い直しが求められる（日本の堕胎罪については，第3章三2②で扱う）．また，憲法上あえて

「死ぬ権利」という表現は用いられていないが（自殺は道徳的には望ましくないが，刑法では「自殺罪」「自殺未遂罪」なるものはなく，202条に自殺関与・同意殺人罪があるだけである），安楽死を認めるか否かについては議論がある．諸外国では法律で安楽死を認める国もあるが，日本では正面から認めておらず，引き続き議論が必要である．

④ その他

ただ，「新しい権利」としてさまざまな権利が主張される一方，裁判所が権利として認めたのはまだ少ない．確かに，日照権，静穏権，眺望権，嫌煙権，交通権などなんでも「権利」として承認すれば，先にもふれた「人権のインフレ化」をもたらしかねず，慎重な検討が必要である．しかし，深刻な権利・自由侵害の解決のために主張され，一定の理論の蓄積もあり学説としても一定の成熟が見られる環境権や平和的生存権などについては，裁判所がその承認を回避しているのは問題であると言える．

三　現実問題

1　プライヴァシー権・肖像権侵害の事例

憲法上，13条でプライヴァシー権と肖像権，21条2項で通信の秘密を保障するが，実際は違う．ここでは侵害主体に分けて見ていこう．

まず，私人による侵害の例としては，当該本人の同意なく各種カード情報（スーパー等のポイントカードやクレジットカードなど）やパスモ・スイカなどの記名式IC乗車カードの個人情報が漏洩したり，本人の承諾なく目的外で使用されればプライヴァシー権侵害になる．このような性別・年代・購買履歴といったカード情報は，企業にとっては貴重な情報であり，厳密な管理が求められる．また，携帯電話は電源を入れていれば位置情報を発信するが，この位置情報を令状もないのに警察・検察に提供したとすれば，同じく問題となる．

次に公権力による侵害の例としては，公安警察や公安調査庁が特定の政

党・政治団体などに対する監視活動をおこなっている（2007年には，自衛隊の情報保全隊が市民団体までも監視していたことが明らかになった）．これらは，警察や自衛隊が特定の団体を一方的に「国家の敵」とみなして監視する不当な活動である．1986年に発覚した警察（神奈川県警）による政党幹部宅盗聴事件については，いまだに警察上層部は部下に責任をなすりつけ，組織的な関与を否定している．そんな警察に「組織的犯罪対策」の一環として「合法的」に盗聴を認める「通信傍受法」（盗聴法）が1999年に制定され，2016年には盗聴の対象を拡大する法改正がおこなわれた．さらに，2013年に共通番号法が成立し，2015年から住民登録しているすべての者に生涯変わらない12桁の個人番号を割りふり，当該個人の情報を管理する共通番号制度（この制度を具体化する「行政手続における特定の個人を識別するための番号の利用等に関する法律」は，個人番号のみならず法人番号についても規定する法律であるため，「マイナンバー法」「マイナンバー制度」と表現するのは誤りである）が2016年から運用が始まった．当初は社会保障・税・災害といった3分野に限定していたにもかかわらず，順次利用範囲を拡大してきた．これにより，個人が国家によって丸裸にされ，個人情報の漏洩などの危険性もある制度である．

　そして，私人も公権力も侵害主体になるのが監視カメラによる監視である（日本では「防犯カメラ」と表現する場合が多いが，「防犯」に限定しないカメラ利用も見られるので，「監視カメラ」と表現すべきである）．ATMや銀行など，監視カメラの設置が必要な場所はある．しかし，日本には監視カメラの法的規制がない．ということは，私人が公的空間に向けて監視カメラを設置している場合があるが，被写体の同意もなく監視カメラが運用される危険性がある．監視カメラの設置理由自体理解できるものもあるが，最低限監視カメラ設置の表示，モニターが原則であるが録画する場合は記録の保存期間をなるべく短い期間とすること，録画記録の目的外使用の禁止・公権力に提供する場合は令状がある場合にするなど，一定の法的規制が必要である．

2　喫煙の自由と喫煙規制

　この間，徐々に喫煙規制が進んできたが，喫煙自体は憲法上13条から保

障される．最高裁も，刑務所内での未決拘禁者に対する喫煙禁止規定が争われた事件で，「喫煙の自由は，憲法13条の保障する基本的人権の一に含まれる」と判断している［最大判1970年9月16日民集24巻10号1410頁］（ただし，刑務所内での喫煙規制は必要かつ合理的なものとして憲法違反とは判断していない）．

したがって，一般的には自室や誰もいない空間での喫煙自体は問題ない．一方で，公共空間においてはたばこの煙・臭いが苦手な人がいるし，アレルギー反応を引き起こす人もいるのであるから，公共の福祉の観点から禁煙にすることも問題ない（アパートやマンションのベランダでの喫煙を一般的に規制しているように，喫煙場所が私的空間でも他人に影響を及ぼす場合は規制が許される）．ただし，可能な範囲で喫煙スペースの設置による分煙にすることが望ましい．

また，さらにエスカレートして，全面禁煙を求める風潮もある．健康増進法では2条で国民には健康増進に努める責務を課しているので，これを根拠に喫煙規制がおこなわれる場合もある．しかし，憲法13条から私たちには不健康に生きる権利も保障される．喫煙以外にも暴飲・暴食，徹夜など，確かに健康にはよくないが，本人の自己決定によりそのような行為を選択しているなら，それを尊重すべきである．

3　監視・管理と自由

警察や国家による国民の監視に対しては，これはプライヴァシー権侵害であることが明確なので問題だと考える人も多い．ただ，企業など私人もクレジットカード，ポイントカード，ETC，JRなどの非接触型ICカード，携帯電話の位置情報と通話履歴など，「お得」「迅速」「割引」などで人を巧みに誘導し，情報を収集しており，これには国民が自ら積極的に情報提供しているので問題だと思っていない人のほうが多い．

しかし，現代の監視は個人の自由を保障しながら個人の行動のデータを管理していく「環境管理型社会」というタイプに移行してきており，管理の側面もある．ここでは，生身の身体よりは非身体化されたデータへの監視・管理が重視されている．企業にとってもこのような消費者の情報がほしいから収集しているのであるが，これら情報を警察および検察は刑事訴訟法197条

2項の捜査関係事項照会書で企業に提供を求め，企業もこれは裁判所が発行する令状と異なり任意であるにもかかわらず，安易に提供しているのである．社会学ではこのような監視・管理の状態を「監視の中の自由」や「人間の家畜化」という表現を用いて警鐘を鳴らしている．本人は「自由」に「自己決定」していると思っていても，実際には国家や企業が作った枠組みのなかで監視・管理された状態で「自由」に「自己決定」しているにすぎない．

　映画の話に戻ると，キアヌ・リーブス主演の映画『マトリックス』（1999年アメリカ映画）は，実は人間はAIのエネルギー源になっているにすぎないのに，AIがつくり出した仮想空間のなかで生きていると思い込まされている世界を描く映画であったが，この映画を単なるフィクションと笑っていられるであろうか．

第 3 章

法の下の平等

....

この章を学ぶ前に

　「未亡人」という言葉を聞いて，この言葉に問題があると考える人はどのくらいいるだろうか．この言葉を漢語から考えれば，「未だ亡くならない人」であって，価値中立的とも言える．しかし，実際には，「妻を亡くした夫」の意味で使うことはなく，「夫を亡くした妻」の意味で使っている．なぜなら，かつての男尊女卑社会のなかで，夫が死んだ後にあとを追って死なない妻を責める言葉だったからである．

　そうすると，「主人」「夫人」「家内」「父兄」といった言葉の問題もわかるであろう．戦前の日本社会においては家制度があり，家の統率者である戸主（家長）は家で一番の年長の男だったので，「主人」＝「主の人」は男性しか指さない．戦前の日本社会においては，女性は結婚して妻になると無能力者となり，語源的には「貴人の妻」を指す言葉とはいえ，「夫の人」と読めてしまう「夫人」は現代の視点からするといいイメージを与えない．また，外で働く男性に対して家のなかにいる女性は「家内」＝「家の内」．そして，戦前の日本社会においては，子どもの親権は戸主（父親）にあり，女性である母親は無能力なので，保護者のことを「父兄」と表現した．

　しかし，憲法14条で性別による差別を禁止したはずなのに，いまだに女性たちが「うちの主人は」「お宅のご主人は」という会話をし，男性が自身の連れ合いを「家内」と言い，保護者のことを「父兄」と言う人までいる．憲法は変わったのに，日本社会にはいまだに女性差別が残り，人間の差別意識が変わっていないからである．

　ほかにも，今は以前ほど使われなくなった言葉であるが，自分でピント・

シャッタースピード・絞りを設定して撮影するかつての一眼レフカメラに対して，ボタン一つで撮影できるオートフォーカスのカメラを「バカチョンカメラ」と表現する人がいた．この人たちは，「バカでもチョンと押せば写るカメラ」という意味で使っていたと説明するかもしれないが，この表現は「バカでもチョンでも」から来ている．もともと「チョン」は「愚かな者」という意味で江戸時代から使われ，「バカ」と同じような意味として存在していたが，特に日本が1910年に朝鮮を植民地にしたのち，当時の日本人が朝鮮人をバカにして「チョン公」とか「チョンコ」という言葉を使っていた．「バカでもチョンでも」を「バカでも朝鮮人でも」という意味で使っていた人もいたのである．しかし，憲法14条があるのだから，戦後，この言葉も使うべきではないはずなのに使われていた．

　例えば，アメリカではアフリカ系を指す「ブラック」「ニグロ」，先住民を指す「インディアン」が差別用語として使用すべきではないと考えられており，「アフリカン・アメリカン」「ネイティヴ・アメリカン」に置き換えている．そうであれば日本でも，「主人」「夫人」「家内」は「夫」「妻」「連れ合い」「パートナー」に，「父兄」は「父母」「保護者」に置き換えるべきである．憲法が差別を禁止しているのに，差別的な表現が残っているということは，憲法理念が社会にまだまだ浸透していない結果である．上記で挙げた差別的な表現の問題を認識していなかった人は，特に理念と現実の差を認識してほしい．

一　歴史

1　市民革命前

　封建制社会は人を生まれによって差別し，階級や身分制度もあった．封建制社会においては，親の身分・階級によって子どもの身分・階級も決まり，国王のもとに生まれれば支配階級としての生活が保障されるが，農民のもとに生まれれば，どこまでいっても一生農民としての人生を歩まなければならなかった．

2 市民革命後

① 近代の平等観

　このような関係を否定したのが市民革命である．私たちは親を選んで生まれることはできないのに，親の身分・階級が子どもにも引き継がれるのはおかしいことにブルジョアジーが気がつく．そこで，「人は生まれながらにして自由かつ平等」というフレーズが用いられ，市民革命を成功に導く（ただし，実際には「人は生まれながらにして自由かつ平等」であるわけではなく，第1章－1でも述べたように，市民革命期の一つのイデオロギーにすぎなかったが）．これにより，誰に対しても機会は平等に与えられるようになった．

② 現代の平等観

　しかし，市民革命後の憲法で平等を保障しても，それはあくまでも誰に対しても機会が平等に与えられたにすぎない．実際に20世紀以降の資本主義社会においては，富める者はますます豊かに，貧しい者はますます貧乏になった．誰もがどのような学校に行くか（教育を受けるか），どのような仕事に就くか，その機会は平等に与えられているが，実際には親が金持ちであれば子どももそれに見合った教育を受けることができるし（例えば現代であれば，小さいころから家庭教師をつけるとか，学費が高額な私立学校に行けるなど），子どもによっては親の仕事を苦労せずに引き継ぐこともできる（例えば現代であれば，子どもが親の会社を引き継ぐなど）．このことから，現代においては，機会の平等だけでなく，可能なかぎり実質的な平等を保障することが課題になっていく．

二　憲法の規定と解釈

1　日本国憲法の平等規定とその例外

① 14条

　日本国憲法は平等について手厚く規定している．まず基本となるのは14条で，1項で「すべて国民は，法の下に平等であつて，人種，信条，性別，

社会的身分又は門地により，政治的，経済的又は社会的関係において，差別されない」とする．ここでは，人種・信条・性別・社会的身分・門地（家柄）といったような何によって差別されないか，政治的・経済的・社会的関係といったようなどのような関係において差別されないか，具体的に明示している．また，さらに2項では，かつて華族その他の貴族の制度があったので，これを明確に否定している．

　ほかの憲法の条文もそうであるが，条文を見た場合，常に考えてほしいのは，なぜこのような条文があるのかである．日本国憲法制定前は，「人種，信条，性別，社会的身分又は門地により，政治的，経済的又は社会的関係において」，差別されるのは当たり前であったから，このような差別をなくすために憲法に規定したのである．もし日本から差別がなくなっていれば，このような規定は不要であるが，残念ながらまだ存在するので，憲法の観点から差別をなくしていくとりくみが必要になってくる．

②　その他の規定

　さらに日本国憲法は，個別の領域で差別禁止や平等をうたっている．

　まず，選挙の面では，15条3項の「公務員の選挙については，成年者による普通選挙を保障する」という規定，さらに44条の「両議院の議員及びその選挙人の資格は，法律でこれを定める．但し，人種，信条，性別，社会的身分，門地，教育，財産又は収入によつて差別してはならない」という規定から，平等選挙が求められる．

　次に，戦前の女性を差別した制度の反省から24条の規定があるが，これは **4** でふれる．

　さらに，26条で「すべて国民は，法律の定めるところにより，その能力に応じて，ひとしく教育を受ける権利を有する」と規定することで，教育の機会均等を保障している．

③　平等原則の例外

　このように，日本国憲法は法の下の平等を規定しているが，憲法上の例外がある．それは天皇制である．第1章で天皇制を認め，2条で皇位の世襲を

定め，天皇になれるのは天皇家に生まれた子どもだけであり，国民は絶対に天皇になれないのだから，本来，天皇制は平等に反する制度である．しかし，憲法上，天皇制を残したので，天皇制は憲法上の例外と考える（第14章参照）．

2　絶対的平等と相対的平等

①　絶対的平等

　憲法14条にある「平等」はどのような平等なのだろうか．「平等」というと，誰に対してもまったく平等に扱うという「絶対的平等」を思い浮かべる人がいるかもしれない．しかし，憲法の「平等」は「絶対的平等」ではない．「絶対的平等」だと，法律上人を完全に平等に扱うことになるので，出産直後の女性労働者が休むのは男性との関係で差別だということになるし，子どもに喫煙と飲酒を認めないことは大人との関係で差別だということになる．

②　相対的平等

　そこで，憲法が考える「平等」は「相対的平等」となる．「相対的平等」とは，事実上等しいものは法的に等しく，事実上等しくないものはその特質にしたがって法的に等しくなく扱い，同一事情・条件のもとでは等しく扱うというものである．この定義だけ見ると，少し理解しづらいかもしれないが，「相対的平等」から認められる「合理的区別」を理解できれば，「相対的平等」も理解できるであろう．

3　合理的区別とさらにその先へ

①　合理的区別

　「合理的区別」は，例えば，男性と女性，大人と子どものような場合に両者を区別して扱うものである．そして，これが可能になるのは，①事実上の差異が存在すること，②差異に基づく差別的取扱いが正当な目的に基づくこ

と，③差別的取扱いの必要性が認められること，④差別的取扱いの態様・程度が社会通念上許容範囲内であること，という要件を満たす場合である．

　例えば，女性には労働法で生理休暇や産前産後休業が認められている（労働基準法68条，65条）．この場合，女性と男性という事実上の差異が存在し（①），生理休暇や産前産後休業は母体および生まれてくる子どもの保護のためにあるという正当な目的と必要性があり（②③），この程度の男女間の差は社会通念上許容範囲と考えられている（④）．男性に生理休暇や産前産後休業を認めないことを差別とは考えない（ただし，男性には育児介護休業法5条で出産後の育児休業は認められている）．

　あるいは，子ども（20歳未満の未成年者）には喫煙と飲酒を禁止している（未成年者飲酒禁止法1条および未成年者喫煙禁止法1条）．この場合，子どもと大人という事実上の差異が存在し（①），まだ身体の成長が発達途上にあり喫煙と飲酒は危険だから認めないという正当な目的と必要性があり（②③），この程度の大人と子どもの差は社会通念上許容範囲と考えている（④）．子どもに喫煙と飲酒を認めないことを差別とは考えない．

　このような区別が合理的区別であり，相対的平等の観点から憲法上これらを差別とは考えない．

②　積極的差別解消措置

　さらに，相対的平等の先に積極的差別解消措置（アファーマティヴ・アクション，ポジティヴ・アクション）というものがある．例えばアメリカでは，歴史的に差別されてきたアフリカ系アメリカ人や女性に対して，大学入学や雇用に際して優先枠を設定してきた．また，例えばヨーロッパでは，女性の政治家の割合を増やすためにクオータ制（英語のquota，割り当て・分担の意から．選挙の候補者のうち例えば40％を女性候補者にするなど）や，パリテ（フランス語のparité，同意・同一の意から，選挙の候補者や政党・企業の役職者を男女均等にする）が採用されてきた．ただ，アメリカにおけるアフリカ系アメリカ人に対する優先枠に対しては，白人やアジア系などから逆差別との批判があり，実際にこのような優先枠をなくす動きもある．

　日本でこの積極的差別解消措置に相当するものとしては，国・自治体や企

業などに一定の割合の障がい者の雇用を義務づける障害者雇用促進法や，被差別部落の環境改善と差別解消のために地区環境の整備や公営住宅の設置などをおこなう同和対策事業特別措置法，男女間の格差を改善するために男女のいずれか一方に対し当該機会を積極的に提供することを求める男女共同参画社会基本法，アイヌ文化の振興などのとりくみをおこなうアイヌ施策推進法などがある．

4　夫婦と両性の平等

　憲法14条で性別による差別を禁止しているが，さらに24条1項で「夫婦が同等の権利を有する」と，2項で「配偶者の選択，財産権，相続，住居の選定，離婚並びに婚姻及び家族に関するその他の事項に関しては，法律は，個人の尊厳と両性の本質的平等に立脚して，制定されなければならない」と，夫婦と両性の平等を保障している．これは戦前のあまりにひどい家制度の解体をめざすためにも規定されたものである．

　この憲法14条および24条を受けて，雇用の場での女性差別をなくすために男女雇用機会均等法が制定されている．また，国際社会においても女性差別は根深いので，国際法として社会権を保障する国際人権規約のA規約（社会権規約）の3条および自由権を保障する国際人権規約のB規約（自由権規約）の3条で男女平等を規定するだけでなく，女性差別をなくすために女子差別撤廃条約も制定されている．

三　現実問題

1　最高裁判決の現況

①　平等を求める最高裁判決

　平等をめぐる裁判がいくつもおこなわれ，以下の四つの最高裁違憲判決・決定がある．

　一つめは，刑法200条の尊属殺重罰規定違憲判決である．かつての刑法

200条は, 通常の殺人罪（死刑または無期もしくは3年以上の懲役. 現在は5年以上の懲役）より尊属殺人罪（自己または配偶者の父母や祖父母など血のつながった親族である直系尊属を殺害した場合は死刑または無期懲役）の刑罰を儒教的家族観に基づく封建的な考えから重くしていたが, 最高裁は親の尊重という立法目的を認めたうえで重罰が平等原則に反するとして憲法14条1項違反とした［最大判1973年4月4日刑集27巻3号265頁］. この判決を受けて, 刑法200条は削除されたが, すぐにではなく1995年の刑法改正によってのことである.

二つめは, 国籍法3条1項の違憲判決である. 国籍法3条1項が, 日本人の父と外国人の母のあいだに生まれた非嫡出子（法律婚をしていない父母から生まれた子ども）の国籍取得について, 嫡出子の場合とは異なり, 出生後の認知の場合は国籍取得を認めない国籍法3条1項に対して, これは子どもの意思や努力により決めることのできない問題であることから, 憲法14条1項違反とした［最大判2008年6月4日民集62巻6号1367頁］. この判決を受けて, 国籍法3条は2008年に改正され, 婚姻要件がなくなる.

三つめは, 民法900条4号但書の非嫡出子法定相続分規定違憲判決である. 民法900条4号但書が, 非嫡出子の法定相続分を嫡出子の相続分の2分の1にしていたことに対して, 最高裁は立法理由には合理的根拠があるという観点から合憲としてきたが, その後の家族形態の多様化や国民意識の変化, 諸外国の趨勢などの点から2013年にようやく違憲の判断を示した［最大決2013年9月4日民集67巻6号1320頁］. これを受けて2013年に民法900条4号も改正される.

四つめは, 民法733条1項の女性の再婚禁止期間一部違憲判決である. 民法733条1項は, 再婚後に生まれた子どもの父親を推定する観点から, 女性にだけ離婚後6か月の再婚禁止期間を定めていたことに対して, これも最高裁は合憲としてきたが, 2015年に立法趣旨を正当と判断しながら離婚後100日を超える部分は違憲と判断した［最大判2015年12月16日民集69巻8号2427頁］. これを受けて, 2016年に民法733条1項が改正され, 再婚禁止期間が100日に短縮される.

ほかに, 法の下の平等との関係から大事な最高裁判決として議員定数不均衡訴訟判決があるが, これについては第10章で扱う.

また，まだ下級裁判所の判決しか出ていない段階であるが，現在，各地で同性愛者同士の結婚が認められていないことに対する違憲訴訟がおこなわれている．これら判決で，同性婚を認めないことは憲法14条との関係で合憲判決と違憲判決とで判断が分かれている（憲法24条1項との関係では合憲としながら，2項との関係では合憲・違憲状態・違憲と判断が分かれている）．下級裁判所の判断が分かれるだけに，今後，最高裁がどのような判決を下すか，注目が集まる．

②　平等に背を向ける最高裁判決

　一方で，憲法14条違反が問われながら，これに背を向ける最高裁判決もある．それは民法750条をめぐる裁判で，民法750条は，「夫婦は，婚姻の際に定めるところに従い，夫又は妻の氏を称する」と規定している．この規定は一見すると，なんら差別的ではないように見えるが，いまだに男尊女卑の考えが残るなかで，実際には結婚後の姓（氏）の約9割が男性のものになっており，女性が変えざるをえない状況に追い込まれている．そこで，結婚後も自身の姓を維持したい場合は，女性が法律婚後も旧姓を名乗ったり，事実婚を選択している．近年，選択的夫婦別姓も認めるべきだとの声が高まり，夫婦別姓を認めないこの民法750条違憲論も高まってきているが，最高裁はこの規定を二度合憲とした［最大判2015年12月16日民集69巻8号2586頁，最大決2021年6月23日集民266号1頁］．

2　法律の現況

①　民法

　戦前の旧民法は男性の婚姻年齢を満17歳以上，女性を満15歳以上としていたが，戦後の民法731条は男性を満18歳以上，女性を満16歳以上にした．男女で年齢差があるのは，肉体的な成熟度の差から来るものである．この年齢差は，一見すると男性が16歳および17歳で婚姻できないことから，男性差別の規定のように見えるかもしれないが，女性の婚姻年齢が低いほど，女性に早くからたくさん子どもを産ませるという点で好都合でもあったことを

見逃してはならない．しかし，2018年に民法が改正され，婚姻年齢が男女18歳で統一されたことは平等の観点から望ましい（施行は2022年から）．

また，民法733条の女性の再婚禁止期間は6か月から100日に短縮されたが，かつてとは異なりDNA鑑定ができる現代において男性は離婚後すぐ再婚できるのに，女性はすぐ再婚できないのはやはりおかしい．この733条を削除する改正民法が2022年12月に成立し，2024年4月からは女性の再婚禁止期間がなくなることになった．

しかし，夫婦同姓を強制する民法750条はまだ残っている．最高裁は合憲判決を出したし，保守派のなかには，「別姓を認めると家族の一体感が失われる」という意見もあるが（夫婦別姓に反対している自民党の代表的な保守政治家である女性国会議員のなかには，自身は夫婦別姓を選択している議員もいた），同姓だから一体感がない，離婚しないというわけではない．欧米では選択的夫婦別姓が当たり前であり，国によっては結合姓を認める国もある．この規定はすぐに改正し，選択的夫婦別姓も認めるべきである．

② 刑法

刑法212条は，「妊娠中の女子が薬物を用い，又はその他の方法により，堕胎したときは，1年以下の懲役に処する」という堕胎罪が規定されている．これは大日本帝国憲法下の旧刑法の規定を戦後も引き継いだ規定である．大日本帝国憲法下では，女性に「家」の跡継ぎを産ませ，国家による「富国強兵政策」を進めるうえで適合的な規定であったのかもしれないが，産む産まないは本来女性自身が決める問題であり，妊娠は男女の営みの結果生じるものであるのに，女性だけ罰するのは不公平である．実際には，母体保護法で妊娠22週未満での中絶の際は堕胎罪を適用しないとしている．22週以上での中絶を認めないこと自体は妥当とはいえ，堕胎罪をこのまま残すのか，検討が必要である．

③ 憲法

憲法24条1項の「婚姻は，両性の合意のみに基いて成立し」という規定を素直に解釈すれば，同性間の結婚は憲法上できないように読める．1946年

の憲法制定時，日本においては同性婚が一般的ではなかったので，このような表現はやむをえなかったと思われる．

　こういうなかで，欧米を中心に同性婚を認める国が徐々に増えてきている．日本国内においても，当事者が裁判を起こし，下級裁判所の判断も分かれている．これについては，やはり時代の流れから日本でも同性婚を認めるべきであろう．

　ただ，その方法としては，①憲法24条1項を改正する，②憲法24条1項は同性婚を禁止しているわけではないので，憲法13条，24条1項，24条2項の解釈から，または具体的な立法によって認める，という対応が考えられる．

3　根強い女性差別と家意識

①　女性差別

　世界経済フォーラムが各国における男女格差を経済・教育・健康・政治の四つの分野のデータから測るジェンダー・ギャップ指数を毎年発表しているが，2024年，日本は146か国中118位だった．大企業の役職者は圧倒的に男性が多く，政治の世界でも参議院は女性議員が26.7％，衆議院にいたっては10.3％しかいない（2023年7月19日時点）．まだまだ日本社会においては女性差別が根強く残っていると言える．

②　家意識

　以前，日本テレビ系日曜夕方の『笑点』の「大喜利コーナー」で，桂歌丸氏が司会を務めていたとき，たびたび，当時は独身の春風亭昇太氏に「早く嫁をもらいなよ」と言っていた．しかし，昇太氏が結婚するか否かは昇太氏の自己決定（憲法13条）の問題である．「嫁」は，「家」の外に「女」と書くが，息子の親から見た息子の配偶者の女性を指す呼称であり，戦前の家制度と結びついた言葉でもある．この「もらう」は「迎える」の意味で使っているとはいえ，人に対して「もらう」とは．このように，「早く嫁をもらいなよ」という言い方は，封建的な用語を用い，人に対して失礼とも言える言い

方であるにもかかわらず，歌丸氏の発言に，壇上の出演者も会場の観客もこの発言を聞いて笑っていたのである.

　また，意識の変化により大分変わってきたとはいえ，いまだに結婚式の披露宴会場などの表示で「○○家　○○家」としているところがある. 結婚は個人と個人がするものであるのに，この表示は家制度下の名残で，結婚を家と家とのつながりとするものである.

　このように，憲法24条の制定で，戦後，日本は家制度の解体をめざしたはずであるが，いまだに家意識が抜け切れていない.

第 4 章

思想・良心の自由

この章を学ぶ前に

　思想は頭のなかにとどまっているかぎり，誰の迷惑にもならないし，他人に危害を加えるものでもない．すなわち，例えば，「ムカつくあいつをぶん殴ってやりたい」「国会議事堂を爆破したい」という考え自体は，道徳的倫理的に賞賛できるものではない．しかし，これを実際におこなえば，暴行罪や傷害罪，器物損壊罪や建造物損壊罪といった犯罪になり刑事責任が問われるし，民事上の損害賠償責任も生じる．一方，実際におこなわなければ，法的責任はまったく生じることはなく，誰の権利自由も侵害しない（公共の福祉に反しない）．ということは，頭のなかにとどまるかぎりはどんなにひどい内容であったとしても，考えること自体はまったく自由であり，思想の自由は絶対的に保障されるということである．

　「だから思想の自由が保障されるのは当然のこと」と思われるかもしれないが，かつて思想の自由はなかった．今も完全に保障されているだろうか．だからこそ，あらためて思想の自由の重要性を考えることは大事である．

一　歴史

1　日本では

　かつて，支配者の気に入らない思想が弾圧された．例えば，戦前の日本である．戦前の日本は，治安維持法1条は「國体ヲ變革シ又ハ私有財産制度ヲ否認スルコトヲ目的トシテ結社ヲ組織シ又ハ情ヲ知リテ之ニ加入シタル者ハ

十年以下ノ懲役又ハ禁錮ニ處ス」とし，この規定から結社・加入だけでなく，天皇制批判思想と共産主義思想を持つこと自体許さなかった．本来，どのような思想を持とうが自由なはずであるが，特定の思想が弾圧され，特別高等警察（特高）が取締りに当たっていたのである．

　日本ではこのような歴史があったから，戦後，日本国憲法で思想・良心の自由を保障することになったのである．

2　世界では

　現代の国際社会においては，国際人権規約のＢ規約（自由権規約）の18条で，「すべての者は，思想，良心及び宗教の自由についての権利を有する」と，明確に思想・良心の自由が保障されている．

　しかし，軍事独裁国家や事実上一党独裁の国家においては，軍部や指導政党と異なる思想が弾圧されており，思想の自由が完全に保障されているわけではない．

二　憲法の規定と解釈

1　保障内容

①　思想・良心の意味

　憲法19条は，「思想及び良心の自由は，これを侵してはならない」と規定している．思想と良心を保障するが，両者を特に区別する必要がないとするのが通説・判例である．良心は人の主観的倫理的な内面的精神的作用であり，思想は良心よりは客観性のある内面的精神的作用であるとも言えるかもしれないが，両者併せて世界観，国家間，人生観，主義，主張などの個人の内面的精神的作用であると言える．

②　保障の態様

　憲法19条から，以下の内容が保障される．①国家による国民への思想の

強要の禁止，または禁止の禁止，②思想を持っていること，または持っていないことによる不利益取扱いの禁止，③持っている思想の告白の強要禁止＝沈黙の自由，である．

　まず①であるが，戦前は国家が臣民に天皇崇拝思想を押しつけ，共産主義思想を禁止したが，今の日本では許されない．次に②であるが，戦前は共産主義思想を持っていたり，天皇崇拝思想を持っていない者に対して不利益な取扱いをしたが，今の日本では許されない．そして③であるが，その人がどのような思想を持っているか，無理に言わせてはいけないということである．これは思想の自由ではなく信教の自由の場合であるが，江戸時代の踏み絵は間接的にその人の信仰を告白させることになり，この踏み絵のような事例が告白の強要にあたるのであり，思想面でも同様の告白の強要となる行為は許されない．

　さらに，自身の思想・良心に反する外部的行為を強制できるか，拒否できるかという問題がある．この場合は内心にとどまらず，表現行為にもかかわる問題であるが，やはり行為者の内心性との関連性がきわめて強いので，強制は19条違反と考えるべきである．

2　意義

　思想の自由を憲法で保障することの意義は，少数派の思想を保障することにこそその意義がある．なぜなら，ときの多数派の思想は弾圧されず，弾圧されるのは少数派の思想であるからである．戦前であれば，天皇崇拝思想が弾圧されることはありえず，天皇批判思想が弾圧された．しかし，どのような思想も一人から出発し，それが多数派になるか，消えてなくなるかは，国家権力が決めるものではなく，そのときどきの社会のなかで決まるものである．すばらしい思想であれば，ほかの人にも支持されて多数派になっていくであろうし，そうでなければ淘汰されていくにすぎない．どのような思想も最初は少数派であっても，将来多数派になる可能性があるのだから，少数だからと言って弾圧していいとはならないのである．この構図は，信教の自由についても同様である．そして，権力者の憎む「異端思想」を抑圧しないこ

とにその本質がある.

三　現実問題

1　企業による社員等思想差別

①　一般的な企業の場合

　憲法で思想の自由が保障されているので，企業による社員等の露骨な思想差別は許されない．このような民間企業の事例で，思想差別が露骨な場合は，世間一般的にその不当性が認識されている.

②　JRの場合

　ただ，日本においては相手（直接の相手でなくとも，国家がからむ場合を含む）が国家となると状況は変わり，JR組合就職差別がこれにあたる．1987年に国鉄（日本国有鉄道）がJRに分割民営化された．国鉄時代，国鉄労働者の主要な三つの労働組合として，国労（国鉄労働組合），動労（国鉄動力車労働組合），鉄労（鉄道労働組合）があった．このうち，国鉄分割民営化に最後まで反対したのが国労で，賛成したのが動労と鉄労であったので，国鉄がJRに移行する際に，JRに残ることを希望した労働者のなかで残れなかった圧倒的多数の労働者は国労組合員だったのである.

　これに対して，JRに残ることができなかった労働者が，JRへの採用候補者名簿を作成した国鉄の行為は不当労働行為だと主張して裁判をおこなったが，最高裁は国鉄とJRとは別法人なので，国鉄が不当労働行為をおこなってもJRの責任はないという判決を出し，事実上国家的な組合差別を容認した［最一小判2002年12月22日民集57巻11号2335頁].

　ちなみに，国鉄分割民営化について，政府は国鉄の赤字を理由に正当化したが，自民党政権のもとで国が積極的に道路整備をおこない，トラック・バスなどの燃料である軽油の税率をガソリンより低額にして自動車・運送会社を支えながら，国鉄には財政支援をしていなかった．また，イギリス・アメリカに続いて新自由主義改革を進めた当時の中曽根康弘政権が，土地と株へ

の新たな投資先をつくるために国鉄分割民営化をおこなったという側面もあった．さらに，野党の社会党を支える総評（日本労働組合総連合会）の強力な所属労組である国労をつぶし，総評および社会党を弱体化させることに国鉄分割民営化のねらいがあったと，のちに中曽根元首相が語っている．憲法上の人権侵害問題を考える場合，ただ判例を見るだけでなく，このような背景・実態も見るべきである．

2　後ろ向きな最高裁の姿勢

①　内申書事件と入社拒否事件

　中学の卒業生が内申書に「大学生ML派の集会に参加している」など政治的な活動歴が記載されたことですべての高校入試で不合格になったとして学校側に損害賠償を求めた麹町中学内申書事件で，最高裁はこれらの記載を生徒の「思想，信条そのものを記載したものではないことは明らかであり，右の記載に係る外部的行為によっては上告人の思想，信条を了知し得るものではない」として，憲法19条違反の主張を退けた［最二小判1988年7月15日判時1287号65頁］．しかし，「ML派」とは当時のマルクス・レーニン主義を掲げる政治党派のことであるが，このような具体的な政治党派名を記載すれば本人の政治的な思想もわかる．確かに，内申書の記載と高校入試不合格の因果関係を証明することは難しいが，内申書に「○○は○○党党員」と記載するようなことを問題ないとする最高裁の感覚は問題である．

　また，大学生だったときの学生運動歴を入社試験の際に虚偽申告したことで，三菱樹脂株式会社の試用期間終了後に本採用を拒否された者が裁判を起こした三菱樹脂事件で，最高裁は本件を私人間効力の問題として扱ったうえで，企業の雇用の自由の観点から，「特定の思想・信条を有する者をそのゆえをもって雇い入れることを拒んでも，それを当然に違法とすることはできず」とし，「労働者の採否決定にあたり，労働者の思想・信条を調査し，そのためにその者からこれに関する事項についての申告を求めることも」違法ではないとした［最大判1973年12月12日民集27巻11号1536頁］．この判決も企業による思想・信条調査を容認するものであり，不当判決と言える．

②　日の丸・君が代の強制問題

　同じく，相手の背後に国家がいる場合として，「日の丸」「君が代」強制問題がある．戦前，「日の丸」は侵略戦争のシンボルであったし，「君が代」の歌詞は天皇の時代が永遠に続くことを願う歌である．平和主義と国民主権を基本原理とし，法の下の平等を保障する日本国憲法の観点からすれば，「日の丸」と「君が代」を国旗・国歌にすることには異論が多い（第14章三**1**・**2**参照）．このようななかで，国旗国歌法が存在することもあり，文部科学省の方針のもと，小中高校などの卒業式・入学式などで教員に「国歌斉唱」を強制する学校がある．

　特に東京都では，石原慎太郎都知事のもとで都教育委員会が2003年10月23日に「入学式，卒業式等における国旗掲揚及び国歌斉唱の実施について」との通達（「10.23通達」）を出し，これに基づき各学校で校長が全教職員に「国歌斉唱」などの職務命令を出し，職務命令違反者には教育委員会が懲戒処分をおこなったり，定年退職後の再雇用の拒否や取消がおこなわれるようになった．

　都内市立小学校の音楽教師が，入学式の「国歌斉唱」の際にピアノ伴奏をおこなう旨の校長の職務命令にしたがわなかったことで戒告処分を受けたため，職務命令が憲法19条に反するとして処分の取消を求めた裁判で，最高裁は，教員の考えを「『君が代』が過去の我が国において果たした役割に係わる上告人の歴史観ないし世界観及びこれに由来する社会生活上の信念等ということができる」としながら，職務命令はこれを否定するものではないし，教師の有する思想を外部に表明する行為と評価することは困難であり，特定思想を強制したり禁止したりするものではなく，「特定思想の有無の告白」を強制したりするものではないから19条違反ではないとした［最三小判2007年2月27日民集61巻1号291頁］．

　卒業式等における「国旗」に向かっての起立と「国歌斉唱」を求める校長の職務命令に反した教員に対する懲戒処分についてはいくつも裁判がおこなわれている．2011年に出た判決では，定年退職後の非常勤嘱託員等の採用選考で不合格としたことを憲法19条違反で争った事例で，最高裁は，起立斉唱行為を「個人の歴史観ないし世界観に由来する行動（敬意の表明の拒否）

と異なる外部的行為（敬意の表明の要素を含む行為）を求められることとなり，その限りにおいて，その者の思想及び良心の自由についての間接的な制約となる面があることは否定し難い」としながら，卒業式等の儀礼的行事の意義や地方公務員の地位の性質・その職務の公共性などと総合的に衡量すれば，制約は許容され，19条違反ではないとした［最二小判2011年5月30日民集65巻4号1780頁．同時期の同様の内容の最高裁判決として，最一小判2011年6月6日民集65巻4号1855頁，最三小判2011年6月14日民集65巻4号2148頁］．

　一方で最高裁は，公立養護学校の教職員が起立斉唱命令にしたがわなかったことを理由に減給処分にしたことを裁量の範囲を超え違法としたり［最一小判2012年1月16日判時2147号127頁］，公立養護学校の教員を起立斉唱命令違反で停職処分にしたことを裁量の範囲を超え停職処分を取り消した［最一小判2012年1月16日判時2147号139頁］．

　このように，最高裁は戒告処分は適法としつつ，それを越える処分の違法性を認める傾向にある．しかし，最高裁の論理は，思想・信条の自由について内心にかかわるものだけを認め，外部的行為を含めることには消極的である点で不十分である．また，そもそも学校の入学式等で本当に「国旗掲揚・国歌斉唱」が必要なのか，ピアノ伴奏でなければならないのか，大日本帝国憲法の価値観のもとで使われてきた「日の丸」「君が代」を日本国憲法の価値観のもとで国旗・国歌にすることに問題はないのか，などの視点がやはり十分とは言えない．この間の政権与党である自民党は，2012年に天皇を国家元首にし，自衛隊を全面的な集団的自衛権行使可能な組織に替え，人権間の調整原理である「公共の福祉」をやめて国家の論理で人権制約を可能とする改憲案（「日本国憲法改正草案」）を発表しているが（第21章三2①参照），このような自民党の価値観に基づく行政にお墨付きを与えているとも言える．

第 5 章

信教の自由

....

この章を学ぶ前に

　宗教についての捉え方は人それぞれである．特定宗教の信者として熱心に宗教活動をおこなう者もいれば，宗教にまったく関心のない者もいる．筆者は後者で，両親も特定宗教の信者ではなかったが，小さいころは両親と一緒に初詣に行くことになんの疑問も抱いていなかった．しかし，中学生のときには，「初詣で『恋人ができますように』とか，『○○に合格しますように』とお願いしたところで，小銭程度のお賽銭で実現するのか？」「逆に大金のお賽銭をすれば実現するのか？」「結局は，本人の魅力・学力次第ではないのか」と考えるようになり，初詣に行かなくなるような人間であった．もちろん，他人が初詣に行くことについてとやかく言う立場ではないし，まったく自由だとも考えている．

　ただ，現代の日本の宗教観は奇妙である．世界三大宗教（キリスト教，イスラム教，仏教）のなかで，日本は歴史的に仏教の影響が強い国であったし，戦前は国家神道というものがあった．しかし，多くの人が年始に神社仏閣への初詣をする一方，バレンタインデーやクリスマスの行事もしているのである．また，結婚式を教会で挙げたり，葬儀を仏式でおこなう人も多数いる．ところで，文化庁の2023年度の「宗教統計調査」(2022年12月31日現在）によれば，日本の宗教団体信者数の合計はなんと1億6300万人と，人口よりも多いのである（神道系が約8396万人，仏教系が約7076万人，キリスト教系が約126万人，諸教が約700万人もいることから，実際の正確な信者数ではなく，特に神社なら氏子，寺院なら檀徒も申告し，各宗教団体の自己申告数なので，このような数字になると思われる）．ただ，まわりを見渡しても感じるとおり，実際には信

仰を持っていない人が多数派と思われる．にもかかわらず（だからこそ），仏教・神道・キリスト教がごちゃごちゃな国になっており，多数派の国民は宗教に対して節操がないとも言える．しかし，このような宗教に対する節操のなさも憲法20条は保障しているからこそ，大事なのである．

一　歴史

1　世界では

　歴史的に世界でも日本でも宗教の違いによる対立・弾圧・戦争が数多くあった．特に，少数派の新興宗教は当時の多数派から弾圧されることが多かった．キリスト教のイエスも仏教の仏陀もそうである．中世ヨーロッパにおいては，その社会の少数派が多数派によって「魔女」というレッテルが貼られ，「魔女狩り」がおこなわれた．カトリックが支配的な地域であればプロテスタントが，プロテスタントが支配的な地域であればカトリックが，一方的に「魔女」とされ，「魔女狩り」がおこなわれたのである．

　さらに，宗教の違いによる戦争もおこなわれてきた．11世紀末から13世紀末まで，ヨーロッパのキリスト教勢力がイスラム教徒によって支配されていた聖地エルサレムの「回復」を求めて十字軍を派遣し，約200年間も争いが続く．エルサレムはユダヤ教・キリスト教・イスラム教の聖地でもあるため，第二次世界大戦後のイスラエル独立宣言後，数次に及ぶ中東戦争が起きる．キリスト教対イスラム教という対立構造を用い，アメリカが2001年の「9.11事件」に対する報復戦争としてアフガン戦争をおこなった．ほかにも，ヒンドゥー教徒が多数派のインドとイスラム教徒が多数派のパキスタンとのあいだでは，20世紀に何度かインド・パキスタン戦争をおこなっている．カトリックが多数派のアイルランドがイギリスから独立したのち，イギリス内の北アイルランドではカトリック勢力のなかにイギリスに対してテロなど武装闘争を展開するグループもあった．

　かつては国家権力と特定の宗教が結びつくのが一般的であった．しかし，宗教の違いから戦争にまでいたるなかで，多数派が少数派に改宗を求めても

それは無理な話で，不毛な争いであることがわかってくる．そこで権力者による宗教との関係も，弾圧→寛容→消極保障→積極保障と変化していき，市民革命後は徐々に信教の自由を認めるようになった．

2 日本では

日本でも，6世紀の飛鳥時代に，氏族間の権力闘争的な側面もあったとはいえ，大陸からの仏教伝来に対して，これに積極的な蘇我氏と否定的な物部氏との争いがあった．権力者と宗教団体との争いもあり，戦国時代の16世紀には織田信長が比叡山延暦寺（天台宗）や石山本願寺（浄土真宗）と敵対し，つぶしにかかる．江戸時代ではなんといっても徳川幕府によるキリシタン弾圧があり，17世紀には島原の乱も起き，キリスト教徒は徹底的に弾圧された．

日本も近代に入り，大日本帝国憲法28条で「日本臣民ハ……信教ノ自由ヲ有ス」と規定するが，「安寧秩序ヲ妨ケス及臣民タルノ義務ニ背カサル限ニ於テ」という限定つきであった．そのため，神社神道を実質国教化する一方，大本教（神道系），ひとのみち教団（現PL教団），創価教育学会（現創価学会）など新興宗教団体やキリスト教が，天皇とは別の存在を崇め奉る宗教団体であったため，治安維持法や刑法の不敬罪（旧刑法の規定で，天皇や皇族に対する不敬行為を犯罪とした）違反で弾圧される（創価教育学会の創設者・牧口常三郎は，治安維持法および不敬罪違反で逮捕され，獄中で亡くなっている）．

日本におけるこのような歴史を見ても，例えば，あれだけのキリシタン弾圧があったのに隠れキリシタンがいたように，信仰を持っている人に改宗をせまっても無理な話である．特に戦前も宗教弾圧が過酷であったから，戦後，憲法で信教の自由を認めるようになった．

二　憲法の規定と解釈

1　信教の自由（20条1項・2項）

①　保障内容

　憲法20条1項は，「信教の自由は，何人に対してもこれを保障する」と，2項は，「何人も，宗教上の行為，祝典，儀式又は行事に参加することを強制されない」とし，信教の自由を保障する．これには，信仰の自由，宗教的行為の自由，宗教的結社の自由がある．

　まず，信仰の自由であるが，これは内心において宗教を信じる自由または信じない自由を保障している．したがって，江戸時代はキリシタン弾圧があったが，今の日本でキリスト教を信じるのはまったく自由である．大日本帝国憲法下の日本では，国家が臣民に神道を押しつけたが，今の日本で神道を信じるか信じないかはまったく自由である．

　次に，宗教的行為の自由であるが，これは礼拝，祈禱<ruby>祈禱<rt>きとう</rt></ruby>，その他の宗教上の儀式，行事，布教等をおこない，これらに参加する自由，またはおこなわない，参加しない自由を保障している．したがって，江戸時代はキリスト教式の礼拝も許されなかったが，今の日本ではまったく自由にできる．大日本帝国憲法下の日本では，臣民は神社への参拝が強制されたが，今の日本では参拝するのかしないのかはまったく自由である．

　そして，宗教的結社の自由であるが，これは布教，礼拝等のため会合し，または信仰を同じくする者が団体を結成し，維持する自由である．したがって，誰でも突然「○○教の教祖だ」と名乗り，新しい宗教団体を結成することも保障されている．

②　信教の自由に対する制約

　信仰の自由は内心にとどまるので，絶対的に保障されなければならない．一方で，宗教的行為の自由と宗教的結社の自由は，他人の権利・自由と衝突する場合があるので，一定の制約に服する可能性がある．例えば，国際人権規約B規約の18条3項は，「宗教又は信念を表明する自由については，法律

で定める制限であって公共の安全，公の秩序，公衆の健康若しくは道徳又は他の者の基本的な権利及び自由を保護するために必要なもののみを課することができる」と規定している.

　これに関する判例としては，加持祈禱致死事件がある．本件は，精神疾患を患う少女に対してその原因を狸（たぬき）が憑（つ）いたからと考えた僧侶が，「ど狸早く出ろ」と怒号しながら暴れる少女に線香護摩（ごま）をおこない，少女が熱傷および皮下出血などによる急性心臓麻痺（ひ）で死亡したため，傷害致死罪で刑事裁判になったところ，僧侶は宗教行為だから正当業務行為であり違法性が阻却されると主張したが，最高裁は「憲法20条1項の信教の自由の限界を逸脱したもの」とし，処罰を認めた［最大判1963年5月15日刑集17巻4号302頁］．やはり，宗教行為だからといっても他人の生命・権利を奪うことはできない．オウム真理教が1994年の松本サリン事件および1995年の地下鉄サリン事件を起こしたが，オウム真理教がこれらの行為を宗教的行為として正当化しようが，許されないのは当然のことである.

　これとの関連で，エホバの証人輸血拒否事件がある．信仰上輸血ができないエホバの証人の信者が，手術前にその旨を医師に伝え，輸血をしないという診療契約があったにもかかわらず，医師が患者の命を救うために輸血したので，信者が自己決定権および信教上の良心の侵害を理由に損害賠償を求めた裁判で，最高裁は，信者の輸血を伴う医療行為を拒否するという「意思決定をする権利」を「人格権の一内容として尊重されなければならない」と判断し，損害賠償を命じた［最三小判2000年2月29日民集54巻2号582頁］．この裁判自体は自己決定権の問題として捉えることもできるが，輸血を拒否して死亡したとしても公共の福祉に反するわけではないから，結果的に本人の信教の自由を尊重したことになる．多数派が輸血拒否はおかしいと考えていても，尊重されなければならない.

2　政教分離（20条1項，20条3項，89条）

① 日本の特殊性

　国により国教を認め，政教分離とはなっていない国（例えば，イギリスやイ

スラム国家）がある一方，国教を認めず，政教分離をする国（フランスやアメリカなど）もある．日本は憲法20条で政教分離を定めているが，特殊な日本的事情がある．すなわち，大日本帝国憲法下の日本では，国家と神道が結びつき，神道は事実上の国教のような存在となり，天皇を頂点とする国家体制が構築され，先の戦争に突入した．

　そこで，戦後，GHQは1945年12月15日に「神道指令」を出し，ここでは神道の国家からの分離，神道の教義からの軍国主義的・超国家主義的思想の抹殺，学校からの神道教育の排除などを求める．この神道指令を受けて成立した憲法20条自体は国家と宗教を切り離す規定になっているが，出発点としては国家と神道を切り離すことにあった．

②　20条1項，89条

　まず，憲法20条1項は，「いかなる宗教団体も，国から特権を受け，又は政治上の権力を行使してはならない」と規定する．ここから，①国教の禁止，②利益供与の禁止，③政治的権力行使の禁止が保障される．これに関連し，財政面から政教分離を求めるのが89条である．

　①の国教の禁止であるが，日本では国教は認められない．戦後，自民党など保守層は靖国神社の国営化をねらったが，これは当然憲法上許されない．ただし，これとの関係で首相による靖国神社への公式参拝問題があるが，これについては三3で見る．

　②の利益供与の禁止であるが，国（自治体も）は宗教団体に対して，政治的，経済的，思想的優遇を禁止する．これは，例えば国（自治体も）が特定の宗教を「すばらしい」と評価したり，財政的支援をすることは許されない．ただし，法隆寺の五重塔や奈良の大仏などは，特定宗教の建造物や制作物であるが，国宝として国から財政的支援をおこなっている．この場合は，特定宗教に対する支援ではなく，「国の宝」として支援をおこなっているので，憲法違反とはならない．

　③の政治的権力行使の禁止であるが，宗教団体の政治活動を禁止する．これに関し，1993年に細川護熙連立政権が誕生したとき，野党になった自民党側から細川政権に公明党が入ることは宗教団体による政治的権力行使の禁

止にあたるから違憲だという批判も出たが，この憲法の規定は特定宗教団体の影響を受けた政党が政権に入ること自体を禁止したわけではない．これまで自民党は神道・仏教団体から支援を受けたり，関係者が政治家になっているが，政治的権力行使の禁止を過剰に解釈したら特定の信仰を持つ人が政権に入れないということになってしまう．ただ，憲法の規定があるのだから，特定宗教団体の影響を受けた政治家が自身の属する宗教団体を優遇すべきではないし，国民のチェックが必要である．もっとも，その後自民党は1999年から公明党と連立政権を組み，1993年時のあの批判はなんだったのかという問題があるが．さらに，自民党は2012年の改憲案で，憲法20条1項の「いかなる宗教団体も，国から特権を受け，又は政治上の権力を行使してはならない」を「国は，いかなる宗教団体に対しても，特権を与えてはならない」に変え，宗教団体による政治上の権力行使を完全に認めようとしている．そうすると，例えば，多くの自民党議員と密接な関係にあった統一協会（現世界平和統一家庭連合）関係者が，この改憲後に政権に入ってまったく規制もなく政治上の権力行使をしかねない事態が生じる可能がある．

③　20条3項

憲法20条3項は，「国及びその機関は，宗教教育その他いかなる宗教的活動もしてはならない」と規定する．ここから，①国（自治体も）による宗教教育の禁止と，②国（自治体も）による宗教活動の禁止が保障される．

①の宗教教育の禁止であるが，国公立学校における特定宗教の教育を禁止する（教育基本法旧9条・新15条）．ただし，一般に研究（国立大学で宗教学をテーマに研究することなど）・教授（国公立学校で宗教の歴史を教えること）することは可能である．

②の宗教活動の禁止であるが，国および自治体の宗教活動を禁止する．

④　「目的・効果基準」

この国家と宗教との関係は，国による宗教的文化財や宗教系私立学校への助成などの必要性を考えれば，完全分離は理想ではあるが実際には難しい．これに関し，最高裁は，三重県津市が市立体育館起工式で神道形式での地鎮

祭をおこない，これに公金を支出したことは憲法20条および89条違反であるとして争われた津地鎮祭事件で，政教分離原則を緩やかに解釈し，「目的・効果基準」を示した．これは，「行為の目的が宗教的意義をもち，その効果が宗教に対する援助，助長，促進又は圧迫，干渉等になるような行為」の場合は政教分離違反になるとした．この観点からこの地鎮祭を見た場合，目的は世俗的で，効果も神道を援助，助長，促進したり，他の宗教に圧迫，干渉を加えたりするものではないから政教分離に反しないとした［最大判1977年7月13日民集31巻4号533頁］．しかし，起工式には仏教式もキリスト教式もあるなか，なぜ神道式なのか．やはり，津市が神道式でおこなったことは問題であり，これを容認した最高裁の判断も問題である．

　ただその後，愛媛県が靖国神社および県護国神社に玉串料などを公金から支出したことが争われた愛媛県玉串料訴訟では，最高裁は「目的・効果基準」を用いて違憲と判断した［最大判1997年4月2日民集51巻4号1673頁］．さらに，市有地が神社施設の敷地として無償提供されている状態が憲法の政教分離違反であると争われた空知太神社事件で，最高裁は，「当該宗教的施設の性格，当該土地が無償で当該施設敷地としての用に供されるにいたった経緯，当該無償提供の態様，これらに対する一般人の評価等，諸般の事情を考慮し，社会通念に照らして総合的に判断すべき」として，「目的・効果基準」にふれずに憲法違反とした［最大判2010年1月20日民集64巻1号1頁］．このように，津地鎮祭判決以降は妥当な判決が出ている．

三　現実問題

1　エホバの証人剣道授業拒否事件

　エホバの証人については，信仰上格闘技をすることができないので，神戸市立工業高等専門学校で，必修科目である保健体育の授業の剣道実技に参加しなかったため，留年・退学処分となった元学生が処分の取消を求めて裁判を起こしたところ，最高裁は，剣道実技拒否の理由は「信仰の核心部分と密接に関連する真しなもの」であり，レポート提出等の代替措置を講じたとし

てもそれは「目的・効果基準」から問題なく，他の宗教者・無宗教者への圧迫・干渉を加える効果もなく，公教育の宗教的中立性にも反せず，学校側の処分は裁量権の範囲を超える違法なものと判断した［最二小判1996年3月8日民集50巻3号469頁］．本件は，今後，保健体育の教員になる者にとって，大変重要な判決である．

2　殉職自衛官合祀拒否訴訟

　東京九段の日本武道館の向かいに，靖国神社がある．戦前は，陸軍と海軍が管理する（すなわち，国営の）神社であり，国家のために死んでいった軍人および軍属を英霊として祀る施設であった．英霊になることは家族や地域にとって大変名誉なことであり，例えば，特攻隊員が特攻機に乗る前，隊員同士で「死んだら靖国で会おう」と言って死んでいった．

　これに対して，東京都と神奈川県を除く各道府県にあるのが護国神社であり，靖国神社の地方版として同じように英霊を祀る施設である．このうちの山口県護国神社に，公務中の交通事故で亡くなった自衛隊員を，退職自衛官の親睦組織である隊友会山口県支部連合会と自衛隊山口地方連絡部とが合祀したので，自衛隊員の妻（キリスト教徒）が，合祀行為を政教分離違反と自身の宗教的人格権侵害を理由に損害賠償を求めて裁判を起こした．これに対して，最高裁は，「目的・効果基準」から合祀行為を政教分離違反ではないとし，さらに，「信教の自由の保障は，何人も自己の信仰と相容れない信仰をもつ者の信仰に基づく行為に対して，それが強制や不利益の付与を伴うことにより自己の信教の自由を妨害するものでない限り寛容であることを要請している」とし，妻の宗教的人格権侵害を認めないばかりか，少数者に対して多数派に寛容であれとしたのである［最大判1988年6月1日民集42巻5号277頁］．

　これは本当にひどい判決である．護国神社も戦前は臣民を戦争に動員するための道具であったのであり，なぜ戦後の平和憲法のもとで隊友会および自衛隊が死亡隊員を合祀する必要があるのか．さらに，歴史的に少数派の保護に信教の自由保障の力点があったのに，なぜ少数派が寛容であれと「説教」

されなければならないのか.

3 靖国神社問題

　戦前の靖国神社は臣民を戦争に動員するための道具であったため，戦後は国の管理から離れ，私的宗教法人になった．しかし，その後，自民党が靖国神社を国営化するための法案を5回も国会に提出する．ただこの試みは，神道以外の仏教系やキリスト教系団体，野党の反対により実現しなかった.

　そこで自民党は方針を変え，1985年に中曽根首相が靖国神社への公式参拝（公用車で乗りつけ，内閣総理大臣の肩書きで記帳し，公金から献金する）に踏みきる．しかし，これにも国内外から猛烈な反対の声が上がり，首相の公式参拝はこの1回だけになる．その後の首相は，小泉純一郎首相が公式参拝なのか私的参拝なのかをあいまいにして（ただし，のちに私的参拝であると説明），安倍晋三首相も同様な形で参拝をおこなった.

　これら首相の参拝について，下級審では，中曽根首相の公式参拝について「違憲の疑い」という判決［大阪高判1992年7月30日判時1434号38頁］が，小泉首相の参拝については20条3項違反という判決［大阪高判2005年9月30日訴月52巻9号2979頁］があるが，最高裁は小泉首相の参拝について憲法判断を避け，原告の法的利益の侵害はないとして訴えを退けた［最二小判2006年6月23日判時1940号122頁].

　首相の公式参拝については，どう考えても政教分離原則に反するであろう．一方，首相にも信教の自由があるのだから参拝は自由だという意見がある．ただ，小泉首相も安倍首相も公用車で乗りつけ，内閣総理大臣の肩書きで記帳しているので，あいまいといっても公式参拝に近く，憲法上問題がある.

　また，靖国神社は東京裁判（極東国際軍事裁判）でA級戦犯とされた東条英機元首相ら14人を1978年に合祀している（このことが明らかになって以降，昭和天皇裕仁は靖国神社への参拝をやめたし，明仁上皇も徳仁天皇も参拝していない）．ドイツで言えば，大統領や首相がヒトラーの墓参りをすることはありえない．したがって，歴史的に考えれば，仮に私的参拝であっても首相が靖国神社に参拝することは政治的責任が問われ，参拝すべきではない.

第 6 章

表現の自由

....

この章を学ぶ前に

　戦前の日本では治安維持法のもとで国家が天皇制批判や共産主義にかかわる言論を弾圧していたし，現代国家でも例えば事実上中国共産党による一党支配が続く中国や，軍部が支配するミャンマーでは，国民による国家批判は許されない．この点，憲法で表現の自由が保障され，自由に国家批判ができる日本は自由な国と言えそうである．

　しかし，本当に自由にモノが言える国になっているのであろうか．自由にモノが言えるはずなのに自由にモノを言わない人がけっこういるのではないだろうか．ただモノを言うだけでなく，憲法は集会やデモ行進も保障しているが，実際にどの程度の人がこれら権利・自由を行使しているのであろうか．

　例えば，タブー．これまでのタブーとして，「星タブー」「菊タブー」「鶴タブー」が有名である．GHQやアメリカ占領軍に対する自由な批判ができなかった「星タブー」は，日本が独立したので一応なくなった．しかし，天皇・皇族についての「菊タブー」はまだ残っている．夢のなかで皇太子・皇太子妃が首を切られ，首のない天皇・皇后が登場する小説『風流夢譚』を1960年に月刊誌『中央公論』が掲載したため，1961年に中央公論社社長宅に右翼団体の少年が押しかけ，家政婦を殺害した事件があった．また，1988年に昭和天皇裕仁の戦争責任を議会で認めた本島等長崎市長が，1990年に右翼団体幹部にピストルで撃たれて重傷を負った事件も起きる．さらに，当時の皇太子妃雅子について，他のマスコミは「雅子さま」と表現するのに，2000年に月刊誌『噂の眞相』が「雅子」と呼び捨てにしたため，右翼団体が編集部を襲撃し，編集長が6針縫い，副編集長が肋骨を折られる事

件があった．そして，「鶴タブー」の「鶴」は創価学会を指しており，1960年代末から1970年代に創価学会批判の出版を妨害する事件があり，創価学会批判がタブー視されるようになる．憲法21条があるのだから，タブーがあってはならない．

　また，憲法21条から集会やデモ行進も保障されるが，諸外国にくらべて参加している人はまだまだ少ない．例えば，「安保法制」(戦争法) に反対して，2015年8月に国会周辺に12万人の人が集まったが，1億2000万人を越える人口がありながらこの数とも言える．お隣の韓国では，2016年に朴槿恵大統領の退陣を求める100万人を越える集会が何度か開催された結果，2017年に朴大統領は退陣に追い込まれた．韓国の人口は日本の半分以下である．せっかく憲法で保障されている権利・自由を行使していない人が多いのである．

一　歴史

1　世界では

　封建制社会においては，国王など封建領主による言論弾圧があったので，市民革命後は表現の自由が保障されるようになっていく（1789年制定のフランス人権宣言11条や1791年に追加されたアメリカ合衆国憲法修正1条など）．そして，第二次世界大戦後は，多くの国で男女普通選挙権を保障した民主主義国家となり，表現活動を伴う自由な選挙を保障するためにも表現の自由は大事になる．

　さらに，諸外国のなかでも表現活動を重視するアメリカでは，反政府デモの参加者が抗議活動の一環として国旗（星条旗）を燃やしたため，国旗冒瀆を罰するテキサス州法違反で裁判になったところ，連邦最高裁は1989年に国旗焼却行為も合衆国憲法修正1条に基づいて保護される表現行為であるため，テキサス州法は違憲であるという判決を出すのである．アメリカでは国民のあいだで星条旗に対する思い入れの強い国であるため，連邦議会が1989年に連邦法として国旗保護法を制定するが，この連邦法も連邦最高裁が1990

年に違憲とするのである.

　表現をするには知らないと表現できないので，知る権利も保障されなければならないが，アメリカでは1966年に情報自由法を制定し，連邦行政機関の情報を外国人を含む何人も公開請求できるようになった．また，同法を1996年に改正し（電子情報自由法），インターネットでも利用できるようにしたのである．さらに，スウェーデンでは，1766年制定のプレス自由法（当時のスウェーデンでは，憲法に相当する政体法，王位継承法，プレス自由法が基本法とされていた．1991年からは表現の自由法も基本法となる）で出版の自由と公文書の公開を保障した.

2　日本では

　戦前の大日本帝国憲法29条は，「日本臣民ハ法律ノ範囲内ニ於テ言論著作印行集会及結社ノ自由ヲ有ス」と規定し，表現の自由は「法律ノ範囲内」で保障されていたにすぎない．そのため，出版法（1893年），軍機保護法（1899年），治安警察法（1900年），新聞紙法（1909年），治安維持法（1925年）などによって言論・表現活動に規制を加え，国の情報を隠した．特に，治安維持法のもとで，共産主義思想や天皇批判，戦争反対（戦前は大日本帝国憲法11条で「天皇ハ陸海軍ヲ統帥ス」，13条で「天皇ハ戦ヲ宣シ和ヲ講シ及諸般ノ条約ヲ締結ス」と規定していたので，天皇の名で始めた戦争に反対することも許されなかった）などの表現活動が弾圧された．このような歴史の反省から，戦後，日本国憲法は21条で表現の自由を保障するのである.

　ただ，「この章を学ぶ前に」でふれた問題以外で，―1の世界との比較で言えば，日本でも「日の丸」焼却事件というものが起きている．これは，1987年の沖縄国体会場の「日の丸」が引き降ろされ焼かれたため，燃やした人物が建造物侵入罪・器物損壊罪・威力業務妨害罪で起訴された事件で，被告は国民を戦争に動員するために利用された「日の丸」を国旗として扱うことはふさわしくないと考え（当時は「日の丸」を国旗とする法律はなかった），焼却行為は象徴的表現行為であるから正当行為として違法性が阻却されると主張したが，裁判所は被告の主張を採用せず，三つの罪で有罪判決を出した

［福岡高判1995年10月26日判時1555号140頁／判タ901号266頁］.

　また，日本で情報公開法が制定されるのは1999年のことであり，開示請求方法は書面に限定されている.

二　憲法の規定と解釈

1　表現の自由を支える価値と内容

①　表現の自由を支える価値

　内心における思想や信仰は，外部に表明され，他人に伝えられることで社会的に認知され，その思想や信仰が支持され広まるかもしれないし，支持されずに消えてなくなるかもしれない．これに際し，表現の自由はとりわけ重要な権利として保障されなければならない.

　表現の自由の価値には，自己実現の価値と自己統治の価値とがある．自己実現の価値とは，個人が表現活動を通じて自己の人格を発展させるという個人的な価値である．作家や画家，歌手などの表現者は当然のこと，そうでない者にとっても自己の意見を発し，その意見にどのような反応があるか，あるいはそれに基づき対話を通じて自己の意見が形成される．自己統治の価値とは，国民が政治に関する表現活動を通じて政策等を知ることにより政治的意思決定に関与するという民主制に資する社会的価値である．選挙が典型的な自己統治の表現活動になる.

②　表現の自由一般

　憲法21条１項は，「集会，結社及び言論，出版その他一切の表現の自由は，これを保障する」と，「その他一切の表現」も保障している．したがって，ここに明示されている言論や出版以外に，絵画，音楽，演劇，写真，映画など一切の表現が保障されている．もちろん，現在はインターネット上での表現活動も入る.

③　報道の自由

　一でふれたとおり，戦前の大日本帝国憲法のもとでは完全な表現の自由は
なく，報道統制が敷かれていた．具体的には，特に戦争時，新聞やラジオな
どは国の機関である大本営が発表することしか報道できなかった．実際には
戦地に記者が派遣され，日本軍の惨状を見ていても，大本営が「日本軍が勝
っている勝っている」と発表すれば，それしか報道できなかったのである．
そのため，国民は真実を知ることができず，ずるずると戦争を続け，悲惨な
戦争を早期に終えることができなかった．このような戦前の反省から，戦
後，憲法21条には報道の自由も含まれていると考えられている．

　この報道の自由は，具体的には新聞，ラジオ，テレビなどメディアによる
知らせる自由のことであり，最近ではインターネットも含まれる．そして，
メディアの知らせる自由といっても，これは国民の知る権利に応えるものと
捉える必要がある．

　報道の自由に関する判例としては，学生のデモ隊と機動隊とが福岡県の博
多駅付近で衝突した際の機動隊側の過剰警備が問題になり争われた事件で，
福岡地方裁判所が民放3社とNHKに対して事件当日のニュースフィルムの
提出を命じた博多駅事件がある．最高裁は提出命令を合憲とするのである
が，この中で「報道機関の報道は，民主主義社会において，国民が国政に関
与するにつき，重要な判断の資料を提供し，国民の『知る権利』に奉仕する
ものである」とし，「事実の報道の自由は，表現の自由を規定した憲法21条
の保障のもとにある」とした［最大決1969年11月26日刑集23巻11号1490頁］．

④　取材の自由

　報道というのはメディアによる情報のアウトプットであるが，報道するた
めには情報のインプットがまず必要である．もし，国家権力が取材活動を妨
害すれば，報道できなくなる．そこで，報道の自由の前提としてメディアの
取材の自由も憲法21条から保障されると考えられている．1③でふれた博多
駅事件で，最高裁は「報道機関の報道が正しい内容をもつためには，……報
道のための取材の自由も，憲法21条の精神に照らし，十分尊重に値いする」
とした．学界では，より積極的に取材の自由も報道の自由の一環として憲法

21条によって保障されるという見解が有力である．

　取材の自由に関する判例としては，1971年の沖縄返還協定に関する外務省の極秘電文を毎日新聞記者が外務省女性事務官から入手したことについて，事務官については国家公務員法100条1項の守秘義務違反，記者については同法111条の秘密漏示そそのかし罪が問われた外務省機密漏洩事件（西山記者事件）がある．最高裁は，取材が「真に報道の目的」であり，「手段・方法が法秩序全体の精神に照らし相当なものとして社会観念上是認されるもの」であれば「正当な業務行為」と言えるが，一般の刑罰法令にふれる行為だけでなく，取材対象者と肉体関係を持ち文書を持ち出させた記者の行為を，「人格の尊厳を著しく蹂躙した」行為で，「法秩序全体の精神に照らし社会観念上，到底是認することのできない不相当なもの」であり，「正当な取材活動の範囲を逸脱している」とした［最一小決1978年5月31日刑集32巻3号457頁］．ただ，この判決は，当事者でないと判断が難しい男女の関係を裁判所が一方的に判断する危うさがあり，本来，主権者国民の代表機関である国会で議論すべき内容を外務省が勝手に「機密」にしていた不当行為を，男女関係の問題にすり替えてしまった．

⑤　放送の自由

　報道の自由に含まれるものの，放送の特殊性から放送の自由が独自に論じられている．「放送」とは，「公衆によつて直接受信されることを目的とする電気通信の送信を用いて行われるもの」（放送法2条1号）と定義されている．そして，「放送事業者」は，放送番組の編集に当たっては，①公安および善良な風俗を害しないこと，②政治的に公平であること，③報道は事実をまげないですること，④意見が対立している問題については，できるだけ多くの角度から論点を明らかにすることが求められている（放送法4条）．

　このような新聞や雑誌などにはない公的規制を正当化する根拠として，従来，放送用電波が有限で，放送に利用できるチャンネル数には限度があることから，国が周波数割当計画を策定し，特定人に電波の排他的使用権を認める放送局の免許制をとっていることが挙げられていた．ただ，現在は利用可能な周波数帯域が拡大してきており，BS放送（放送衛星を使用），CS放送（通

信衛星を使用），ケーブルテレビ，インターネットなど各種のニュー・メディアが登場し，多チャンネル化が進んでおり，放送法制定時の状況とは異なってきている．

⑥ 知る権利

　表現の自由は，情報をコミュニケートする自由であるから，本来，受け手の存在を前提にしており，かつては情報の送り手も受け手も国民であった．しかし，20世紀に入ってマスメディアが発達すると，情報の送り手（メディア）と受け手（国民）が分離するようになる．例えば，ある問題で国民が情報発信するとしても，ビラをまいたり，街頭で訴えたり，メディアに投書したりする程度で，確かにインターネットには拡散の可能性があるとはいえ，個人の影響力は小さい．一方で，テレビの特に地上波であれば瞬時に何百万という人が視聴しており，大手全国紙は百万単位の発行部数があり，影響力が大きい．インターネット時代とはいえ，まだまだマスメディアの影響力のほうが大きい．

　そうすると，例えば消費税の税率をどうするのかという問題について，①税率を上げる，②税率を維持する，③税率を逆に下げる，という選択肢がある場合，マスメディアがこぞって例えば「少子高齢化から税率を上げるしかない」というキャンペーンを展開すれば，どうしても国民はこの論調に誘導されてしまう（例えば，「所得税と法人税の最高税率を下げて税収減になった穴埋めに，消費税率を上げてきた」という情報を大々的に流せば，また事態は変わっていたであろう）．

　そこで，表現の自由を国民の側から再構成し，国民は多様な情報を得たい，表現の受け手の自由として聞く自由・見る自由・読む自由があると考え，これを知る権利として考えるようになった．この知る権利は自由権であるが，参政権的な役割もある．また，積極的に政府情報等の公開を要求できる権利であり，国家の施策を求める国務請求権ないし社会権としての性格をも有する．

　ただし，知る権利は憲法21条から直接導き出せるものではなく，具体化には憲法21条を根拠に立法が必要と考えられている．例えば，国や自治体

が持っている情報を開示させるには，情報公開法や情報公開条例が必要であり，日本は他国より遅れたが，法整備が進んできた．一方で，マスメディアが多様な情報を伝えるためには国民の情報アクセス権を保障する具体的な立法が必要であるが，放送法の規定があるものの，放送以外のメディアでの具体化はまだ難しい．

⑦　集会・結社の自由

集会とは複数人が政治・経済・芸術・宗教・趣味など共通の目的をもって同一の場所に一時的に集まることであり，場所は広場や公園など公に開かれたものもあれば，会議室・集会室・公民館・ホールなど屋内の場合もある．

これに対して結社の場合は継続的に結合することである．ただ，団体の結成や目的を達成するための活動の面では集会を伴うことが多く，両者は密接な関係にある．結社の自由には，団体を結成し，加入する自由という積極的な面はもちろん，団体を結成しない自由，団体に加入しない自由，加入した団体から脱退する自由という消極的な面も含み，さらに団体として活動をおこなう自由も含まれうる．この点で，従来，各学校の保護者と教職員から組織されるPTAについて，法的根拠がないのに保護者が加入するのは義務だと誤解されてきたきらいがある．PTAは任意団体なので，加入する自由や脱退する自由が当然保障されなければならない．

集会のなかに，集団で道路上を練り歩く集団的示威行動（デモ行進）も含まれるのかという問題があるが，これも「動く公共集会」として保障されている．デモ行進は，情報の受け手の地位に置かれている，お金のない国民にとって重要な手段であるからである．

⑧　通信の秘密

憲法21条は，表現の自由の一環としての通信の自由も，2項で「通信の秘密は，これを侵してはならない」と規定し，保障している．通信とは，郵便・電報・電話などにより，非公開でなされる特定人間の意思の伝達である．この伝達も一種の表現行為であるからである．また，この通信の秘密は，憲法13条のプライヴァシー権や35条の住居の不可侵からも保障される

ものである.

　具体的な保障内容としては，通信内容の保障だけでなく，郵便や電話などにおける差出人・発信人または受取人・受信人の氏名・住所，通信の日時など通信に関するすべての事項に及ぶ（刑法133条の信書開封罪，郵便法7条・8条の検閲の禁止・信書の秘密・守秘義務，電気通信事業法3条・4条の検閲の禁止・通信の秘密・守秘義務）.

　しかし，第2章三**1**で見たとおり，1999年に警察に通信の傍受を認める「通信傍受法」（盗聴法）が制定された.

2　表現の自由の制約にかかわる原則

①　表現の自由の優越的地位

　表現の自由は大事なので，最大限保障されなければならない．さらに，表現の自由など精神的自由は，経済的自由とくらべて優越的地位を占める．なぜなら，表現活動は民主主義社会の政治過程にとって不可欠の権利であり，表現の自由が保障されていなければ，政府の誤りを正すことができないし，主権者国民が統治の主体になれない，またはなりづらくなるからである．また，自由な意見交換を通じて真実が明らかになるという「思想の自由市場」論からも重要性が言われている．これに対して，経済的自由も重要であるが，これに対する不当な立法は民主政の過程が正常に機能しているかぎり議会で是正することが可能である．また，経済的自由の規制は社会・経済政策の問題が関係することが多く，立法府の判断を尊重する態度が望まれる．

　ただし，すべての人権は公共の福祉により制約される場合があり，表現の自由も同様である．とはいえ，表現の自由の重要性から，制約する場合も慎重でなければならない.

②　事前抑制の禁止

　表現の自由に対する制限でも，特に公権力による事前抑制は原則として許されない．事前抑制は事後規制とくらべて，第三者がどのような表現が制限されたのか後から検証できないからである．特に戦前の日本においては，公

権力が表現前の事前審査と，表現を不適当と判断した場合の発表を禁止する検閲があったので，憲法21条2項では「検閲は，これをしてはならない」と，検閲を絶対的に禁止している．

最高裁は，関税法69条の11の1項7号の輸入を禁止する「公安又は風俗を害すべき書籍，図画，彫刻物その他の物品」が争われた税関検査事件判決で，検閲については公共の福祉による例外も認めない絶対的禁止であると明言した［最大判1984年12月12日民集38巻12号1308頁］．他方で，北海道知事選挙に立候補する予定の者を批判・攻撃した雑誌『北方ジャーナル』の表現が争われた北方ジャーナル事件において，公共の利害に関する表現行為は名誉権に優先するので，このような表現行為に対する事前差止は原則として許されないが，「表現内容が真実でなく，又はそれが専ら公益を図る目的のものでないことが明白であって」，かつ，「被害者が重大にして著しく回復困難な損害を被る虞があるとき」は，例外的に事前差止が許されると判示した［最大判1986年6月11日民集40巻4号872頁］．

ただし，最高裁は先にふれた税関検査事件判決で，全面的に禁止される検閲を，「行政権が主体となつて，思想内容等の表現物を対象とし，その全部又は一部の発表の禁止を目的として，対象とされる一定の表現物につき網羅的一般的に，発表前にその内容を審査した上，不適当と認めるものの発表を禁止すること」と定義した．この定義は，対象を「思想内容等の表現物」とし，それを「網羅的一般的に」審査する場合に限定するなどかなり限定している．実際，この定義に基づき，税関検査は表現物は国外で発表済みであり，検査は関税徴収に付随しておこなわれるという理由から，また，第一次家永訴訟最高裁判決でも，文部省（その後の文部科学省）による教科書検定制度は，普通教育の中立・公正，全国的に一定水準の確保等の要請という教科書の特殊性と不合格になっても出版可能であるという理由から，検閲ではないとした［最三小判1993年3月16日民集47巻5号3483頁］．

③　二重の基準論など

2①でふれた表現の自由の優越的地位の観点から，表現の自由を中心とする精神的自由を規制する立法の合憲性は，経済的自由を規制する立法よりも

特に厳しい基準によって審査されなければならないという「二重の基準論」という理論がある.

　ここから，表現行為の規制が行きすぎたものとならないように，必要最小限度の規制にとどまっているか厳密な検討（厳格審査）がおこなわれなければならない. このなかで議論されてきた基準としては，第9章二2②でふれる「明確性の原則」がある.

　ほかに，表現の内容に基づく規制（内容規制）については，他者がその表現にふれる機会そのものを制約するため，慎重な対応が求められることから，表現行為が近い将来に害悪を引き起こす蓋然性が明白で，その害悪が重大で切迫しており，当該規制手段がこの害悪を避けるのに必要不可欠な場合に表現規制できるという「明白かつ現在の危険」の基準が学界で議論されてきた. これは下級裁判所の判決で採用された例は少なくないが，最高裁は採用していない.

　また，表現内容ではなく，表現がおこなわれる時・所・態様から生じる害悪を規制する場合（内容中立規制）は，別の時・所・態様であれば表現は可能なので，内容規制よりは厳格に審査しなくてもよいと考え，立法目的は正当であるが，規制手段が広汎である法令について，立法目的を達成するための規制の程度のより少ない手段が存在する場合は当該規制立法を違憲とする「より制限的でない他の選びうる手段」の基準についても学界で議論されてきた. ただ，これについても下級裁判所の判決で採用された例はあるが，最高裁は採用していない.

3　表現内容による規制

①　わいせつ文書等の頒布・公然陳列

　刑法175条1項は，「わいせつな文書，図画，電磁的記録に係る記録媒体その他の物を頒布し，又は公然と陳列した者は，2年以下の懲役若しくは250万円以下の罰金若しくは科料に処し，又は懲役及び罰金を併科する. 電気通信の送信によりわいせつな電磁的記録その他の記録を頒布した者も，同様とする」と規定している.

これについて憲法学界および刑法学界は，この条文にわいせつの定義がないことから，憲法31条の適正手続の保障から導かれる明確性の原則（第9章二2参照）に反すると捉え，違憲論が多い．一方，判例としては，D. H. ロレンスの『チャタレイ夫人の恋人』の出版社社長と翻訳者とが刑法175条違反で起訴されたチャタレイ事件の最高裁判決で，合憲としている．最高裁は，わいせつ文書を「徒らに性欲を興奮又は刺戟せしめ，且つ普通人の正常な性的羞恥心を害し，善良な性的道義観念に反するもの」と定義している［最大判1957年3月13日刑集11巻3号997頁］．

しかし，この定義では人によって「わいせつ」の捉え方・感じ方は異なるのであるから，定義しきれているとは言えないであろう．例えば，サディズムの語源となったマルキ・ド・サドの晩年を描いた映画『クイルズ』（2000年アメリカ映画）がある．この映画を見ると，わいせつ規制をおこなう国家の側のほうがいかにいかがわしいかがわかる．

したがって，少なくとも今後，刑法175条を改正し，わいせつの定義を明確にすべきである．そうしないと，警察・検察・裁判所による恣意的な解釈で表現規制がおこなわれる危険性がある．さらに，欧米では写真集や映画などで原則として性器をそのまま表現し，大人が個人的に楽しむことを認め，わいせつ規制は場所と年齢で規制しているが，日本でも検討すべきである．

②　プライヴァシー侵害

表現の自由があるからといって本人が公開を望まない個人情報を自由に開示していいわけがない．基本的には，プライヴァシー権を侵害する表現のほうを規制する必要がある．ただし，対象者が公人か私人か，対象内容が公的内容か私的内容かなどで対応を変える必要もある．

判例としては，柳美里作の小説『石に泳ぐ魚』のなかで，モデルとされた作者の友人がプライヴァシー権・名誉権侵害に当たるとして慰謝料・謝罪広告・掲載された雑誌の回収・単行本出版の差止めを求めた裁判（『石に泳ぐ魚』事件）で，最高裁は名誉毀損・プライヴァシー侵害を認め，単行本出版の差止めも認めた［最三小判2002年9月24日判時1802号60頁／判タ1106号72頁］．

この事件のように，私人のプライヴァシーを勝手に明らかにすることは当

然許されないであろう．これが公人ならまた別とは言え，週刊誌などがタレントの不倫を暴露する例がよくある．ただ，広く名前の知られたタレントであっても，私的な行為をどこまで報道する必要があるのであろうか．不倫は当事者家族間で離婚や賠償など民事責任が問われる行為とはいえ（したがって，基本的には当事者間で解決すればいい問題である），犯罪ではないのに，不倫報道によってテレビ番組やCMの降板だけでなく，さらに社会的にバッシングされる必要まであるのであろうか（しかも，不倫をした男性よりは女性のほうが叩かれる傾向がある）．

③ 名誉毀損

刑法230条には名誉毀損罪があり，憲法13条から名誉権が保障されるとおり，名誉は保護法益であるので，表現内容に名誉を毀損する内容がある場合はその表現を規制することは許される．ただ，刑法230条の2の1項は，「前条第1項の行為が公共の利害に関する事実に係り，かつ，その目的が専ら公益を図ることにあったと認める場合には，事実の真否を判断し，真実であることの証明があったときは，これを罰しない」としている．公務員ないし著名人が対象になっている場合は，国民の知る権利にもかかわる重大な問題であるからである．

④ 差別的表現

日本においては差別的表現（最近使われるようになった表現としては，「ヘイトスピーチ」）に対する規制がかつては十分ではなかった．これに対しては，ようやく2016年に「ヘイトスピーチ解消法」（「本邦外出身者に対する不当な差別的言動の解消に向けた取組の推進に関する法律」）が制定されたが，ヘイトスピーチを直接規制対象とはしない理念法にとどまっており，法的規制の強化が言われてきている．なぜなら，特にヨーロッパでは差別的表現に対する規制が強いからである（ナチスの経験があるドイツでは，ホロコースト否定論やナチスまたはヒトラーへの賛美などの表現を刑法で罰している）．

4 表現手段による規制

① 選挙運動～戸別訪問

　公職選挙法138条1項は,「何人も, 選挙に関し, 投票を得若しくは得しめ又は得しめない目的をもつて戸別訪問をすることができない」と規定する. ここから, 選挙運動期間中に有権者を訪問して, 特定候補者に対する投票を依頼したり, あるいは投票しないことを依頼したりする戸別訪問が禁止されている.

　これについて, 学界では憲法21条の観点から違憲論が多い. 欧米でも選挙活動は自由であるのが原則である.

　判例としては, 戦後当初の最高裁は, 簡単な公共の福祉論により規制を合憲としていた［最大判1950年9月27日刑集4巻9号1799頁］. 1981年の最高裁判決では, 比較衡量論により規制を合憲としている. ここでは, ①買収, 利益誘導等の不正行為の温床となりやすく, ②選挙人の生活の平穏を害して迷惑を及ぼし, ③候補者にとって煩に堪えず多額の出費を余儀なくさせ, ④投票が情実に流されやすくなることを理由にしている［最三小判1981年7月21日刑集35巻5号568頁］. しかし, 不正行為は戸別訪問の場だけではないし, 有権者が私生活の平穏の侵害と考えるか否かは当該有権者が考えることであって最高裁が考える問題ではないし, 戸別訪問の解禁により投票が情実に流されるとするのは有権者をまったく馬鹿にした考えである. 以上のことから, 公職選挙法138条は改正し, 早く戸別訪問を解禁すべきである.

② 集団的示威行動（デモ行進）

　デモ行進は大勢の人間が道路上を練り歩く行為のため, どうしてもほかの者の道路使用に影響を与えるため, 一定の規制はやむをえず, 各自治体の公安条例によって制限されている. とはいえ, デモ行進の重要性から, 各自治体の公安委員会の許可制ではなく, 届出制で足りると解すべきであるが, 最高裁は許可制を認めている. 東京都条例が問題になった東京都公安条例事件で最高裁は, デモ行進は「一瞬にして暴徒と化し, 勢いの赴くところ実力によつて法と秩序を蹂躙し, 集団行動の指揮者はもちろん警察力を以てしても

<ruby>如何<rt>いかん</rt></ruby>ともし得ないような事態に発展する危険が存在すること，群集心理の法則と現実の経験に徴して明らかである」という「デモ行進＝暴徒」論から，デモ行進の許可の基準が必ずしも明確でなくても合憲としている［最大判1960年7月20日刑集14巻9号1243頁］.

しかし，これはいかにもデモ行進に対する偏見に満ちた判決ではないであろうか．デモ行進に参加したこともないであろう裁判官の現実を見ない判決とも言える．先に見たとおり，民主主義社会における集会の自由の意義から，安易なデモ行進の制限は許されない．公安条例については，許可制ではなく届出制を基本とすべきであるし，許可制の場合でも許可基準は明確にすべきで，実際の規制に当たっても必要最小限の規制にとどめるべきである.

③ 破壊活動防止法

結社の自由も公共の福祉により制限される場合は当然ある．ただ，1952年制定の破壊活動防止法では「団体の活動として暴力主義的破壊活動を行う明らかなおそれ」を理由に，機関誌紙の印刷・頒布やデモ行進・公開の集会を禁止するだけでなく，公安審査委員会が団体の解散の指定をおこなうことができるとしていることは，憲法上問題がある.

この破壊活動防止法を根拠に，公安調査庁が右翼団体や新左翼団体だけでなく，公党である共産党を調査対象団体にしていることはまったく不当なことである．破壊活動防止法の規定と運用の見直しが必要である.

三　現実問題

1　差別的表現

差別的表現のわかりやすい事例として，当時の石原慎太郎東京都知事（作家．都知事後は衆議院議員）の事例から考えてみたい.

石原都知事が初めて東京都知事になったのち，飛び出したのが，「障がい者発言」（1999年9月）である．これは，石原知事が都内の重症の心身障がい者が入所する施設を視察後，記者会見で「ああいう人は人格があるのだろう

か．……おそらく西洋人なんか切り捨てるんじゃないか．すぐに安楽死など
を考えるのでは」と発言した出来事である．かつてナチスは，ユダヤ人だけ
でなく障がい者もガス室で殺害した（ほかに，同性愛者も）．障がい者は労働
者や兵士として「役に立たず」，生きていくために費用や人の助けが必要な
点から無駄で邪魔な存在と考えたためである．ナチスは身体的，精神的に秀
でた能力を有する健康なゲルマン民族を保護し，逆にこれらの能力に劣って
いると考えたユダヤ人や障がい者を排除する「優生思想」を有していた．こ
の「優生思想」は現代でも残っており，2016年神奈川県相模原市内の津久
井やまゆり園での元職員による知的障がい者大量殺人事件（19人が死亡）が
起きたが，元職員の発想がまさに「優生思想」に基づくものであった（この
事件をモチーフにした映画が2023年公開の日本映画『月』である）．ヒトラーの思
想は今でも生きているのであるから，都知事としての発言として不適切であ
る．

　翌年には「三国人発言」（2000年4月）が飛び出した．自衛隊の式典の挨拶
で，「不法入国した多くの三国人，外国人の凶悪な犯罪が繰り返されてお
り，震災が起きたら騒擾事件も予想される．警察だけでは限度がある．災害
だけでなく治安の維持も遂行してもらいたい」と述べたのである．この「三
国人」は第二次世界大戦後に日本に在留していた，朝鮮や中国人（特に台湾
人）を指す言葉で，当時は侮蔑的なニュアンスでも使われていた表現である
から，使うべきではない．また，この石原発言は，関東大震災後の朝鮮人虐
殺を正当化しかねない内容もある．これに対して，2001年3月に国連の人
種差別撤廃委員会が，「高位の公務員が行った人種差別的発言」に懸念を表
明し，日本政府には人種差別撤廃条約に実効性を持たせる人種差別禁止の特
別法を制定することを求めた．

　さらに，2001年には『週刊女性』11月6日号のインタビューで「ババア
発言」もおこなっている．ここでは，「女性が生殖能力を失っても生きてる
ってのは，無駄で罪です」「男は80，90歳でも生殖能力があるけれど，女は
閉経してしまったら子供を産む力はない．そんな人間が，……生きているっ
てのは，地球にとって非常に悪しき弊害だ」と言うのである．これに対して
は，都議会で議員から撤回を求められたが，撤回を拒否する．石原発言は，

高齢女性や子どもを産みたくても産めない人を傷つける発言であり，この発言に傷ついた女性たちが石原氏に対して損害賠償と謝罪広告の掲載を求めた裁判では，裁判所は裁判を起こした個々の女性に対する名誉毀損を認めることはしなかったが，石原発言に対しては「東京都知事という要職にある者の発言としては不用意」とした［東京高判2005年9月28日］.

　ほかにも石原氏は，同性愛者に対して「どこか足りない感じがする. 遺伝とかのせいでしょう. マイノリティーで気の毒ですよ」（2010年12月）と，筋萎縮性側索硬化症（ALS）について「業病」（前世の悪業の報いでかかると考えられた病気）と表現したこともある. これらの発言からすれば，石原氏は障がい者，外国人，女性，同性愛者を差別していることは明らかであり，ヨーロッパだと極右やネオナチに相当する. にもかかわらず，石原氏は東京都知事に4回も当選するのである. 石原氏だけでなく，このような人物を知事に選び，容認する都民・国民の意識も問われる.

2　テレビへの介入

　2001年1月にNHKが「日本軍性奴隷制を裁く女性国際戦犯法廷」をおもな題材として放送した番組について，放送内容を事前に知った当時の中川昭一経済産業相と安倍晋三内閣官房副長官が，NHK上層部に圧力をかけて番組内容を改編させたと，『朝日新聞』が報道することがあった. また，安倍政権は，2014年1月の就任記者会見時に，「政府が『右』と言っているのに我々が『左』と言うわけにはいかない」と発言するような籾井勝人三井物産元副社長をNHK会長に任命した.

　ほかにも，2016年3月に，NHKの『クローズアップ現代』のキャスターであった国谷裕子氏が，TBSの『NEWS23』のキャスターであった岸井成格氏が，テレビ朝日の『報道ステーション』のキャスターであった古舘伊知郎氏が一斉に降板となった. これらについて，3氏が政権に批判的な発言をしていたことなどから，降板の背景には政権からの圧力ないしはテレビ局側の忖度があったという指摘もある.

　またこの少し前の2016年2月に，高市早苗総務相は，放送局が政治的公

平性を欠く放送をくり返した場合，放送法4条違反を理由に電波停止を命じる可能性があるという発言をおこなっている．電波停止は総務相の権限であるだけに，この発言は当然，放送局に対して萎縮効果が生じる可能性がある．

3　秘密保護法

　安倍政権は，2013年に「特定秘密の保護に関する法律」（秘密保護法）を制定した．この秘密保護法は，国家の安全保障に関する防衛・外交・警察情報を行政機関が一方的に秘密指定し，これを漏洩したり，取得したりする行為を最高で懲役10年に処するものである．また，秘密を扱う者に対しては，身辺調査をおこなう適性評価制度も導入した．

　本法によって，①主権者国民（憲法前文，1条）の知る権利（憲法21条）を制限し，②国家情報にアクセスするメディアの取材の自由・報道の自由（憲法21条）を制限し，③適性評価対象者のプライヴァシー権（憲法13条）を制限し，④国民の代表機関（憲法43条）である国会を構成する両議院の国政調査権（憲法62条）を制限し，⑤裁判になっても非公開で裁判することで裁判公開の原則（憲法82条）を崩し，⑥そもそも非軍事が原則の憲法の平和主義（憲法9条）をゆがめる可能性がある．

　国民主権・民主主義国家においては，主権者国民が自由な情報流通が保障されたなかで国政に関与するものである．しかし，本法はこれを否定するものであり，国民主権，基本的人権の尊重，三権分立，民主主義，平和主義などとの関係でことごとく反憲法的な法律と言える．

　最近では，岸田政権が2024年に「重要経済安保情報の保護及び活用に関する法律」（経済安保情報保護・活用法）を制定した．この経済安保情報保護・活用法は，「重要経済安保情報」を行政機関が一方的に秘密指定し，これを漏洩したり，取得したりする行為を最高で拘禁刑5年に処するもので，また，この法律でも秘密を扱う者（今度はおもに民間企業従業員）に対する適性評価制度を導入した．さらに，「重要経済安保情報」でも秘密性の高い情報については，秘密保護法の改正ではなく運用によって秘密保護法を適用し，漏洩に10年以下の拘禁刑などに処するものである．本法も反憲法的な法律と言える．

第 7 章

学問の自由

この章を学ぶ前に

　天空が回っているのか，地球が回っているのか，どちらが正しいのか．もちろん，地球が回っているのであり，どちらが正しいかを権力者が決めることはできない．学問的に決着する問題である．しかし，かつては地動説が否定された．

　このような学問の否定は現代においては起こりえない，と思いたいが，今でも起きている．2020年10月，菅義偉首相は第25期日本学術会議会員の任命にあたり，日本学術会議から会員として推薦された候補者6人を任命しなかった．

　菅首相は任命拒否の説明として，求められる学術会議の活動について「総合的，俯瞰的な活動を確保する観点から判断した」という言い方をした．学問分野が細分化されますます蛸壺化が進むなかで，学問研究する側が「総合的，俯瞰的な観点」を言うのはわかる．しかし，この言葉を首相が学術会議に対して使うのはいかがなものであろうか．「俯瞰」には「全体を上から見ること」以外に，「高い所から見おろすこと」という意味もある（『広辞苑』）．実際のところ，任命拒否された6人それぞれの学問分野にも業績にも詳しくはない素人の菅首相が，「優れた研究又は業績がある科学者」として学術会議が推薦した6人の任命を拒否したことは，学問に対するリスペクトのかけらもなく，単に上から目線で臨んでいるにすぎない．菅首相は全知全能の存在ではない（あとは本章三**1**に続く）．

　このような学問の自由を脅かす問題がいまだに起きているからこそ，日本国憲法で明確に保障されている学問の自由を考えることは重要である．

一　歴史

1　世界では

　歴史的に学問弾圧として有名な事件は，17世紀の科学者であるガリレオ・ガリレイに対する弾圧である．ガリレオ・ガリレイが，学問的な結論として地動説を唱えたのに，当時の天動説に固執していた権力者がこの説を否定したばかりでなく，宗教裁判にかけて有罪判決を出したのである．

　かつてこのような弾圧があったので，その反省から学問の自由が保障されるようになっていった．ただ，市民革命を経験したイギリスやフランス，アメリカなどの憲法で学問の自由についての規定はないが，思想の自由や表現の自由と同様，学問の自由も保障されるとされた．一方，市民革命を経験していないドイツでは大学の特権として大学の自治と学問の自由が保障されると考え，ワイマール憲法では142条で「芸術，学問及びその教授は自由である．国は，これに保護を与え，その奨励に参与する」と規定した．

2　日本では

　一1でふれたとおり，憲法に学問の自由を規定する国はかならずしも多くはない．大日本帝国憲法にもなかった規定であるが，なぜ日本国憲法に規定したのか．それは，戦前の日本で1933年の滝川事件（京都帝国大学の滝川幸辰教授の刑法学説が危険思想であるという理由で著書が発売禁止処分となり，休職を命じられ，これに対して法学部の全教官が辞表を提出して抗議した事件）や1935年の天皇機関説事件（東京帝国大学名誉教授で貴族院議員の美濃部達吉の，天皇を国家という法人の一機関と捉える学説が当時の天皇を頂点とした国家体制である国体に反すると批判され，著書が発売禁止処分となり，貴族院議員を辞職することになったり，狙撃された事件）といった学問弾圧があったからである．そこで，戦後，日本国憲法で学問の自由を保障することになった．

二　憲法の規定と解釈

1　学問の自由

　憲法23条の文言は非常に短いが，ここから①学問研究の自由，②研究発表の自由，③教授の自由，そして大学の自治が保障される．

①　学問研究の自由

　第一の学問研究の自由であるが，憲法19条の思想の自由から当然保障されるが，学問の重要性から23条でさらに手厚く保障している．学問研究は大学等の教員や研究所の研究員だけでなく，小学生など誰でも自由にできる．

②　研究発表の自由

　第二の研究発表の自由であるが，これについても憲法21条の表現の自由から当然保障されるが，学問の重要性から23条でさらに保障している．この権利主体も人を問わない．

③　教授の自由

　第三の教授の自由であるが，これは講義の自由，教育の自由とも言われる．そして，高等教育機関（日本であれば，大学，短期大学，大学院，高等専門学校など）の教員（助手・助教，講師，准教授，教授など）には全面的に保障されている．一方，初等中等教育機関（小学校，中学校，高等学校など）の教員にも一定の範囲で保障されている．

　これに関し，第12章二3③でふれる旭川学力テスト事件の最高裁判決［最大判1976年5月21日刑集30巻5号615頁］で，初等中等教育機関における「一定の範囲における教授の自由」を認めたが，子どもの側に学校や教師を選択する余地が乏しく，教育の機会均等をはかるうえからも全国的に一定の水準を確保すべき強い要請があることなどから，「完全な教授の自由を認めることは，とうてい許されない」とした．

　この違いは，大学等の教員はまずもって研究者であり，学問研究が自由に

でき，教授は研究の成果を還元するもので，自由な学問研究とその教授が学問の発展につながると考えるからである．これに対して，小中高校の教員は基本的に教育者であり，文部科学省が定める学習指導要領にしたがって全国どこでも同じような教育を保障する関係上，教員の自由度を無制限にすることはできないからである．

2　大学の自治

　第四の大学の自治であるが，これは大学が学問の中心機関であったヨーロッパにおける中世以来の伝統に由来するものであり，学問の自由を制度的に保障したものである．一般的に「大学の自治」と表現されるが，この「大学」には短大・大学院・高専なども含まれる．

　まず内容としては，①人事の自治，②研究・教育内容・方法の自治，③施設・学生管理の自治がある．人事の自治であれば，例えば日本体育大学の教員人事をおこなうのは日本体育大学の教授会・学長・理事長であり，文部科学省ではないということである．研究・教育内容・方法の自治であれば，例えば日本体育大学の教員の研究や教育については，研究者（大学教員）本人が決めるものであって，文部科学省が決めるわけではないということである（さらに，日本体育大学の学長や理事長も教員の研究・教育内容・方法に干渉できない）．施設・学生管理の自治であれば，ここから警察権力が令状や大学等の要請なしに勝手に大学等の施設内に立ち入ることはできないということである．

　次に主体であるが，教授会は研究・教育面に，理事会等経営組織は財政等経営面で主体となる．一方，学生や事務職員は，教員人事や教員の研究・教育面に介入することはできないが，学生生活や職務といった自身に関係する範囲で主体となりうる．

　施設・学生管理の自治に関して，東京大学の「ポポロ劇団」による学内での演劇発表会に私服の警備公安警察官が潜入していたことがわかり，学生が暴行したので暴力行為等処罰に関する法律違反で裁判になった東大ポポロ事件で，最高裁は，劇団の発表会を「真に学問的な研究と発表のためのもので

はなく，実社会の政治的社会的活動であり，……大学の学問の自由と自治は，これを享有しない」と，学問の自由と大学の自治侵害を認めなかった〔最大判1963年5月22日刑集17巻4号370頁〕．しかし，事件発生後に活動する刑事警察ではなく，政治警察とも言える警備公安警察が，1年半以上前から連日のように大学構内に入り，張り込み・尾行・密行・盗聴等の方法で学生・教職員・学内団体等の情報収集活動をしていたことを考えると，これは憲法23条違反とすべきであったであろう．

三　現実問題

1　日本学術会議の任命拒否問題

①　任命拒否の法的問題点

　「この章を学ぶ前に」でふれた菅首相による日本学術会議会員の任命拒否について，菅政権もその後の岸田文雄政権もこれを撤回しないばかりか，いまだに政府は任命拒否の具体的な理由さえ説明していない．

　まずこの法的問題点であるが，日本学術会議法7条2項は「会員は，第17条の規定による推薦に基づいて，内閣総理大臣が任命する」，17条は「日本学術会議は，規則で定めるところにより，優れた研究又は業績がある科学者のうちから会員の候補者を選考し，内閣府令で定めるところにより，内閣総理大臣に推薦するものとする」と規定している．かつて中曽根首相はこの任命方法について，「これは，学会やらあるいは学術集団から推薦に基づいて行われるので，政府が行うのは形式的任命にすぎません．したがって，実態は各学会なり学術集団が推薦権を握っているようなもので，政府の行為は形式的行為であるとお考えくだされば，学問の自由独立というものはあくまで保障されるものと考えております」と明確に答弁した（1983年5月12日参議院文教委員会）．

　条文の「基づいて」という文言に着目すれば，憲法6条は「天皇は，国会の指名に基いて，内閣総理大臣を任命する」とあり，この天皇の任命も形式的行為であって，天皇に任命拒否権があるわけではない．日本学術会議法全

体から考えても，3条で学術会議の独立性を規定し，25条で会員の辞職も，26条で会員の退職も学術会議の同意または申出を必要としていることから，首相に自由な任命権がないことは明らかである．したがって，首相による任命拒否は，日本学術会議法に違反する行為であると言える．

②　学問の自由を脅かす任命拒否

　これが前例となることで，学術会議の側に「この人を会員候補者として推薦しても，拒否されるかもしれない」という意識が生まれたり，なかには会員になるために研究内容を変える者が出てきたりする可能性もある．また，政権によって学問の自由がゆがめられることで，多様な研究成果を享受できなくなったり，偏った研究しかしなくなったりすることで，国民全体にも影響が及んでくる．この任命拒否は明らかに憲法23条が保障する学問の自由侵害であり，絶対に許されない．

2　学生・大学院生の自治活動

①　筆者の体験から

　筆者は，大学院生のとき（博士後期課程在籍中），大学院生の自治会である大学院生協議会の委員長を1期務めた．先輩たちが自治会活動をしてきたおかげで，院生（博士前期課程も後期課程も）には共同研究室が確保され（各院生一人一人に専用の机と椅子も確保），一定枚数無料で利用できるコピーカードが付与され，オーバーマスターになると学費が2分の1，オーバードクターになると学費が5分の1になる制度も導入されていた．

　筆者が委員長のときにとりくんだのが，院生共同研究室へのエアコンの設置である（暖房器具は設置済み）．エアコン設置を訴える院生新聞の学内配布や大学院長との交渉の結果，研究室（1部屋約10人で使用する約60の共同研究室）へのエアコン設置が実現した．これはやはり院生自治会があり，活動した成果であり，院生自治会がなければ個別の院生が大学院当局に言ったところで設置は難しかったであろう．

②　学生のみなさんは

　今，残念ながら，自治会のない大学・大学院が多い．日本体育大学もしかりである．例えば，日本体育大学であれば，各キャンパス内に銀行ATMを増設してほしい，キャンパス間シャトルバスの料金を下げてほしい，本数・台数を増やしてほしい，学費を下げてほしい（これについては大学だけでなく，国に対する働きかけも必要であるが．筆者が大学院生だったときの大学院生協議会では，他大学の院生協議会と一緒に文部科学省交渉もおこなっていた）などの要求があるはずだ．これに対して，不平不満に思うだけ，個別に関係者に言うだけではなかなか変わらない．やはり，自治会がないと具体的な力にはならない．学生は大学の自治の主体でもあるのだから，「お客さん意識」から一歩踏み出し，憲法で保障された権利を行使してほしい．

第 **8** 章

経済的自由

この章を学ぶ前に

　筆者が大学生であった1980年代は，バブル経済まっさかりということもあり，車がステータスシンボルであり，時計やアクセサリーなどブランド品が流行した．まさに人々がモノに執着した時代であった．これに対して，今の若者が車やブランド品などモノに執着しなくなったこと自体はいいことであるとも言えるが，企業は内部留保をどんどん貯め込み，高所得者の所得額も人数も増えてきている一方，労働者の実質賃金は下がり続けている．このような状況変化が，今の若者にも影響を及ぼしている．

　この背景には，以前は金のあるところからしっかりと税金をとる一方，一定の範囲で必要な人に金をまわすという所得の再分配の考えがあった．しかし，この間の自民党政権のもとで徐々に高所得者の税率を下げ，低所得者の税負担を増やしてきたのである．具体的には，かつて所得税の最高税率は75％であったが，現在は45％である（ちなみに，法人税基本税率もかつては43.3％であったが，現在は23.2％である）．一方で，安倍政権のもとで，それまで5％だった消費税の税率を2014年に8％，2019年に10％へと引き上げた．金持ちと企業の税負担を軽くし，その埋め合わせを広く国民に求めてきたのである．

　例えば，2023年3月期決算の有価証券報告書を提出した上場企業のうち，役員報酬1億円以上の人数は717人と2010年3月期以降で最多を記録した．役員報酬額1位は，Zホールディングス（ヤフーやLINEを傘下に持つネット関連の持株会社．2023年10月にLINEヤフーに商号変更）の慎ジュンホ代表取締役GCPO（Group Chief Product Officer）の48.6億円で，前年（43.3億円）に続き2

年連続でトップであった（東京商工リサーチ2023年7月3日公表データ）．所得の低い層ほど消費税率が上がれば生活に大きな影響を受けるが，慎氏のような高所得者にとっては痛くもかゆくもないであろう．しかし，憲法で財産権が保障されるからといって，高所得者の税負担はこれでいいのであろうか．

一　歴史

1　市民革命後の財産権の不可侵

　18世紀を中心とする市民革命は，資本を使って生産活動をおこなうブルジョアジーが中心になって起こした革命であったため，当然，ブルジョアジーたちは自分たちの財産を守るために財産権の保障を求めた．これにより市民革命後の憲法では，財産権を絶対視し，フランス人権宣言でも17条で「所有は，神聖かつ不可侵の権利」と規定したように，財産権の不可侵を原則とする．市民革命はブルジョアジー中心の革命であり，憲法で財産権を保障したため，これが資本主義発展の基盤となった．

　具体的には，まず，個々の国民はその財産権について国家による侵害を受けないことになった．また，個人の財産権が保障される制度＝私有財産制度を制度的に保障することにもなる．このように，財産権の不可侵や私有財産制度を原則として保障する憲法は資本主義（ブルジョア）憲法であると位置づけられ，日本国憲法もその一つである．

2　20世紀以降の財産権の制約

　契約自由の原則や私的自治を保障する市民革命後の憲法は，資本家と労働者の関係に国家が介入せず，何か問題があっても当事者にその解決を委ねる建前であったことから，資本家と労働者との対等ではない状態が続くことにもなった．その結果，19世紀末から資本家はカルテル（企業連合）やトラスト（企業合同）などにより一方的に製品等の価格設定や供給量を決めることができるし，立場の弱い労働者はますます劣悪な環境のもとで働かされるこ

とになり，格差も拡大した．これに対して，すでに19世紀初頭から労働運動が，19世紀半ばから社会主義運動がくり広げられ，1917年には初の社会主義革命であるロシア革命が成功した．この影響を受け，ドイツでも革命の危機がせまるなか，ドイツのブルジョアジーは革命を防ぐために労働者に妥協し，1919年にワイマール憲法が制定される．このワイマール憲法で，財産権の制約（153条３項「所有権は義務を伴う．その行使は同時に公共の福祉に役立つものであるべきである」）と国家が社会的弱者を救済するための社会権が憲法上確立されるのである．

　ドイツのワイマール憲法の誕生を説明する場合，財産権の制約と生存権の保障は，上部構造（政治・法と哲学・思想などのイデオロギー）から考えれば，労働運動・社会主義運動といった労働者階級の運動の成果と，資本家階級の革命防止という妥協の産物と捉えることができる．高校の社会科レベルであれば，説明はここまでであるが，実はさらに説明が必要である．すなわち，一方で，下部構造（難しく言えば「生産力と生産関係の矛盾」，やさしく言えば経済的土台）から考えれば，ワイマール憲法は修正資本主義の容認とも言えるが，それは資本主義の延命策と捉えることもできる．このような考え方を受けて，財産権が相対化・社会化（修正）されたのである．

二　憲法の規定と解釈

1　財産権

①　29条１項

　経済的自由は，日本国憲法では財産権（29条）と居住・移転・職業選択の自由（22条）から成る．

　条文の順番とは逆に，財産権から見ていくと，29条１項は，「財産権は，これを侵してはならない」としている．これは原則として日本国憲法も近代市民革命後の資本主義憲法として，市民革命が獲得をめざした重要な柱である財産権の不可侵を基本としていることを示したものである．そしてこの財産権は，所有権（所有物を自由に使用，収益および処分する権利）に限らず，占

有権（ときに他人の所有物であっても，事実上支配する権利），債権（他の人・団体などに対して，特定の行為や給付を要求できる権利）など包括的に保障対象としている．また，財産権の保障は，私有財産制度も保障する．

② 29条2項・3項

　これに対して，29条2項は，「財産権の内容は，公共の福祉に適合するやうに，法律でこれを定める」，3項は，「私有財産は，正当な補償の下に，これを公共のために用ひることができる」としている．この両者に出てくる「公共の福祉」については，第1章二**2**で説明したとおりである．この29条については，公共の福祉に適合するよう一般に財産権の内容を定め，制限するのが2項の規定であるのに対して，3項は公共のために特定の財産権者に対して特別な犠牲を課す場合に正当な補償をおこなうという規定である．

　この「正当な補償」の意味については，当該財産の客観的な市場価格を全額補償すべきとする考え方（完全補償説）がもちろん望ましい．しかし，判例では戦後の農地改革に際しての農地買収価格について争われた農地改革事件最高裁判決［最大判1953年12月23日民集7巻13号1523頁］で，当該財産について合理的に算出された相当な額であれば市場価格を下回っても「正当な補償」と考えるとした（相当補償説）．ただ，このときの価格はきわめて低い価格であったため，それを正当化した点で問題である．

2　居住・移転・職業選択の自由と
　外国移住・国籍離脱の自由

① 22条1項

　憲法22条1項は，「何人も，公共の福祉に反しない限り，居住，移転及び職業選択の自由を有する」と規定している．封建制社会では，人は親の身分を引き継ぐという形で身分が固定されただけでなく，農奴は土地にもしばりつけられ，移動の自由が制限されていた．だからこれに対して，近代憲法では人の職業選択の自由と移動の自由を保障することにしたのである．実際に，これらを保障することで，農村部から都市部への労働力の移動が可能と

なり，大量の労働力を確保することで資本主義経済を下支えすることになった．

　そして，職業選択の自由には，自己の従事する職業を決定する自由と，自己の選択した職業を遂行する自由（営業の自由）が保障されていると考える．後者は，根拠条文に29条も加えて考える立場もある．この営業の自由も公共の福祉の制約を受けるため，例えば独占禁止法は憲法上正当化される．

② 22条2項

　また，2項は，「何人も，外国に移住し，又は国籍を離脱する自由を侵害されない」と規定している．ここから，外国移住・国籍離脱の自由が保障されることになるが，このなかに一時的な海外渡航の自由も含まれると考えるのが多数説・判例の立場である．

三　現実問題

1　ブルジョア憲法？　社会民主主義的政策は？

　憲法29条はまず1項があるので，富裕層の親のもとに生まれた子どもには豊かな生活が保障され，親の財産を引き継ぐことができる．また，憲法22条1項の規定があっても，職業選択の機会が誰に対しても保障されるだけで，本人の知的能力・学力が問われる職種もあるとはいえ，例えば私立大学の医学部に誰でも行けるかと言えばそうではなく，富裕層の親のもとに生まれた子どもでないと難しい．「人は生まれながらにして自由かつ平等である」というのは，やはり市民革命期のイデオロギーにすぎず，この経済的自由規定からも日本国憲法はブルジョア憲法の系譜にあることがわかる．

　とはいえ，憲法29条2項および3項の規定により財産権は公共の福祉によって制限されるし，憲法は25条で生存権も保障するので，修正資本主義憲法とも言える．さらに，政権によっては社会民主主義的な政策実行も可能である．

2 自民党改憲案

　2012年の自民党改憲案（「日本国憲法改正草案」）は全体的に復古色が前面に出ているが，新自由主義改革に適合的な規定もある．第1章三1で，自民党改憲案では日本国憲法の「公共の福祉」を「公益及び公の秩序」に変えていることについて見たが，改憲案22条の財産権規定ではこの「公共の福祉」という文言を削り，「公益及び公の秩序」によっても制約しないのである．これは22条から保障される営業の自由に制約を課さないということを意味する．したがって，例えばすでに2000年に大規模小売店舗立地法の制定によって大型店が個人経営の小売店を圧迫する事態が生じているが，この改憲に成功すれば，大企業の営業の自由を制約している独占禁止法を改正し，弱肉強食の経済活動を憲法上保障することも可能になる．

第 9 章

人身の自由

....

この章を学ぶ前に

　人身の自由は身体の自由とも言われ，憲法で保障されている．「自分の身体は自分のものなのだから，国家権力（や他人）は支配できない」．そんなの当たり前だと思うだろう．しかし，かつては他人が他人の財産だけでなく身体も支配する奴隷制度があったし，戦前の日本では警察（特に特別高等警察）が天皇制を批判する者や共産主義者などを簡単に逮捕し，拷問にかけていた．このような歴史があるから，今でも人身の自由は重要である．かつての警察が「人身の自由」を簡単に侵害したからこそ，現在でも警察や検察が私たちを不当に逮捕したり，誘導や脅しなど不当な取調べにより嘘の自白を引き出したり，裁判所によって無実の人間に懲役刑（2025 年 6 月から懲役刑と禁錮刑を拘禁刑に一元化）や死刑判決を出させないことが必要である．そこまでいたらなくても，警察の職務質問や検問に応じるのは当たり前だと思っている人が多いであろう．

　ちなみに，筆者は警察は社会に必要だし，多くの警察官は真面目に仕事をしていると考えるが，1999 年に全国的に明らかになった警察の不祥事を受けて，必要以上に警察に協力しないことを決めた．例えば，職務質問は警察官が「異常な挙動その他周囲の事情から合理的に判断して何らかの犯罪を犯し，若しくは犯そうとしていると疑うに足りる相当な理由のある者又は既に行われた犯罪について，若しくは犯罪が行われようとしていることについて知つていると認められる者」に対して任意でおこなうものであるから（警察官職務執行法 2 条），これに該当しない場合は応じない（同条では警察署などへの同行も同じく任意と規定されている）．カバンなどの所持品検査についても，

裁判官が発行する令状がない場合は任意となるので（憲法35条），令状がない場合は応じない．警察官が各家庭を訪問して，住所・氏名・連絡先などを記入する「巡回連絡カード」の記入・提出を求めるが，記入しなければならないという法的根拠はないし，かつて巡回連絡カード情報を悪用した警察官による小学生女児の誘拐未遂事件なども起きているので，記入を断っている．

　また，飲酒検問など交通検問は，運転者を規律する道路交通法に応じる義務規定がなく，警察は「交通の取締」を警察の責務の一つとして定めた警察法（2条1項）を根拠におこなっているので（警察法は警察を規律する法律であって，運転者など国民を規律する法律ではないので）応じていない（ただし，飲酒・酒気帯び運転と思われるのにアルコール検査を拒否すると，現行犯逮捕もありうる）．検問時に警察官が運転免許証の提示を求めたら，道路交通法95条2項や67条1項などに規定する免許証提示事項（無免許・酒気帯び・過労・資格外・二輪の二人乗り運転の場合に限定している）を警察官が全部言えるか試し，これに該当しない場合は免許証を提示しない．逆に，警察官に対しては，「かつて警察官を装った者による3億円窃盗事件もあったので，あなたが本当の警察官かどうかわからないから，まずあなたが警察手帳を見せなさい」と言う（警察官は警察官であることを示す必要があるときは，警察手帳規則5条により相手方に警察手帳を提示する義務がある）．

　さらに，道路交通法規は遵守すべきであるが，たまたまスピード違反の疑いで交通反則切符を交付されたとき，警察官が「目標」達成のためにいい加減な取締りをする可能性があるし，運転者には違反していないという立証責任はなく，警察側に違反したという立証責任があるので，反則金を納付せず，警察または検察に出頭して裁判の場で争う姿勢を示してきた（そうすると，客観的な証拠を提示して立証できないと判断したのか，警察が送検をあきらめたり，検察が起訴しなかった）．

　このような過程で，警察官が感情的で不適切な言動などをおこなえば，「推定無罪の原則があるし，あなたの主人である国民の税金で仕事をする公僕なのに，主人に対してその話し方はなんですか」と注意したり，後日警察の苦情相談窓口に抗議の電話をかけたりする．

　警察官は国民とは違って武器の所有・逮捕権・捜査権などが認められてい

る以上，国民の権利・自由を警察が脅かさないために法によるしばりと国民による監視が必要である．戦前は警察が国民を監視していたが，現在は公僕である警察が国民の上に立つわけではない．

一　歴史

1　世界では

　「この章を学ぶ前に」に書いたとおり，その人の身体はその人のものなのに，かつてはこのような当たり前のことが当たり前ではなかった．序章—**2**で説明したとおり，奴隷制社会では奴隷は奴隷主に自身の身体も支配されたし，封建制社会においても封建領主によって農奴の身体の自由は大幅に制限されていた．

　しかし，欧米における市民革命のなかで，平等や他の自由権とともに，自分の身体は法的な手続がないかぎり他人が自由に支配してはならないという人身の自由が獲得される．例えば，イギリスは世界でも早く，1215年のマグナ・カルタで人身の自由規定が見られ，その後，1628年の権利請願や1679年の人身保護法によって確立されていく．

2　日本では

　欧米ではおもに18世紀の市民革命でさまざまな自由権と同様に人身の自由も保障されるようになっていくが，日本は遅れた．ようやく19世紀末（1889年）に大日本帝国憲法が制定されるが，外見的立憲主義憲法とも言われ，自由権規定はあったものの法律により権利制限が簡単にできるようになっていた（法律の留保）．人身の自由についても同様である．

　具体的には，1925年制定の治安維持法は「国体の変革」（天皇を頂点とした国家体制の変更）と「私有財産制の否認」（資本主義を否定する共産主義思想）を禁止し，特別高等警察（特高）が無政府主義（アナーキズム）や共産主義から新興宗教（第5章参照），労働運動，自由主義にまで弾圧をおこなった．そも

そも思想を取り締まること自体問題であるが，特高は客観的な証拠がなくて
も主観的判断で弾圧対象者を拘束し，拷問にかけ，嘘の自白を引き出し（拷
問から逃れるため），「犯罪者」をでっち上げ，「被疑者」を虐殺することもあ
った（『蟹工船』『党生活者』などで有名な日本共産党員であった作家の小林多喜二
は，1933年に特高に捕まり，捕まったその日に警察署内での拷問により殺された）.

　戦前の日本においては，このような警察による卑劣な弾圧があったからこ
そ，その反省から，戦後，他国とくらべても手厚い人身の自由規定を憲法で
保障したのである.

二　憲法の規定と解釈

1　奴隷的拘束・意に反する苦役からの自由

　国際人権規約のＢ規約8条1項に「何人も，奴隷の状態に置かれない．あ
らゆる形態の奴隷制度及び奴隷取引は，禁止する」と，2項に「何人も，隷
属状態に置かれない」と規定するとおり，現代の国家では奴隷制度を当然認
めていないだけでなく，奴隷的な扱いも認めていない．日本国憲法でも18
条で「何人も，いかなる奴隷的拘束も受けない」と，奴隷的拘束からの自由
を保障している．奴隷的拘束とは，自由な人格者であることと両立しない拘
束状態を言い，この奴隷的拘束の禁止は私人間にも直接適用される（本人の
同意があったとしても，民法90条の公序良俗違反で無効となる）．例えば，かつて
「じゃぱゆきさん」と言われたアジアからの外国人を拘束して風俗店で強制
的に働かせるとか，宗教団体が信者の脱走を防ぐために拘束するようなこと
があったが，これらは当然許されない.

　また，憲法18条は「犯罪に因る処罰の場合を除いては，その意に反する
苦役に服させられない」と，本人の意思に反して強制される労役などの苦役
からの自由も保障している．戦前の日本では，大日本帝国憲法20条が「日
本臣民ハ法律ノ定ムル所ニ従ヒ兵役ノ義務ヲ有ス」としていたので，男子の
徴兵制があったが，日本国憲法は9条で戦争の放棄と戦力の不保持を定め，
13条で幸福追求権を保障し，18条で意に反する苦役を禁止していることか

ら，徴兵制は違憲となる．お隣の韓国ではBTSのような有名な歌手であっても若い男性には徴兵制があるし，イスラエルでは女性にも徴兵制があるが，現在の日本に徴兵制がないのは憲法のおかげなのである．

2　適正手続の保障

①　歴史的経緯と内容

　近代国家は私人間における私刑を禁止し，刑罰権を国家が独占することで治安を確保している．この刑罰権は，自由刑（懲役・禁錮・拘留）によって国民の自由や，生命刑（死刑）によって生命をも奪うため，その発動は慎重でなければならない．そこで，憲法にはさまざまな刑事手続に関して国家権力を制限するための規定を盛り込んでいる．

　まず，市民革命で獲得された人身の自由の基本規定は，法律の適正な手続がなければ生命・自由を奪えないという適正手続の保障である．例えば，1787年制定のアメリカ合衆国憲法の修正5条（1791年追加）には，「法の適正な過程（due process of law）によらずに，生命，自由または財産を奪われることはない」と規定している（デュー・プロセス条項．due process of law の部分は，適正な手続のみならず法の適正内容も要求するところからこのように訳されている）．

　日本でも戦後，憲法31条で「何人も，法律の定める手続によらなければ，その生命若しくは自由を奪はれ，又はその他の刑罰を科せられない」とした．

②　手続的側面と実体的側面

　この憲法31条の規定をどう解釈するかであるが，これは適正手続と適正実体の両者を保障しているとする適正手続・適正実体説が学界の通説となっている．

　まず，手続的側面として，刑罰を科するには法律の定める手続が必要であり（刑事訴訟手続の法定．ここから刑事訴訟法の制定が求められる），手続の内容は適正なものでなければならないことを要請している．これに関連する最高裁判例としては，第三者の所有物の没収に際して所有者に何の機会も与えな

かったことが争われた第三者所有物没収事件最高裁判決［最大判1962年11月28日刑集16巻11号1593頁］のなかで，「所有物を没収せられる第三者についても，告知，弁解，防禦の機会を与えることが必要であ〔る〕」とした．アメリカには「告知と聴聞（notice and hearing）制度」（公権力が国民に対して不利益な処分をおこなう際には，あらかじめ当事者にその告知をし，聴聞の機会を与えること）が保障されているが，憲法31条は日本でも保障されるとしたものと言える．

次に，実体的側面として，刑罰を科するには実体法も法律によって定める必要があり，その法内容は正当なものでなければならないということを要請している．この考え方から，放火をしたら放火罪，殺人をしたら殺人罪といったように，いかなる行為についていかなる刑罰が科せられるかあらかじめ法律で定められていなくてはならないという考え（罪刑法定主義）や，刑罰法規はいかなる行為を処分の対象とするかを明確に定める必要があり，不明確な場合は憲法31条に違反し無効となる（明確性の原則）という考え，実体法の内容は正当でなければならないという考えが出てくる．

③　31条と行政手続の適正

憲法31条は歴史的経緯から考えても刑事手続に関する人身の自由規定として考えられてきたが，行政手続についても総則的規定としての意義を有すると考え，告知と聴聞の制度は行政手続にも準用されるとの準用説が通説となっている．これに関して最高裁は，成田空港の建設に反対する空港周辺の反対派の工作物の使用を禁止した成田新法の憲法適合性が争われた成田新法事件最高裁判決で，典型的な不利益行政処分のような場合に限定つきで31条が行政手続にも及ぶとした［最大判1992年7月1日民集46巻5号437頁］．この判決の翌1993年，行政庁による「不利益処分」の前に「聴聞」と「弁明の機会」を与える行政手続法が制定されている．

3 被疑者の権利

① なぜ被疑者の権利なのか

警察・検察によって犯罪者ではないかと疑われている人を「被疑者」と言う（マスコミなど一般的に言われるところの「容疑者」）．この場合，逮捕（最大で72時間の身体拘束）・勾留（逮捕に続いておこなわれる身体拘束）による身体拘束を受けているか否かを問わない．疑っている段階であるから，無罪または無実の人を誤って逮捕・勾留する場合もある．そこで，判決確定前は推定無罪の原則が働き，国家権力から自由・生命を守るために憲法で被疑者の権利が保障されている．

② 不当な逮捕からの自由

まず，憲法33条は，「何人も，現行犯として逮捕される場合を除いては，権限を有する司法官憲が発し，且つ理由となつてゐる犯罪を明示する令状によらなければ，逮捕されない」と規定している．ここでいう「司法官憲」とは裁判官のことであり，裁判官の令状がないかぎり，警察官・検察官の主観的判断だけで人を逮捕できないとすることで逮捕に歯止めをかけている（令状主義の原則）．

一方で，この原則には三つの例外がある．一つめの例外は33条に規定がある現行犯である．刑事訴訟法では212条1項で現行犯人の定義（「現に罪を行い，又は現に罪を行い終つた者を現行犯人とする」）があり，213条で何人も現行犯人を逮捕できるという規定がある（私人も逮捕できる．YouTuberによる私人逮捕動画が話題になったが，誤認逮捕は許されないし，推定無罪の原則があるので勝手に「さらす」ことも問題である）．現行犯は犯行の明白性（逮捕者が犯罪を現認している）と逮捕の必要性・緊急性（その場で逮捕しないと，令状を求めていたら被疑者が逃亡したり，逃亡する可能性がある）から認められている．

二つめの例外は，刑事訴訟法212条2項で規定されている「罪を行い終つてから間がないと明らかに認められるとき」を現行犯とみなす準現行犯であり，同項で四つの場合を列挙してる．すなわち，「犯人として追呼されているとき」，「贓物又は明らかに犯罪の用に供したと思われる凶器その他の物を

所持しているとき」（金庫や血のついた包丁を持って走っている人物がいるような場合），「身体又は被服に犯罪の顕著な証跡があるとき」（返り血らしき血が顔や服についた人物がいるような場合），「誰何されて逃走しようとするとき」（警察官に職務質問されたときに，答えずに突然逃げ出したような場合．したがって，「この章を学ぶ前に」に，職務質問に応じる義務がないことを書いたが，警察官の質問に具体的に応える必要はないが，何も会話をしないでその場から立ち去ると準現行犯で逮捕される可能性があるから，注意が必要である）であり，これらはいずれも犯罪者の可能性が高いと推定され，その場で逮捕しないと逃走する可能性があるから，令状がなくても逮捕できるとしている．学界の多数説は準現行犯逮捕を合憲と考えるが，現行犯とくらべると被疑事実の客観性が劣るので，慎重な対応が求められる．

　三つめの例外は，刑事訴訟法210条1項で「死刑又は無期若しくは長期3年以上の懲役若しくは禁錮にあたる罪を犯したことを疑うに足りる充分な理由がある場合で，急速を要し，裁判官の逮捕状を求めることができないとき」に被疑者を逮捕できるとしている緊急逮捕である．犯罪発生通報後に配備された警察官が被疑者を逮捕する場合が多い．学説では緊急逮捕を令状主義との関係から違憲と考える説と合憲と考える説とに分かれるが，判例では合憲とされている［最大判1955年12月14日刑集9巻13号2760頁］．

　なお，捜査機関が本命の容疑の証拠が不十分で逮捕状を請求できないときに，軽微な別の犯罪容疑で（例えば軽犯罪法違反など通常なら逮捕までしないような容疑で）被疑者を逮捕し，本命の容疑で取調べをおこなうという別件逮捕が多用されている．これは恣意的で差別的な取調べ方法になりうるので，学界では別件逮捕は令状主義に反し違憲であるとする説が多いが，判例では合憲とされている［最大判1955年4月6日刑集9巻4号663頁］．

③　抑留と拘禁の要件

　憲法34条は，「何人も，理由を直ちに告げられ，且つ，直ちに弁護人に依頼する権利を与へられなければ，抑留又は拘禁されない．又，何人も，正当な理由がなければ，拘禁されず，要求があれば，その理由は，直ちに本人及びその弁護人の出席する公開の法廷で示されなければならない」と規定す

る．これは被疑者の抑留・拘禁理由の告知を受ける権利，弁護人依頼権，抑留・拘禁理由開示請求権を保障した規定である．なお，ここでいう抑留とは一時的な身体の拘束のことであり（刑事訴訟法上の逮捕と勾引に伴う留置），拘禁とは抑留よりは継続的な身体の拘束のことである（刑事訴訟法上の勾留と鑑定留置）．しかし，このような規定がありながら，警察官が実際に守っていない場合が多々ある．

④ 不当な侵入・捜索・押収からの自由

憲法35条1項は，「何人も，その住居，書類及び所持品について，侵入，捜索及び押収を受けることのない権利」を，憲法33条の場合と令状がある場合を除いて保障している．ここでも令状主義が保障され，人の所有物や私的な居住空間などに対して，捜査機関は令状がなければ介入できない（職務質問の際に相手の同意なく勝手にカバンのなかを警察官が見るとか，検問の際に相手の同意なく勝手に車両に警察官が入り込んで車内を調べることなどは許されない）．

4 刑事被告人の権利

① なぜ刑事被告人の権利なのか

被疑者が起訴されると「刑事被告人」になる（マスコミなど一般的に言われるところの「被告」）．ここでもまだ判決が確定するまではその人物が本当に犯罪者か否かわからない．もし無罪または無実で刑務所に収容すればその人の自由を奪うことになるし，誤って死刑にした場合，死んだ人間は生き返らない．そこで，刑事被告人についても推定無罪の原則が働き，憲法は刑事被告人の権利を保障している．

② 公平・迅速・公開裁判を受ける権利

憲法はまず一般的に「裁判所において裁判を受ける権利」を32条で保障し（日本語だと「受ける」と受動態だが，英語では"the right of access to the courts"と「裁判所にアクセスする権利」と表現するように，積極的な裁判を求める権利として解釈すべきである），82条で公開裁判の原則を保障し，権力者によ

る主観的な裁きと密室裁判を否定している．さらに人の自由・生命をも奪うことになりうる刑事裁判の重要性から，憲法37条1項は，「すべて刑事事件においては，被告人は，公平な裁判所の迅速な公開裁判を受ける権利を有する」とし，刑事被告人に公平・迅速・公開裁判を保障している．

　具体的に公平な裁判を保障するため，刑事訴訟法および刑事訴訟規則で裁判官等の除斥・忌避・回避の制度を置いている．また，15年間にわたって審理が中断した高田事件で，最高裁は被告人の権利侵害を理由に免訴判決を出したことがある［最大判1972年12月20日刑集26巻10号631頁］．

③　証人の審問権・喚問権

　憲法37条2項は，「刑事被告人は，すべての証人に対して審問する機会を充分に与へられ，又，公費で自己のために強制的手続により証人を求める権利を有する」と規定し，前者（「又」より前）を証人審問権，後者（「又」より後）を証人喚問権と言う．

　証人は物的証拠と異なり，どうしても不確かな部分がある．そこで証人審問権は，例えば，検察が証人をでっち上げたり，検察が証人の証言を正確に書面にしていなかったり，検察と証人が共謀して証人が嘘の証言をする場合もあるので，刑事被告人にとって不利な証人を法廷で直接審問するために規定されている．この証人審問権から，刑事訴訟法320条は伝聞証拠の禁止を規定している．一方，証人喚問権は，とりわけ刑事被告人にとって有利な証人を法廷に喚問するために規定されている．刑事被告人には，犯罪をしていないという立証責任はないが，アリバイを証明する人がいるなら，法廷に呼んだほうがいい．

④　弁護人依頼権

　憲法37条3項は，「刑事被告人は，いかなる場合にも，資格を有する弁護人を依頼することができる」と規定している．民事訴訟の場合は代理人（おもに弁護士）をつけなくても裁判をおこなうことができる（本人訴訟）．しかし，刑事訴訟の場合，多くの刑事被告人は法律の素人であり，法律の玄人である検察官と対等に争うことは酷であり，被告人の生命・自由がかかってい

るので，弁護人（弁護士）依頼権を憲法上明記している．そして，3年以上の懲役・禁錮にあたる事件の際には，刑事被告人に弁護人がいなければ開廷することができないとし（必要的弁護），そこまで慎重な審理を要求しているのである．

　刑事被告人は自分の判断で弁護人（私選弁護人）を選任することができる．しかし，弁護士を雇うにはお金もかかるので，経済的理由などの事情で弁護人を選任できない場合は，憲法37条3項に「被告人が自らこれを依頼することができないときは，国でこれを附する」と，国が刑事被告人に弁護人をつける（国選弁護人制度）．ここでも国が刑事被告人に弁護人をつけるほど，刑事裁判は慎重におこなわなければいけないということである．

⑤　不利益供述強要の禁止，自白排除の法則，補強証拠の法則

　憲法38条1項は，「何人も，自己に不利益な供述を強要されない」とし，被告人に不利益供述強要を禁止し（アメリカでは「自己負罪拒否特権」と言う），ここから刑事訴訟法198条2項と311条1項で黙秘権を保障している．アメリカ映画などで，警察官が被疑者を逮捕する際に「あなたには黙秘権が保障されています」と告げるシーンを見かけると思う．一方，日本の警察官がどこまでできているか，問われる．

　また，憲法38条2項は，「強制，拷問若しくは脅迫による自白又は不当に長く抑留若しくは拘禁された後の自白は，これを証拠とすることができない」とし，不適切な方法による自白の証拠能力を否定している（自白排除の法則）．これはもちろん，戦前の特高警察の反省からきているが，たまに警察による不適切な取調べが明らかになっている．

　そして，憲法38条3項は，「何人も，自己に不利益な唯一の証拠が本人の自白である場合には，有罪とされ，又は刑罰を科せられない」とし，唯一の証拠が自白である場合は補強する証拠がないと有罪にできない（補強証拠の法則）．これまで，警察官が駐車違反したのに家族に出頭させたり，暴力団組長の犯行なのに知人を出頭させたりすることがあったが，本人が自白しても嘘をついている場合があるので，自白だけで罰せない．しかし，これについても裁判所が自白のみで有罪判決を下す事例がたまにある．

5　刑罰の原則

①　拷問・残虐刑の禁止

　憲法36条は，「公務員による拷問及び残虐な刑罰は，絶対にこれを禁ずる」としている．この規定により，まず戦前の特高警察のような拷問は，無実・無罪の人間を犯罪者にでっち上げる可能性があるので許されない（刑事ものドラマや映画で，逮捕の際に警察官が被疑者に対して過剰な暴力を行使したり，取調べにあたる警察官が被疑者を殴ったりするシーンがあるが，これらは憲法上許されない）．

　また，この規定は残虐な刑罰も禁止し，最高裁は残虐な刑罰を「不必要な精神的，肉体的苦痛を内容とする人道上残酷と認められる刑罰」としている［最大判1948年6月30日刑集2巻7号777頁］．ここで問題となるのは死刑が残虐刑にあたるのか否かという問題であるが，憲法13条および31条の解釈（条文を文字どおり解釈すれば，「公共の福祉に反すれば，生命に対する国民の権利については，最大の尊重を必要としない」「法律の定める手続によれば，生命を奪われる」との解釈が可能である）からすれば，合憲と考えられそうである．刑務官経験者などから絞首刑は残虐との声もあるが，最高裁は火あぶりやはりつけ，さらし首，釜ゆでは残虐な執行方法としつつ，絞首刑による日本の死刑制度を残虐刑とは認めていない［最大判1948年3月12日刑集2巻3号191頁］．

②　事後法の禁止と一事不再理

　憲法39条は「何人も，実行の時に適法であつた行為又は既に無罪とされた行為については，刑事上の責任を問はれない．又，同一の犯罪について，重ねて刑事上の責任を問はれない」と規定している．この規定の前段（「又」より前の部分）は，罪刑法定主義の原則から導き出される規定で，後から法律で「実はあなたのあの行為は犯罪でした」などと過去にさかのぼって人の行為に刑事責任が問われたら，人は安心して生活ができなくなるので，それを禁じているのである（事後法の禁止，遡及処罰の禁止）．

　また，後段（「又」より後の部分）の規定は，特に無罪判決が確定したにもかかわらず，検察が有罪判決を求めて再び裁判を起こすようなことがあれ

ば，一度疑われた人の生活が安定しないため，すでに有罪または無罪とされた行為につきあらためて刑事上の責任を問われないとしている（一事不再理，二重の危険，二重処罰の禁止）．ただし，実際に死刑囚が再審で冤罪が明らかになった事例から，有罪判決が確定した後でも新証拠が出た場合などにおこなう再審はきちんと保障すべきである．

6　刑事補償請求権

　憲法40条は「何人も，抑留又は拘禁された後，無罪の裁判を受けたときは，……国にその補償を求めることができる」としている．このような規定は「天皇ノ名ニ於テ」裁判をおこなっていた戦前にはなかった（天皇は絶対的な存在であったし，国家には責任がないという国家無答責という考えがあったため）が，日本国憲法のもとでは国務請求権（受益権）の一つとして保障されるようになった．

　これは，誤った刑事手続により生じた損害を事後に保障する制度であり，主として冤罪に対する金銭的救済として機能している．補償をえるには無罪判決の確定が要件となるが，国家賠償法に基づく賠償とは異なり，公務員の行為の違法性，故意・過失は要件とされていない．

三　現実問題

1　日本の刑事司法をめぐる諸問題

　映画『それでもボクはやってない』（2007年日本映画）やテレビドラマ『99.9―刑事専門弁護士―』（2016年および2018年TBS番組）は，有罪率99.9％の日本の刑事司法の問題を描く映画およびテレビドラマである．実際にも，選挙違反があったと考えた警察による住民への自白の強要が裁判所によって2007年に認定され被告全員無罪となった志布志事件や，裁判では無罪を主張していたにもかかわらず捜査段階の自白と誤ったDNA鑑定結果により無期懲役刑が確定したものの2010年に再審無罪判決が確定した足利事件，大

阪地検特捜部の主任検事が証拠物のフロッピーディスクのデータを改竄し事件を捏造しようとしていたことが2010年に発覚した郵政不正事件などがある.

　これらの事件以外にも,日本ではこれまで数々の冤罪事件が明らかになっている.冤罪事件の温床としてよく挙げられている要因は,別件逮捕,代用監獄制度(逮捕された者が法務省の拘置所ではなく,刑事収容施設および被収容者等の処遇に関する法律により実際には警察の留置場に入れられる日本独特の制度)や根拠のない見込み捜査,密室での自白強要,無罪証拠隠しと証拠の捏造などである.このような状況を打開するには,代用監獄制度の廃止,取調べの全面可視化(録音・録画,弁護士の立ち会いなど),検察官手持ち証拠の事前全面開示などが必要であろう.

2　犯罪とマスコミ報道,犯罪被害者の権利

①　犯罪とマスコミ報道

　この間の厳罰化の世論を形成している一つの要因が,マスコミ報道にある.悲惨な事件の犯罪者を許さないという姿勢はわからないでもないが,推定無罪の原則がある以上,過剰な報道には問題がある.マスコミや国民は裁判官ではないからだ.一方の側にすぎない警察発表で「凶悪犯罪者」とされた被疑者相手に「殺せ,殺せ」の大合唱をする様は,およそ文明国家とは言えない.例えば,1994年の松本サリン事件の際の第一通報者・河野義行氏に対して,当初はマスコミによる河野さんを犯人視した報道がひどかった(もちろん,後にオウム真理教による犯罪が明らかになり,河野氏に対する報道の過ちが明らかになったが.なお,河野さんは,サリンの影響で意識が戻らない妻を抱えながら,推定無罪の原則からオウム真理教,その後継団体であるAleph やひかりの輪などに対するマスコミ・国民の姿勢を批判していた).

　この点で,スウェーデンなどの重大犯罪以外での原則匿名報道が一つの参考になる.日本のマスコミによる「犯罪報道の犯罪」については,特に元共同通信記者・元同志社大学教授の浅野健一氏が精力的に問題提起してきたが,逮捕段階での匿名報道が少し増えたとはいえ,有罪判決確定後まで匿名

報道を維持するということはほとんどない.

②　犯罪被害者の権利

　厳罰化と同時に,「憲法は犯罪加害者の権利ばかり保障して, 犯罪被害者の権利を保障しないのはおかしい」という議論がある. 確かに, 現行法では犯罪被害者に対する権利保障が十分とは言えない. しかし, まずこの議論には, 被疑者・刑事被告人を「犯罪者」と決めつける誤りがある. 次に, なぜ被疑者・刑事被告人の権利規定があるかはすでに説明したとおりであるが, 憲法は国家と国民間の法（公法）であるから, 犯罪加害者（私人）と犯罪被害者（私人）の問題は憲法ではなく法律で対応する問題である（2004年に犯罪被害者等のための国などの施策を定めた犯罪被害者等基本法が制定されている）. 自民党が2005年に発表した「新憲法草案」では, 新たに「犯罪被害者の権利」を盛り込んだが（2012年の「日本国憲法改正草案」でも引き継がれている）, これらの議論を通じて, 被疑者・刑事被告人の権利が制限されるようなことがあってはならない.

3　日本の死刑制度

　本章二5①で見たとおり, 判例は死刑制度を合憲とするが, 議論としては, 死刑存置論（根拠は, ①死刑があることで犯罪抑止効果があるという犯罪抑止論, ②凶悪犯罪者は社会から抹殺したほうが社会の安全につながるという社会防衛論, ③「目には目を」といったハンムラビ法典のような応報論など）と, 死刑廃止論（根拠は, ①ときに国家は「国家の敵」とみなした人物を強制的合法的に抹殺するという国家の危険性, ②昨今の犯罪に見られるような自殺できないからとか自分一人死ぬのは嫌だからといって大量殺人をおこなう者に対する犯罪抑止効果への疑問, ③誤判・冤罪の可能性など）がある. また, 死刑違憲論の憲法上の根拠としては, 13条（生命に対する国民の権利）・36条（残虐刑の禁止）・9条（日本は戦争放棄によって国家が対外的に外国の人を殺さないのだから, 対内的にも国民を殺すべきではないという考え）がある.

　ただ, 日本では世論も死刑に肯定的であるが, 世界の状況は異なる. 死刑

廃止に向けてとりくむ世界的な市民団体・アムネスティの2023年12月末の資料によれば，死刑の全面廃止国が112か国（ヨーロッパ諸国など），通常犯罪のみ・事実上廃止国が32か国（以上がいわゆる死刑廃止国で計144か国），死刑存置国が55か国，このうち執行国が16か国（アジア・アフリカの共産党・労働党政権や軍事独裁政権国家，アメリカの一部の州，そして日本）となっており，死刑廃止国が多数派であり，この数が年々増えているのが世界の流れである．また，なんと言っても死刑廃止条約（「市民的及び政治的権利に関する国際規約の第二選択議定書」）が1989年に国連総会で採択され，1991年に発効している．死刑制度賛成の世論が多数派だという日本は，世界から見れば人権後進国・野蛮な国と言われてもやむをえない．

このような状況のなか，裁判員制度により多数決で一般市民が死刑判決に関与することも問題である（第18章二**6**④参照）．

第 10 章

国務請求権・参政権

この章を学ぶ前に

2016年参議院選挙から18歳選挙権が導入された．これにより，大学１年生から選挙に行くことができるようになった．大学生も有権者・主権者国民としての自覚を持ってほしい．国会にしろ地方議会にしろ，私たち国民・住民からどのくらい税金をとるのか，そのお金を何に使うのか，大変大事な問題を決めていく．大金持ちならそのようなことを気にする必要はないだろうが，多くの人の生活に密接にかかわってくる．にもかかわらず，最近の国政選挙の投票率が40～60％台，自治体選挙や国政選挙の補欠選挙にはさらに低い投票率の場合がある．学生のみなさんは選挙に行っているであろうか．

かつて，日本でも封建制社会までは選挙権などなかった．明治時代に入っても，男子普通選挙権が認められたのは1925年だったし，女性選挙権が認められたのは1945年である．それまで，多くの人が選挙権を求めて闘ってきた．選挙権を行使したくても行使できず，悔しい思いをした人たちがどのくらいいたことであろうか．このような闘いのうえに，今，私たちに選挙権が保障されている重みを感じてほしい．

一　歴史

1　世界では

18世紀にフランス革命が成功し，1791年憲法で国民主権を採用するが，選挙権を行使できたのは男性に限定され，さらに納税額の低い者を排除した

制限選挙であった．その後，フランスでは1848年に男子普通選挙が採用される が，女性に選挙権が認められたのは1945年のことである．18世紀に市民革命を成功させた国でもこのような状況であり，多くの国で男女普通選挙権が保障されるのは第二次世界大戦後のことである．

2 日本では

日本で選挙権が認められたのは1890年であったが，日本でも男性に限られ，納税額の低い者は排除されていた．普通選挙については，「この章で学ぶ前に」に書いたとおりで，初めて女性が国政選挙で投票したのは1946年のことである．

二 憲法の規定と解釈

1 国務請求権

国務請求権は，受益権とも呼ばれ，人権保障をより確実にするためのものである．これには，請願権，裁判を受ける権利，国家賠償請求権，刑事補償請求権がある．

① 請願権（16条）

歴史的に請願権は，絶対君主制のもとで，国民が為政者に対して意思を伝える手段であった．大日本帝国憲法でも，30条に「日本臣民ハ相当ノ敬礼ヲ守リ別ニ定ムル所ノ規程ニ従ヒ請願ヲ為スコトヲ得」と規定されていた．現代においては国民主権が確立され，国民が選挙を通じて代表者を議会・国会に送る議会制民主主義があるし，表現の自由も保障されているため，請願権は相対的に意義が減少してきている．ただ，それでもなお参政権的役割があり，一定の役割を果たしている．憲法16条は「何人も，損害の救済，公務員の罷免，法律，命令又は規則の制定，廃止又は改正その他の事項に関し，平穏に請願する権利を有〔する〕」と規定し，今でも日本では請願行為

はおこなわれているし，国民が請願事項を掲げて国会（議院面会所）に向けてデモを行う「請願デモ」もある.

この16条の規定から，国民は国または自治体に対して請願をおこなうことができ，国や自治体は「この法律に適合する請願は，官公署において，これを受理し誠実に処理しなければならない」（請願法5条）が，請願の内容を審理・判定する法的義務はない（通説）.

② 裁判を受ける権利（32条）

裁判を受ける権利については，第9章二4②でふれたので，省略する.

③ 国家賠償請求権（17条）

大日本帝国憲法下では国家無答責の観点から，基本的に国家により国民に生じさせた損害に対して国民の側から賠償請求することは保障されておらず，日本国憲法で初めて保障された. 憲法17条の「何人も，公務員の不法行為により，損害を受けたときは，法律の定めるところにより，国又は公共団体に，その賠償を求めることができる」という規定から，公務員の不法行為によって生じた損害賠償責任を定めている（国家賠償法1条1項「国又は公共団体の公権力の行使に当る公務員が，その職務を行うについて，故意又は過失によつて違法に他人に損害を加えたときは，国又は公共団体が，これを賠償する責に任ずる」，同2条1項「道路，河川その他の公の営造物の設置又は管理に瑕疵があつたために他人に損害を生じたときは，国又は公共団体は，これを賠償する責に任ずる」）. ただ，1条1項では公務員の故意・過失を要件とする「過失主義」をとっており，訴える側の立証が難しいとも言われている.

④ 刑事補償請求権（40条）

刑事補償請求権については，第9章二6でふれたので，省略する.

2 参政権

① 参政権とは

　参政権とは，国民が主権者として政治に参加する権利のことである．具体的には，公務員の選定・罷免権（15条1項），議員の選挙権・被選挙権（15条1項，44条），公務員になる公務就任権（15条1項，22条1項），最高裁判所裁判官の国民審査（79条2項），自治体の長と議会議員の選挙権（93条2項），一の地方公共団体のみに適用される特別法の承認に必要な住民投票権（95条），憲法改正の承認に必要な国民投票権（96条1項）がある．参政権の中心は選挙権・被選挙権であるが，それ以外のものも広義の参政権に含めて考えられている．

② 選挙権の法的性格

　選挙権の法的性格については，以下の三つの学説がある．

　まず，選挙権公務説で，選挙権を個人の権利としてではなく，選挙人としての地位に基づき公務員（議員）という国家の機関を選出する公務とする説である．次に，選挙権権利説で，国民主権原理に基づき，主権者たる国民が政治に参加する権利と解する説である．さらに，この二つの説を合わせた二元説があり，これは選挙権を権利であると同時に公務と考えるもので，これが多数説である．ただ，最近では二元説でも権利性を強調する傾向がある．

③ 選挙の原則

　選挙権には以下の五つの原則がある．

　第一に普通選挙で，せまい意味では財力（財産，納税額等）を選挙権の要件としない制度のことである．日本でも当初は財力が選挙権の要件であった制限選挙が採用されたが，徐々に納税額を下げ，1925年に財力の要件のない「普通選挙制度」が導入されたが，選挙権は25歳以上の，しかも男性に限定していた．普通選挙といった場合，やはり性別も選挙権の要件としない制度でなければ完全とは言えず，日本で女性に選挙権を認めるのは1945年のことである．以上，特定の要件なく，一定年齢に達した国民すべてに選挙権

（被選挙権も）を認める制度である（関係する憲法の規定は，15条3項，14条，44条）．

第二に平等選挙で，複数選挙（特定の選挙人に2票以上の投票を認める制度）や，等級選挙（選挙人を等級に分け，等級ごとに代表を選出する制度）を否定し，選挙権の内容において平等であること，一人が2人を選べない以上，一人1票の原則のことである．さらに，これには投票の価値の平等も含むと考えられており，ここから議員定数不均衡問題が裁判で争われてきた（関係する憲法の規定は15条以外に14条，44条）．

第三に自由選挙で，選挙で棄権しても罰金や公民権停止，氏名の公表などの制裁を受けないことである．選挙には公務性があるとは言え，権利である以上，棄権も自由である．ただし，日本では自民党政権が長らく続いており，このようななかで棄権することは多数派の意思を容認したことになり，このような人を「無関心右翼」とも表現されている．

第四に秘密選挙で，選挙における国民の自由な選択を保障するため（15条4項），誰に投票したかを秘密にする制度である．

第五に直接選挙で，選挙人が直接公務員を選出する選挙のことである．アメリカの大統領選挙は，選挙人がまず選挙委員を選出し，その選挙委員が大統領を選出する間接選挙を採用している．

三　現実問題

1　議員定数不均衡問題

①　何が問題か

選挙で投票できるのは，一人1票だけである．しかし，例えば20万人の有権者から一人の議員を選出する選挙区と，10万人の有権者から一人の議員を選出する選挙区があった場合，前者の有権者の1票は後者の有権者の1票の2分の1の価値しかないことになる．このような選挙区の人口数（有権者数）との比率における各選挙人の持つ1票の重さ（投票価値）の違いを議員定数不均衡問題という．一人1票の原則からすれば，1票の重みが議員一人

当たりの人口の最高選挙区と最低選挙区とでおおむね2対1以上に開くことは，投票価値の平等の要請に反すると言える．

② 衆議院の場合

　当初最高裁は，定数配分は「専ら立法政策の問題」として司法審査の対象にすることには消極的であった［最大判1964年2月5日民集18巻2号270頁］．しかし，1972年におこなわれた衆議院選挙（当時の衆議院選挙の選挙制度は，一つの選挙区からおおむね3人から5人を選出する中選挙区制）で，投票価値の平等を憲法上の要請と認め，最大格差4.99対1を違憲としたが，行政事件訴訟法31条の事情判決の法理（処分は違法だが，処分を取り消すことが公共の福祉に適合しないときは違法の宣言にとどめる）から，選挙自体は無効としなかった［最大判1976年4月14日民集30巻3号223頁］．

　その後の最高裁判決では，3.94対1の格差を違憲状態，2.92対1の格差を合憲［最大判1983年11月7日民集37巻9号1243頁］，4.40対1の格差を違憲［最大判1985年7月17日民集39巻5号1100頁］，3.18対1の格差を違憲状態［最大判1993年1月20日民集47巻1号67頁］という判決を出し，格差が3倍を超えなければ違憲または違憲状態という判断を出さないようであった．しかし，一人2票持てないのに，なぜ格差が2倍を超えても違憲または違憲状態判決を出さないのか，客観的で説得力のある説明をしていない．

　さらにその後，1994年から一つの選挙区から1人を選出する小選挙区制が導入され，定数配分の格差が2倍以上にならないことを基本原則としたが，最高裁は2.309対1の格差を合憲［最大判1999年11月10日民集53巻8号1441頁］，2.304対1の格差を違憲状態［最大判2011年3月23日民集65巻2号755頁］という判決を出し，その後も格差が2倍を超えても違憲状態判決と合憲判決が混在している．これは，格差是正のための合理的期間内にあるか否か，この間の格差是正のとりくみなどの評価の違いから，判断が分かれている．

　しかし，やはり格差が2倍を超えたら違憲のはずである．また，人口変動を受け，選挙区割りを変更しているが，人口の多い市区だと一つの市区なのに選挙区を分割したり，選挙区を構成する市区町村が選挙によって異なる小

選挙区制が本当にいいのか，問わなければならない．もちろん，比例代表制だけならこのような定数不均衡問題は生じない．

③ 参議院の場合

これに対して，参議院議院については5.26対1という格差についても，参議院の当時の都道府県を単位とする地方区（1983年選挙からは選挙区）の地域代表的性格という特殊性を重視し，かつ立法府の裁量を広範に認め，最高裁は合憲判決を出した［最大判1983年4月27日民集37巻3号345頁］．その後も最大格差が6.59対1になったときも，最高裁は違憲の問題が生ずる程度の不平等状態が生じていたとしながら定数配分規定を合憲としている［最大判1996年9月11日民集50巻8号2283頁］．このように，最高裁は衆議院以上に参議院の定数不均衡に対して甘かったのである．

しかしその後，5.00対1の格差を違憲状態とし，都道府県を単位とすることは憲法上の要請ではないから，この配分方法の見直しをも含めた抜本的改正が必要であることを指摘した［最大判2012年10月17日民集66巻10号3357頁］．その後の4.77対1の格差でも最高裁は違憲状態判決を出したので［最大判2014年11月26日民集68巻9号1363頁］，2016年参議院選挙からは鳥取県と島根県および徳島県と高知県を一つの選挙区にする合区を導入し，3.08対1になった格差を最高裁は合憲とする［最大判2017年9月27日民集71巻7号1139頁］．

ただ，憲法42条で「国会は，衆議院及び参議院の両議院でこれを構成する」とし，43条で「両議院は，全国民を代表する選挙された議員でこれを組織する」としており，衆参両院は国民代表としての憲法上の地位は対等であるのだから，参議院に地域代表的性格を認めるのはおかしく，参議院についても格差が2倍以上になるのは問題である．基本的に都道府県を単位とする選挙区に無理があるのだから，ブロック制または全国一区の比例代表制だけにすることを検討すべきである．

④ 2018年自民党改憲案

この参議院選挙における選挙区の合区が自民党内では不評なので，自民党

は合区を解消する改憲案を2018年に作成した．この47条は，「両議院の議員の選挙について，選挙区を設けるときは，人口を基本とし，行政区画，地域的な一体性，地勢等を総合的に勘案して，選挙区及び各選挙区において選挙すべき議員の数を定めるものとする．参議院議員の全部又は一部の選挙について，広域の地方公共団体のそれぞれの区域を選挙区とする場合には，改選ごとに各選挙区において少なくとも1人を選挙すべきものとすることができる」とし，各都道府県から1人選出しても憲法上問題ないとするのである．

　しかし，選挙区の定数不均衡問題は，都市部選挙区の定数増で解消できる．ただ，国会議員の定数を大幅に増やすことは，現実には難しいであろう．そうであれば，参議院の選挙区を廃止して比例代表制だけにすれば，定数不均衡問題も合区の問題も生じない．そもそも自民党の改憲案は，憲法43条で両議院を「全国民の代表」とする規定と矛盾してくる，ずさんな改憲案と言える．

2　選挙運動規制

　公職選挙法は，事前運動や戸別訪問を禁止し，ビラ・パンフレット・ポスターも自由に配布できず，「べからず選挙」とも言われているほどである．本章二2③でふれた選挙の原則があるし，憲法21条で表現の自由を保障しているのであるから，これほどまでの選挙運動規制が必要なのか，憲法上問題ないのか，検討する必要がある．

　また，日本では選挙に立候補する場合，多額の供託金（当選を争う意思のない人が売名などの理由で立候補することを防ぐという理由で導入されているもので，得票数が規定の数に達しなければ供託金が没収される）が必要である．各選挙の供託金額は，衆議院の小選挙区で300万円，比例代表で600万円，参議院の選挙区で300万円，比例代表で600万円となっている．これではある程度資金がないと立候補できず，人によっては被選挙権を行使できなくなってしまう．

第11章

生存権

この章を学ぶ前に

　第1章で見たとおり，市民革命後の個人観は強い個人である．しかし，例えば，赤ん坊や重度心身障がい者に，大人や健常者のように一人で自立して生きろといっても無理な話である．実際の社会には弱者が存在するので，現代憲法はこのような弱者にも救いの手を差し伸べる．

　この弱者といった場合，それは肉体的弱者にとどまらない．社会には社会構造から生じる弱者も存在するからであり，これを社会的弱者という．具体的には女性，労働者，子ども，障がい者，(被差別)部落民である．それぞれ，男性，使用者（資本家など），大人，健常者，部落民以外との関係で弱者となっている．

　これら弱者は，えてして差別されやすいので，憲法14条の法の下の平等規定から守られている．また，資本主義社会においては経済的弱者になりがちなので，憲法25条の生存権規定から守られているのである．

　また，第8章の経済的自由の一つで，20世紀以降，財産権が制約されていくことを見た．ただ，資本主義者社会における強者の自由を制限するだけでなく，弱者に積極的に権利保障するのが社会権であり，その中心にあるのが生存権である．

　競技スポーツの世界は強者が表彰される世界であるが，まさかだからといってスポーツをする者が常に強者＝ナンバーワンだと思い込んではいないと思う．社会にはスポーツが苦手な人もいるし，トップアスリートもケガや病気で競技生活を断念したり，さらには収入がなくなるかもしれない．学生が大学生活を満喫していても，保護者が解雇され，あるいは離婚・死去するか

もしれない．大学卒業後に就職しても，勤め先が倒産するかもしれない．結婚して子どもが生まれても，離婚・配偶者との死別があるかもしれない．いつでも誰でも経済的に生活困窮者になる可能性があるが，そのとき，救いの手を差し伸べるのが生存権である．憲法25条は多くの人にとって無縁の規定ではない．

一　歴史

1　世界では

市民革命後の憲法では，生活困窮者に生存を権利として保障することは考えられなかった．なぜなら，憲法は国家権力をしばるために制定したものであるし，公と私を分離して国家は私的領域に介入しないことがよいことだと考えられていたからである．

しかし，契約自由の原則や私的自治の保障は，国家が労使（労資）関係に介入しないことにより資本家と労働者との格差拡大を助長し，資本家にはますます豊かになる自由が，労働者にはますます貧乏になる自由が保障されたにすぎなかった．

このような状況のなかで，ヨーロッパでは教会が増えつつある貧民の対策として救貧院などの活動をおこなっていたが，資本主義の発展はますます格差と貧困層の拡大をもたらし，社会問題化していく．そこで，国家が初めは恩恵的政策として貧民対策に乗り出す．これが労働運動・社会主義運動がさらに拡大するなかで，例えばドイツでは1883年以降社会保険制度が導入され，1919年のワイマール憲法で生存権が規定されるにいたる（151条1項「経済生活の秩序は，全ての人に人たるに値する生存を保障することを目指す，正義の諸原則に適合するものでなければならない」）．貧困問題は国際社会でも無視しえず，1966年には国際人権規約のA規約（社会権規約）で生存権など社会権も保障するにいたるのである．

ただ，もちろん憲法で生存権を保障するということは財産権の制約と同様，経済的土台として修正資本主義の容認・資本主義の延命策と捉えること

もできる.

2 日本では

　日本では，戦前の大日本帝国憲法には生存権規定はなく，日本国憲法で初めて憲法に規定された．ただ，最初から生存権を保障しようとしていたわけではない．GHQ が世界各国の憲法を調査・参考にしながら，憲法草案を起草していく過程で，1946年2月13日に日本政府に提示された「GHQ 草案」には生存権規定がなかった．「GHQ 草案」を受けて政府が作成し，同年4月17日に発表した政府の「憲法改正草案」にも生存権規定はなかったのである．最終的に日本国憲法に生存権規定が入るのは，帝国議会での審議のなかで，野党議員（元東北帝国大学教授で社会党の鈴木義男衆議院議員ら）が要求した結果であった．このような制憲過程を見れば，日本国憲法はアメリカ（GHQ）の単なる押しつけではないことがわかる.

二　憲法の規定と解釈

1 生存権の法的性格

① 三つの学説

　この憲法25条1項は，「すべて国民は，健康で文化的な最低限度の生活を営む権利を有する」と，国民の生存を権利として保障している．この法的性格をめぐっては，三つの代表的な考え方がある．

　一つめは，プログラム規定説である．これは，国家が生存権実現のための政策を実行すべきという責務の宣言（プログラム）規定にすぎないと考えるものである．そのため，国家が必要なことを何もしないこと（不作為）が憲法違反だとしても，国民が国家に具体的な請求をする権利はないとされている．しかし，この説だと25条で「権利」保障した意味がなくなる．

　二つめは，プログラム規定説の対極にある具体的権利説である．これは，国家の不作為が直ちに現実的具体的な権利侵害になると考え，国民は不作為

の違憲確認訴訟が可能であると考えるものである．しかし，この説だと裁判所が違憲判決を出したところで，それだけで具体的な給付が実現するわけではなく，実効性を伴わない．

三つめは，プログラム規定説と具体的権利説との中間的な考え方で，抽象的権利説である．これは，生存権規定を具体化する法律（例えば，生活保護法など）がまず存在していることが必要であり，その法律に基づく訴訟のなかで国の行為は25条違反であると主張できるもので，学界の多数説である．しかし，この説だと具体的な法律がないと機能しないことになる．

② 考え方

現在では具体的権利説か抽象的権利説かという生存権の法的性格が議論として重要だとは考えられなくなってきている．しかし，憲法にこのような権利規定がありながら，資本家（財界）の利益を代弁する長期保守政権のもとで，生存権規定の実現に消極的な政治が続いているなか，憲法に生存権が規定された意味をやはり重視すべきである．これにより，国民は国家に具体的な立法などを要求して生存保障を求める権利（作為請求権）があると捉えることができるし，25条は生活保障の法分野の原則規範として，これに反する法規範は無効になると解釈もできる．確かに，25条から一概に「健康で文化的な最低限度の生活を営む」金額を算出するのは困難かもしれない．しかし，居住地域の物価や世帯人数などにより，世帯ごとのおおよその毎月の生活費は算出可能で，これを明らかに下回る場合は憲法違反になると言えるであろう．このように，個別の項目ごとに具体的な政策についての検討が必要となってくる．

③ 判例

生存権訴訟で有名なのが朝日訴訟である．これは結核で国立療養所に入所していた朝日茂さんが，1956年当時，生活保護法に基づいて厚生大臣の設定した生活扶助基準で定められた最高金額である月600円の生活扶助と全額現物給付の医療扶助を受けていたところ，社会福祉事務所が実兄に対し月1500円の仕送りを命じ，これを受けて社会福祉事務所が生活扶助の廃止と仕

送りから月900円を医療費の自己負担額として負担させる決定をおこなったので，朝日さんが600円という額は違法なものであると起こした裁判である．

　この一審判決は，「健康で文化的な生活水準」の具体的内容は，特定の国における特定の時点においては一応客観的に決定できるものであるから，月600円に抑えているのは違法であり，実質的には憲法25条にも反すると，朝日さん全面勝訴の判決を出した［東京地判1960年10月19日行集11巻10号2921頁］．

　その後，二審は朝日さん敗訴となり，上告審の途中で朝日さんが死亡したため，養子夫妻が訴訟を続けたが，最高裁は訴訟は終了したと判示し，「なお，念のため」として，生存権の具体的権利性を否定し，「何が健康で文化的な最低限度の生活であるかの認定判断」は厚生大臣の裁量に委されているとした．ただ，「現実の生活条件を無視して著しく低い基準を設定する等憲法および生活保護法の趣旨・目的に反し，……裁量権の限界をこえた場合または裁量権を濫用した場合には，違法な行為として司法審査の対象となることをまぬかれない」と，司法審査の可能性も示唆してはいる［最大判1967年5月24日民集21巻5号1043頁］．これは純粋なプログラム規定説ではないとはいえ，結論としてはプログラム規定説とほとんど変わらない判決になっている．これが最高裁の姿なのである．

　ただ，朝日さんは裁判中に亡くなり，朝日訴訟は最終的に敗訴となったものの，朝日さんが裁判を起こしたことで生活保護の実態が広く知られるようになり，一審判決で国側が敗訴したこともあって，裁判中に生活保護基準は大幅に引き上げられた．裁判はたとえ敗訴となっても無駄ではないのである．

2　生存権保障のための制度

　25条2項は，「国は，すべての生活部面について，社会福祉，社会保障及び公衆衛生の向上及び増進に努めなければならない」と，1項の権利規定を受けて，国に生存権を具体化する制度保障を要求している．これには以下のようなものが考えられる．

① 公的扶助

　一つめは，公的扶助である．これは最低限度の生活ができない人に補助する
もので，生活保護制度が典型的である．日本では芸能人の母親の生活保護受
給に対するバッシングや暴力団による不正受給問題など，生活保護受給者に
厳しい目が向けられている．また，規制緩和や民間活力の活用など「小さな
政府」を名目とする新自由主義改革のなかで，自治体は生活保護の支給を渋
る傾向にあるし，生活保護の受給資格を制限する生活保護法の改悪もなされた．

　しかし，資本主義社会では失業者の存在は避けられないし，小泉政権の構
造改革以降，非正規雇用労働者が増大し，若年層の給与は低く，年金が不十
分な高齢者も増えている．女性差別により女性労働者の所得が低いことか
ら，母子家庭の生活は貧困に陥りやすい．先天的な障がい者についても，本
人の意思で障がいを抱えることになったわけではない．これら社会的弱者の
存在をすべて自己責任とするのではなく，社会が生み出した弱者には社会全
体（実際には社会に代わって国や自治体）が生活を支える責務がある．

② 社会保険

　二つめは，社会保険である．これは私企業による生命保険や地震保険など
ではなく，国・自治体が責任を持って運営する公的な保険制度であり，医療
費の自己負担額を軽減する健康保険制度，老後の生活を支える年金制度，失
業時などの生活を支える雇用保険制度，通勤・勤務中の死傷事故などに補償
する労災保険制度などがある．

　健康保険制度について言えば，おもにヨーロッパのように税金で医療費を
無料にする国もあるが，日本のように公的な健康保険制度が整備されている
国もあるし，アメリカのように国民全員に公的な健康保険制度が整備されて
こなかった国もある．日本では健康保険の自己負担がかつてはゼロだった
が，1984年に1割負担，1997年に2割負担，2003年に3割負担になった．
2003年の負担増は小泉政権の構造改革の結果である．もちろん，国民にと
って一番望ましいのは税金で医療費を無料にするか，健康保険制度でもなる
べく本人の自己負担割合が少ないことである．しかし，マイケル・ムーア監
督の映画『シッコ』（2007年アメリカ映画）が興味深いが，日本もじわじわと

アメリカ化（税金で医療費を無償化せず，すべての人に健康保険制度が保障されないこと）が進んでいると言える．

③　社会手当

　三つめは，社会手当である．これは児童の養育者や障がい者など特定の人に必要なお金を支給する制度で，児童手当や特別障害者手当などがある．

④　社会福祉

　四つめは，社会福祉である．児童，母子家庭，障がい者，高齢者など，社会生活を送るうえでさまざまなハンディキャップを負った人々に対して，公的な支援をおこなう制度のことである．

⑤　公衆衛生

　五つめは，公衆衛生である．これは住民の健康維持にあたるための都道府県による保健所の設置，資本主義経済のもとで利潤追求が難しい地方や過大な投資を必要とする医療分野での不足をカバーするためにもおこなわれる国・自治体による国公立病院の設置，自己負担にすると所得の低い層で整備が困難になることからそれを防ぐための自治体による上下水道の整備やゴミ処理などがある．

⑥　公害規制

　六つめは，公害規制である．これは事前の各種規制と事後の賠償がある．

3　環境権

①　環境問題とは何か

　環境問題を経済原理論の観点から考えれば，第一に，生産活動に必要な空気や水はタダまたは安価で入手可能であるし，規制がなければ生産活動に伴う排気や排水もし放題となり，利潤追求が第一の資本主義経済においては自然の価値が無視されてきた．第二に，直接生産過程に関係のない公害防止費

用は節約されてきた.

　また，環境経済学の観点から考えれば，第一に，資本主義国家で資本の論理にそのまま委ねると，公害・環境破壊は防ぐことができない（「市場の失敗」）ので，公共的介入が必要なことがわかる．第二に，社会的費用（公害・環境破壊防止・賠償などの費用）の発生は私企業体制では不可避であり，排出・製品課徴金やデポジット制等の間接的規制（汚染者負担原則）が必要なことがわかる．第三に，「市場の失敗」と「政府の失敗」（社会主義国でも公害・環境破壊があった）の克服が求められ，国家の公共的介入と同時に環境自治システム（分権，参加，環境権の保障）が必要なことがわかる.

②　環境権確立の必要性

　憲法の条文のどこを見ても，「環境権」（よい環境のもとで生活する権利）なる言葉は書かれていないが，憲法上，環境権は保障されると考えられている．その場合の憲法上の根拠は，13条と25条である．憲法13条は国民に幸福追求権を保障しており，25条は「健康で……最低限度の生活を営む権利」を保障しているからである.

　そして，**3**①の考察から，環境保護には，環境共有の原則（よい環境の共有者の同意を欠く排他的利用は違法となる），公共信託の原則（個人や企業など個々の努力だけでは公害・環境破壊対策には限度があり，国や自治体に信託することも必要となる），環境非悪化の原則（原発事故が典型であるが，公害・環境破壊のなかにはその公害・環境破壊前の状態に戻すのは大変困難な場合もあるという絶対的不可逆性），汚染者負担原則，無過失責任主義（民法の一般原則は加害者に故意・過失がないと責任を負わせることができないとする過失責任主義であるが，公害・環境破壊には無過失責任主義も必要であるという民法理論の転換）を根底に置き，この土台のうえに環境権を構築する必要がある.

　ただ，憲法の条文だけでストレートに環境権が保障されるのではなく，環境権を具体化する法律・政策が必要と考えられている．例えば，環境基本法や環境アセスメント法などである．あるいは，個別の環境破壊的な事業（産業廃棄物処理施設やダム，原発など）を止めるため，環境権があることで，この具体化として地域レベルの問題であれば住民投票で，国家レベルの問題で

あれば国民投票で決めるという方法を後押しすることになる.

三 現実問題

1 自民党改憲案

2012年の自民党改憲案（『日本国憲法改正草案』）24条では，1項に「家族は，社会の自然かつ基礎的な単位として，尊重される. 家族は，互いに助け合わなければならない」という規定を新たに入れた. ここでも国家が私的領域に口出しをしており，近代の価値観を否定する問題がある. 確かに，家族は道徳的には助け合わなければならない場合もあるであろうが，それは憲法に書くものではない. 例えば，DV（ドメスティック・バイオレンス）被害に遭っている女性や幼少期に虐待やネグレクトされていた子どもに，それでも夫や親を助けろと言うのは酷である. 家族内の関係はそれぞれの家族が決める問題のはずである. このようなことから，この24条改憲案は復古的な改憲案と言える.

さらにこの規定は，憲法25条から育児・介護については本来国や自治体が支える必要があるのに，家庭に押しつける考え方を政策として肯定する効果もある. これは最近はやりの社会保障など「公助」の後退と，「自助」「共助」の強調を憲法で実現することになる. 結局，多くの場合，妻・母親・娘などの女性がその役割を担わされることになると同時に，まさに，社会保障費を削減する新自由主義改革に適合的な規定でもある. 日本国憲法の理念（この場合は25条）に敵対的な自民党の姿勢が，ここにも表れている.

2 コロナ対応の問題点

① コロナ対応のために緊急事態条項をという改憲論

2019年12月に発生した新型コロナウイルス感染症の感染者が2020年1月から日本でも増えるなか，「コロナには緊急事態条項で」との主張が出てきた. しかし，多くの国で憲法の緊急事態条項（第21章ニ2③参照）を発動してコロナへの対応をしたわけではない. イギリスにはそもそも憲法典がない

し，アメリカ憲法には基本的に緊急事態条項がない．一方，ドイツもフランスも緊急事態条項があるが，両国とも今回のコロナ対応で緊急事態条項を発動していない．多くの国ではコロナには法律で対応したのである．日本は新型インフルエンザ等対策特別措置法を2020年3月に改正し，同法でコロナ対応するようになったが，改憲派はこの特措法ではなくなぜ緊急事態条項なのか，きちんとした説明をしていない．

②　日本のコロナ対応のまずさ

　2020年の発生当初は同年開催予定の東京オリンピック開催にこだわり，開催延期が決まるまで徹底したPCR検査と感染者の隔離を怠ったし，その後も徹底した検査には消極的だった．検査を制限した理由として挙げられるのが，医療崩壊の回避である．その背景には，日本における新自由主義改革で公衆衛生に力を入れてこなかったことがある．

　具体的には，1991年に852か所あった全国の保健所数は2023年には468か所まで減らされた．日本維新の会が強い大阪市（人口約280万人）は，なんと保健所が1か所しかない．コロナ陽性者の対応は保健所がおこなうが，これでは感染者が急増すると保健所では対応しきれなくなる．だから2021年には「自宅療養」になる人が急増し，十分な医療を受けられずにかなりの人が亡くなった．人口約880万人の大阪府のほうが，人口約1410万人の東京都よりコロナによる死者が多いのである．これは「自宅療養」というよりは「医療放棄」と言える．

　憲法は25条1項で国民の生存権を保障し，2項で国（自治体も）に社会福祉・社会保障・公衆衛生の向上・増進の責務を課している．アメリカ憲法は古いので生存権規定がないし，福祉国家のスウェーデン憲法にも生存権規定はない．いまだに医療費を原則として無償化しているイギリスにはそもそも憲法典がない．一定の医療と社会保障をしているこれらの国に対して，憲法に生存権規定がある日本の体制は本当に貧相である．今回のコロナ禍についても，日本が憲法25条理念を実現する国家であれば，結果は変わっていたであろう（また，憲法理念を怠ってきた政治家による，憲法に緊急事態条項を入れればコロナ対応ができるという無責任な改憲論にだまされてはいけない）．

第12章

教育を受ける権利

この章を学ぶ前に

　2022年7月8日の安倍元首相の銃撃事件をきっかけに，いわゆる「宗教2世問題」がクローズアップされるようになった．親が子どもに親の信仰を押しつけるだけでなく，親が所属する宗教団体に過大な献金をすることで，子どもの生活が困窮したり，進学などで支障が生じている問題である．私たちは親を選ぶことはできないのに，生まれた後の親の違いにより進学できるかできないかという問題が生じるのは不公平ではないのか．

　また，第2章の幸福追求権のところで学んだとおり，憲法13条から自己決定権が保障され，ここには髪型・服装などの自由も含まれる．しかし，特に中学や高校では校則によって髪型・服装などが一方的に決められ，なかには大変理不尽な校則（いわゆる「ブラック校則」）もある．児童・生徒たちが自分で決めることのできるはずの自分の髪型・服装などを教師が一方的に決めるのはおかしくないだろうか．

　ちなみに，筆者は高校生のとき，通っていた高校の校則で学ラン・セーラー服が制服と規定されていることに疑問を抱き，制服を着ないで登校するようになった．そうすると，校内で生徒指導の教員に咎められたので，筆者が「なぜブレーザーや自由服ではなく，学ラン・セーラー服なのかについて論理整合的に説明してください」「学ラン・セーラー服（「セーラー」は水兵のことである）は戦前の軍服からきており，戦後もこれらを制服にするのは憲法の平和主義に反するのではないのですか」と言うと，教員が論理整合的で説得力ある説明ができなかった．そのため制服を着なかったし，卒業アルバムの写真も私だけ制服を着ないで写っている．しかし，今は筆者の高校時代に

はなかった子どもの権利条約があり，法的にも児童・生徒は大人に権利主張できるようになった．このようなことも本章で考えてみよう．

一　歴史

1　戦前までの教育観

　かつて教育は私事に属していたため，子どもは親を選んで生まれることはできないのに，自分が生まれた家庭・地域などの環境により享受する教育にはばらつきがあった．なぜなら，親の教育に対する理解（子どもへの教育が必要と考えているか否か，教育より家事や労働を優先していないか），親の教育に対する対処能力（子どもに教育をするだけの知的能力や教育時間があるか否か），地域の教育に対する対処能力（地域での人材・施設の確保ができているか否かなど）に左右されるからである．

　これが近代から現代にかけて，教育は徐々に公的なものへと変わっていく．しかし，国家主義が強く，民主主義が不十分であれば，国家は国家目的遂行のために教育へ過度に介入する．例えば，大日本帝国憲法下の日本における学校教育は，天皇を頂点とした軍国主義・皇民化教育のための教育であり，よき臣民・天皇の赤子を育てるために教育は臣民の義務とされた．そのため，教育は天皇の勅令により（勅令主義），文部省を頂点とする中央集権的行政機構のもとで（中央集権主義），天皇に忠誠を誓う教育勅語（1890年発布）を教育の基本とし，国定教科書を用いておこなわれた．その帰結は，個人より国家を優先する臣民の大量育成と，先の無謀な戦争への突入，多くの犠牲者を生みだしての敗北である．

2　戦後当初の教育観

　以上のような戦前の国家教育への反省から，戦後，日本国憲法と教育基本法他諸法で新たな教育観を打ち立てるのである．

　まず，憲法26条1項で，「すべて国民は，法律の定めるところにより，

……教育を受ける権利を有する」とすることで，教育を国民の権利とすると同時に，教育の法律主義を確立する．また，憲法第8章と地方自治法の制定から教育行政の地方自治化を確立する．

そして，憲法を制定した翌年の1947年，憲法の価値観を反映させた旧教育基本法を制定した．まずこの前文で，「われらは，さきに，日本国憲法を確定し，民主的で文化的な国家を建設して，世界の平和と人類の福祉に貢献しようとする決意を示した．この理想の実現は，根本において教育の力にまつべきものである」「われらは，個人の尊厳を重んじ，真理と平和を希求する人間の育成を期するとともに，普遍的にしてしかも個性ゆたかな文化の創造をめざす教育を普及徹底しなければならない」とうたう．

すなわち，戦前の反省から制定された憲法に則って国家主義を否定し，今後は平和主義と個人尊重の立場で教育をおこなうという原則を明確にしたのである．

そして，1条は，「教育は，人格の完成をめざし，平和的な国家及び社会の形成者として，真理と正義を愛し，個人の価値をたつとび，勤労と責任を重んじ，自主的精神に充ちた心身ともに健康な国民の育成を期して行われなければならない」と規定した．ここでも，平和主義と個人尊重の観点から戦前の教育を180度転換し，戦後の教育の方向性を明らかにしたと言える．

また，10条の規定（教育の不当な支配の否定と教育行政の条件整備面への限定）から教育権と教育行政権の分離を確立した．

3 戦後の教育理念と現実

しかしながら，戦後の教育においても，自民党政権のもとで再び国家が教育内容に介入するようになり，理念からの乖離がはじまった．戦後の米ソ冷戦を受けた「逆コース」のなかで，1953年の池田・ロバートソン会談で日本は教育により愛国心を助長することを確認し，1954年の教育二法の成立（教育公務員特例法の一部改正と義務教育諸学校における教育の政治的中立の確保に関する臨時措置法制定）により教員の政治活動を規制した．1956年にはそれまで教育委員会は公選制としていたのに，自治体首長の任命制に変え，さらに

教員への勤務評定の実施，文部省による教科書検定の強化，学習指導要領の法的拘束力の強調と改訂などにより，教育の中央集権化が進んでいく．

　また，戦後の日本の教育行政を主導してきた自民党の文教族と旧文部省・現文部科学省のなかには，戦前の教育の復活をめざす復古主義派やこれを現代的に引き継いだ新保守主義派が台頭し，教科書検定などを通じた国家統制を着々と進めていった．そして，社会に異論があったにもかかわらず，学習指導要領で「日の丸」については1958年に，「君が代」については1977年に，それぞれ一方的に「国旗」「国歌」とし，1989年には入学式や卒業式などにおける「国旗掲揚・国歌斉唱」を義務づける．さらにその後，1999年には「日の丸」を「国旗」に，「君が代」を「国歌」とする国旗国歌法を成立させ，「日の丸」「君が代」の強制が強まり，今や一部の私立を除き国公立の小中高校では式典の際にかならず「国旗掲揚・国歌斉唱」がおこなわれるまでにいたる．愛国心教育という点では，復古主義的な教科書（復古主義思想の研究者らから構成された新しい歴史教科書をつくる会編の教科書）が2001年から教科書検定に合格しはじめ，この系列の自由社や育鵬社の教科書を採択する学校も出てくるようになった（ただし，これらの教科書採択に反対する運動も全国各地で展開され，採択率が下がってきている）．

　さらに，2006年には教育基本法が改正され，その後もその他の教育法の改正がおこなわれてきている．

二　憲法の規定と解釈

1　教育を受ける権利

①　国民の権利

　日本国憲法は26条で「すべて国民は，……その能力に応じて，ひとしく教育を受ける権利を有する」とし，国民に教育を受ける権利を保障した．この権利は以下のような観点から成り立つものである．すなわち，将来，いろいろなものに成長・発達する可能性のある「発達可能態」としての子どもに

は，もともと人格的に成長・発達する権利（発達権）があり，これを充足するためには子どもの学習権を保障しなくてはならない．また，将来，成人としてまたは主権者として，自立した判断および行動を可能とするために教育が必要である．そこで，これらに応えるために，子どもに教育を受ける権利を保障する必要性が出てくる．

しかし，子どもの教育権は年齢が下がれば下がるほど自ら行使するには限界がある．そこで第一義的には，子どもの権利に対して親など保護者・親権者・後見人が子どもを教育する義務を負い，同時に親などの教育権が保障されなければならない．ただし，先に見たように教育が私事であれば，生まれたあとの親などの養育環境によって不平等な状態が生ずる．そこで，国民の教育権を保障するために親などに代わり国家が教育制度を整備することとなる（旧教育基本法10条．ただし，新教育基本法16条では，「この法律及び他の法律の定めるところにより行われるべきものであり」という文言を挿入することで，法律さえ制定すればその法律により国家及び自治体が教育を統制しかねない仕組みに変えた）．このもとで，専門職としての教師が親などから信託されて子どもの教育にあたるとともに，教師の教育権を保障することとなった．

② 教育の機会均等

憲法26条は単に国民の教育を受ける権利を保障したのみにとどまらず，「ひとしく教育を受ける権利」としたように，教育に平等概念を盛り込んだ．この憲法の規定を受けて，旧教育基本法では3条1項で，「すべて国民は，ひとしく，その能力に応ずる教育を受ける機会を与えられなければならないものであつて，人種，信条，性別，社会的身分，経済的地位又は門地によつて，教育上差別されない」とした．ここでは憲法14条の文言を再度用いることで，教育における差別禁止をより強調していると言える．それは，これまでの歴史のなかで，人種，信条，性別などによる教育現場での差別があったため，その解消をめざして規定したのである．しかし，新教育基本法4条1項では，「能力に応じた教育」に変えることで，「能力〔の発達の必要〕に応ずる教育」という柔軟な教育から，能力により提供する教育機会を限定する教育への変更の意図が読みとれる．

また，単に消極的に差別禁止をうたうだけでなく，「能力に応じて，……教育を受ける権利を有する」（憲法26条1項）とすることで，差異に応じた教育の保障を規定した．この規定から，具体的には肉体的能力や精神的能力の違いに応じて特別支援学校（以前は視覚障がい者向けの盲学校，聴覚障がい者向けの聾学校，知的障がい者向けの養護学校とに分かれていたが，2007年に統合された）が設置されている．ただし，幼少時から健常者と障がい者を分離することは，多数派である健常者の子どもたちが障がいのある子どもたちの存在を理解することが難しくなり，いざ障がい者と接したときに自分たちとの違いに戸惑い差別しかねない．障がい者およびその保護者からの希望があれば，北欧などでおこなわれている統合教育（健常者と障がい者を同じ学校で学ばせる教育）での対応も必要であろう．そのためには，教職員の十分な配置など国による条件整備が欠かせない．

　さらに，旧教育基本法3条2項では，「国及び地方公共団体は，能力があるにもかかわらず，経済的理由によつて修学困難な者に対して，奨学の方法を講じなければならない」とし（新教育基本法4条3項でもほぼ同内容），親などの所得により教育の機会を奪われることの不平等性を解消しようとした．これにより，能力はあるが経済的に困窮している者への教育を保障するため，日本学生支援機構（日本育英会などが合併し，2004年に設立）などの各種奨学金制度が整備されている．

③　自由権的側面

　権利論の区分によれば，教育を受ける権利は社会権の一つとして分類される．確かに，教育を受ける権利は，現代国家によって保障された権利であり，国家（および自治体）が国民に何らかの働きかけをして実現する権利である．しかし，戦前の日本の教育がそうであったし，今でも国家による国民への働きかけに限度がなければ国民の教育を受ける権利は脅かされる．そこで，国家が教育条件の整備を超えて，教育内容に対する干渉が必要最小限度を超える場合には，国民の教育を受ける権利を侵害したと捉える必要がある．そして，このような権利侵害を防ぐためにも，教育にあたる教員（ここでは小中高校の教員）の教育の自由が憲法23条からも一定の範囲で（全面的に

保障される大学教員とは位置づけが異なる）保障されると考えられる.

2　義務教育

①　教育を受けさせる義務

　憲法26条1項の権利規定を受け，26条2項で「すべて国民は，法律の定めるところにより，その保護する子女に普通教育を受けさせる義務を負ふ」とし，旧教育基本法4条1項で「国民は，その保護する子女に，9年の普通教育を受けさせる義務を負う」とした（新教育基本法5条1項では，「国民は，その保護する子に，別に法律で定めるところにより，普通教育を受けさせる義務を負う」としたことで，飛び級を念頭においた変更をおこなったと言える．また，5条2項では「各個人の有する能力を伸ばしつつ」として，普通教育の目的に能力主義を導入した）．これにより，子ども（憲法で「子女」という言葉を用いるのは，「子」が「男の子」だけを指す言葉だったからであるが，現代の観点からすれば適切ではないので，ここでは「子女」を「子ども」に置き換えて説明する）の教育を受ける権利に対応し，まず国には現行では9年間の普通教育を義務教育として整備する責務を課した．これにより国の責任のもと，6年制の小学校と3年制の中学校が設置されている．また，保護する子どもを有する国民（親など保護者・親権者，後見人）には，子どもに普通教育を受けさせる義務を課した．具体的には，学校教育法17条1項で原則として6歳から12歳までの子どもを小学校に，同法17条2項で原則として小学校卒業後の15歳までの子どもを中学校に行かせることを，親などの義務とした．

　これが義務教育の制度であるが，義務の主体をまちがえてはいけない．ここでいう義務の主体は親などであって子どもではないことに注意が必要である．なぜ親などの義務なのかというと，親などの違いにより子どもが教育を受けられない状態を防ぐためだからである．ただ，昨今の管理教育やいじめ問題などを起因とする「登校拒否」については，義務の主体は子どもでないため，「義務だから学校に行け」と子どもをさらに追い込むような姿勢には親などは慎重であるべきであり，また，学校以外のフリースクール等への「通学」や自宅学習などによる柔軟な対応が必要だと思われる.

② 義務教育の無償

憲法26条2項では，「義務教育は，これを無償とする」としている．これは，教育の機会均等の規定ともかかわる問題であるが，親などの所得に関係なく子どもの教育を受ける権利を保障するために規定されたものである．

ただ，この無償の範囲をめぐっては議論がある．学説では，旧教育基本法4条2項で「国又は地方公共団体の設置する学校における義務教育については，授業料は，これを徴収しない」としていることも受け，授業料を提供させないことと捉える授業料無償説が多数説となっている（新教育基本法5条4項もほぼ同内容）．そして，最高裁もこの立場に立っている［最大判1964年2月26日民集18巻2号343頁］．

一方で，授業料のほか教科書代，教材費その他教育にかかわる諸経費についても無償とすべきであるという教育経費無償説もある．特に最近は，小学生のランドセルなど教育経費の上昇が進む一方，保護者によっては所得との関係で教育経費負担の困難さが言われてきている．ただこの学説は，どこまでを教育経費にするかという点で線引きが難しいが，教育経費をなるべく無償とすること自体は教育の機会均等の観点から望ましいため，財政事情が許すかぎり国または自治体は最大限教育経費の無償に努めるべきである．実際に，1963年以降は義務教育諸学校の教科用図書の無償措置に関する法律により，小中学校教科書の無償化が実現しているし，自治体によってはカバンや給食費などの無償化を進めている．

もちろん，教育基本法上，私立の小中学校における授業料の徴収はなんら問題ない（授業料を徴収しないと，学校経営ができない）．

3 教育の自由・教育権の所在

① 「国民の教育権」説

このように重要な教育を受ける権利に対して，誰が子どもの教育に対して責任を持つのか，教育権を有するのか，という問題がある．

これについては，戦後，教育の復古主義と国家統制が進むなかで，教育権の所在をめぐる論争が展開され，1965年からは家永訴訟が始まる．家永訴

訟とは，家永三郎東京教育大学（のちの筑波大学の母体）教授が執筆した教科書に対する文部省の教科書検定における処分をめぐって提訴されたもので，教科書検定の違憲性を争うこととなった．この訴訟などを通じて，家永氏や憲法・教育法等研究者，現場の教員などが強く主張してきたのが，「国民の教育権」説である．この学説は，特に戦前の国家主義教育の反省から強く主張されたものであり，この立場に立つ判決が第二次家永訴訟第一審［東京地判1970年7月17日行集21巻7号別冊1頁］（裁判長の名前をとって「杉本判決」という）で示された．杉本判決は，国民の教育の自由として，子どもの教育を受ける権利に対応して子どもに教育をおこなう責務を担う者は親を中心とする国民全体であるとし，国家が教育内容に介入することは許されないとした．また，教師の教育の自由も憲法23条から保障されるとし，教育と学問は一体不可分とした．

② 「国家の教育権」説

これに対して，国側が主張してきたのが「国家の教育権」説であり，第一次家永訴訟第一審判決［東京地判1974年7月16日判時751号47頁］（裁判長の名前をとって「高津判決」という）でこの立場に立つ判決が出された．高津判決は，議会制民主主義の原理により国民の総意は国会を通じて法律に反映し，国は法律に準拠して公教育権を有するとした．そして，初等中等教育機関においては教育の画一化・中立性確保が要請され，教師の教育の自由は制約されるとした．高津判決は杉本判決と対照的な判決を出したのである．

③ 折衷説

以上の下級審判決に対して，中学校の全国一斉学力テストをめぐる問題が争われた旭川学力テスト事件の最高裁判決［最大判1976年5月21日刑集30巻5号615頁］は，「国民の教育権」説も「国家の教育権」説も極端かつ一方的であるとし，両者の中間の立場に立つ判決を出した．この最高裁判決は，親の教育の自由，私学教育の自由，教師の教育の自由を一定の範囲で肯定すると同時に，子どもと子どもに対する社会公共の利益と関心に応えるために教育内容に対する必要かつ相当と認められる範囲内で国の決定権はあるとしたの

である．ただし，子どもの自由かつ独立の人格としての成長を妨げる国家介入は違憲とした．

　この最高裁判決は，判決文からはある意味無難な判断との印象も受けるが，一方で，実際の戦後の旧文部省・現文部科学省による教科書検定や「日の丸」「君が代」の強制など，教育内容への国家介入を黙認する効果を生み出すため，批判も多く出されている．しかし，「国民の教育権」説に多大な影響を与えてきた現場の教員や教職員組合の主張も理解できるとはいえ，その一方で学校では教員が子どもの支配者・管理者として存在してきた現実も無視できない．単純に「国民の教育権」説＝正とするのではなく，子どもの権利条約に現れているような子どもの視点から教育権の所在を構成していく作業も必要かと思われる．

4　子どもの権利条約

①　制定前の状況と制定の経緯

　憲法論からすれば，人権の普遍性（「人」の「権利」と言う以上，どのような「人」にも保障されるということ）から，子ども独自の人権＝「子どもの人権」が成立する余地はない．あくまでも「子ども」の「権利」である．また，子どもは精神的肉体的に未熟なため，親などの庇護下にあり，契約，選挙権・被選挙権の行使，喫煙・飲酒，競馬など公営競技の投票券（馬券など）の購入等が制約されることには合理的な理由がある（ただし，筆者自身は日本の成年年齢を18歳にしたのに，喫煙・飲酒年齢を20歳のままにしていることは疑問であるが）．しかし，子どもは大人（家庭においては親など，学校においては教員）の奴隷でもない．未熟だからといって，子どもを個人として尊重せず，親などによる虐待や「親の玩具」扱い，教師による校則等での一方的管理や「教育的指導」の名による体罰が許されるわけではない（日本では，学校教育法11条で教員の体罰を禁じている）．にもかかわらず，どの国においても子どもを個人として尊重せず，子どもの権利を認めない風潮があった．

　そういうなかで，国際社会においては，1924年に国際連盟で「子どもの権利に関するジュネーブ宣言」が，1959年に国際連合で「子どもの権利に

関する宣言」が採択された．さらに，国際人権規約のB規約では，24条1項で「すべての子どもは，人種，皮膚の色，性，言語，宗教，国民的若しくは社会的出身，財産又は出生によるいかなる差別もなしに，未成年者としての地位に必要とされる保護の措置であつて家族，社会及び国による措置についての権利を有する」とし，国際人権規約のA規約では，10条3項で「保護及び援助のための特別な措置が，出生その他の事情を理由とするいかなる差別もなく，すべての子ども及び年少者のためにとられるべきである」と規定した．しかし，宣言には法的拘束力がなく，国際人権規約による子どもの権利保障は不十分との認識から，子どもを対象に条約として1989年に国連で採択されたのが子どもの権利条約（日本語公定訳は「児童の権利に関する条約」．日本は1994年に批准）である（なお，「子ども」とは1条で「18歳未満」としている）．

② 条約の意義とおもな内容

　子どもの権利条約は，前文で「子どもが，その人格の完全なかつ調和のとれた発達のため，家庭環境の下で幸福，愛情及び理解のある雰囲気の中で成長すべきであることを認め」「子どもが，社会において個人として生活するため十分な準備が整えられるべきであり，かつ，国際連合憲章において宣名された理想の精神並びに特に平和，尊厳，寛容，自由，平等及び連帯の精神に従って育てられるべきである」とし，子どもの成長・発達を支えようという視点がある．また，3条は「子どもに関するすべての措置をとるに当たっては，……子どもの最善の利益が主として考慮されるものとする」とし，親や教員などが子どもに対して一方的なことをするのではなく，子どもの立場に立った姿勢を求めている．

　条約を見ると，子どもにも大人と同様，さまざまな権利・自由が保障されていることがわかる．例えば，差別の禁止（2条），表現の自由（13条），思想・良心・宗教の自由（14条），結社・集会の自由（15条），プライヴァシー・通信・名誉の保護（16条），健康・医療への権利（24条），社会保障への権利（26条），生活水準への権利（27条），教育への権利（28条）などである．一方で，子ども独自の規定としては，名前・国籍を得る権利，親を知り養育され

る権利（7条），親からの分離禁止（9条），意見表明権（12条），親による虐待・放任・搾取からの保護（19条），性的搾取・虐待からの保護（34条），武力紛争における子どもの保護（38条）などがある．ここには，従来の大人による保護・管理の対象とした子ども観を，権利の主体として捉え直す大きな転換が見られる．

　なお，日本語公定訳では英語の child (ren) を「児童」と訳しているが，児童福祉法では18歳未満の者を「児童」としているとはいえ，学校教育法では小学生を「児童」，中学高校生を「生徒」としているため，教育関係者らで一般的な「子ども」と訳すほうが妥当であろう（本章でもそう表示した）．このような訳語の不適切な対応に加え，政府の後ろ向きな姿勢もあり，まだまだ子どもの権利条約を知らない人が多い．まずは内容を知ったうえで，保護者も教師も子どもに対して一方的な価値観や校則を押しつけるのではなく，意見表明をさせるなど子どもの最善の利益を考慮した対応が求められる（なお，2022年に成立したこども基本法は，子どもの「意見を表明する権利」ではなく，「意見を表明する機会」を「確保」するにすぎない）．

三　現実問題

1　教育改革問題

①　教育の二面性

　教育は，先に見たように国民（子ども）の側から考えれば，個人の成長・発達に欠くことのできないものである．一方で，戦前の国家主義教育をあげるまでもなく，常に教育には国家による介入という側面もつきまとう．例えば，戦後の日本でも先に見たような教科書検定の問題，教育基本法改正や改憲論における「愛国心」挿入問題などがそうである．さらに，産業界の要請により教育へ国家が介入し，「大量の従順な労働者」と「少数のエリート」を育成する場として教育が利用されることもある．したがって，常に国民は教育の二面性に注意し，個人の成長・発達の観点から教育を追求する姿勢が必要である．

② 教育基本法の改正問題

2006年12月,「戦後レジーム」からの脱却をめざす安倍政権のもとで,教育基本法が改正された. 先の軍国主義・皇民化教育とその帰結である戦争の反省から,日本国憲法および旧教育基本法で確立された戦後の教育理念が変更されることになったのである.

この教育基本法改正問題でよく議論されるのは,「教育の目標」として「我が国と郷土を愛する」「態度」を盛り込んだいわゆる「愛国心」規定（2条）についてであり,「復古主義的教育の復活」との批判がある. この「愛国心」規定は,2002年に文部科学省が作成・配布した全国の小中学生向けの『心のノート』で扱った「我が国を愛し,その発展を願う」（中学校版）という項目を具体化したものである. 教育基本法改正後は2007年6月に学校教育法も改正し,義務教育の目標のなかに「我が国と郷土を愛する態度」を入れた（21条3号）.

一方で,この教育基本法の改正では,「公共の精神」（前文,2条）や「規律」「習慣」（6条,10条）という子どもたちに規範意識を注入するための文言,「創造性」（前文,2条）,「自主」「自律」「自立」（2条,5条,10条）,「能力」（2条,5条）という能力主義と競争を助長する新自由主義的な文言を盛り込んだことにも注目する必要がある. 後者は,当時の構造改革など新自由主義改革を日本で推し進めていくうえで,適合的な教育基本法を必要としたからである.

以上から,2006年の教育基本法改正は,復古主義的・新保守主義的教育と新自由主義的教育の導入という二つの大きな方針を盛り込んだという特徴がある.

③ 新自由主義的教育の導入

この新自由主義的教育であるが,従来の一定の学力を有する「従順で質のよい労働者」を大量に育成する教育に限界を感じた財界を中心とする新自由主義派が,これからの国際競争での日本の生き残りをかけて,特にエリート教育に力点をおく施策を要求してきている. そこで昨今,教育の分野でも規制緩和と自由化,競争原理の導入をおこなっているのである. 例えば,1998

年の大学審議会の答申提出とその後の具体的施策（学部における飛び級，専門職大学院の新設，学長・学部長主導の運営など），2001年の地方教育行政法改正による公立学校の通学区撤廃，2002年からの週5日の「ゆとり教育」とエリート育成教育案の実施（小中学校でのできる子特別授業，小中高等学校での理科拠点校の指定など），各分野のトップ30の大学に予算を重点配分する21世紀COEプログラムの決定，2004年からの国立大学・国立高等専門学校の独立行政法人化などである．

　すなわち，「ゆとり教育」自体は小学校では2011年度から，中学校では2012年度から，高等学校では2013年度から，「脱ゆとり教育」（文部科学省は「ゆとり教育」でも「詰め込み教育」でもなく，「生きる力をはぐくむ教育」と表現している）に転換されたが，「できる子」に対する規制緩和と競争原理の導入によるエリート育成教育は引き続きおこなわれている．しかし，このような教育改革は，少数のエリートを育成する一方で，大多数の勤勉で真面目な「凡庸な労働者」を育成することになりかねず，教育の機会均等を否定しかねない．

④　教育基本法改正後の展開

　教育基本法改正を受けて，2007年には文部科学省や教育委員会による国公立・私立学校への統制を強める地方教育行政法改正，「義務教育の目標」や教員組織の上意下達体制を新設した学校教育法改正，教員免許に10年の有効期限や「不適切教員」への統制制度を新設した教員免許法改正という教育3法の改正がおこなわれた（ただし，2009年に導入された教員免許更新制度は，教員の負担を重くし，教員志願者減の一要因とも考えられ，2022年に「発展的に解消」された）．さらに，2014年には首長主宰の総合教育会議で「教育大綱」を作成し，首長が教育長を直接任命できるようにする地方教育法改正と，教授会の役割を従来の「重要な事項を審議する」組織から，学長に「意見を述べる」組織に変える学校教育法改正により，地方における首長と大学における学長というトップダウンの強化を可能にした．

　また，従来からの復古主義的なとりくみとしては，2015年に下村博文文部科学大臣が国立大学学長に国旗掲揚と国歌斉唱を要請し，2018年に小学

校で道徳の教科化，2019年に中学校で道徳の教科化がおこなわれる．

　これらにより，ますます教育分野における政府の統制を強めながら，復古主義・新保守主義的教育と新自由主義的教育が進んでいった．

2　教育の機会均等

①　欧米の施策

　先に見たように，教育基本法に基づき奨学金制度が整備されてきたが，欧米諸国とくらべると日本の制度は貧困であると言える．まず，特にヨーロッパにおいては，初等中等教育機関はもちろんのこと高等教育機関においても，いまだに国立大学が多く，学費は無償としたり，学費があっても学生本人が負担できる程度の少額であるのが一般的である．

　また，欧米においては，給付の奨学金制度が初等中等高等教育機関を通じて豊富に整備されており，貸与が中心で給付が大変貧相な日本とは大きな違いがある．ここには，特にヨーロッパにおいて，大学までに学んだことは将来社会に還元され，また貧富の差なく教育を受ける権利と学問の自由を社会全体で保障しようとする発想が強くある．

②　日本の施策

　これに対して，日本はどうであろうか．大学の学費については，国立大学でも授業料が年間50万円を超え，特にヨーロッパとくらべて高額である．国立大学が高いのであるから，私立大学の授業料はさらに高くなる．これに関し，私学助成を経常費の2分の1にするという参議院での決議をあげたにもかかわらず（1975年7月1日参議院文教委員会附帯決議），これまで実際には最大で経常費の約3割，現在は1割未満にすぎない．決議どおり国が私学助成をしていれば，私立大学の授業料はもっと安くなるのである．従来，日本の防衛費（当初予算）は2016年度から2022年度まで5兆円台だったものが，岸田政権のもとで増額が進み，2023年度が6兆円台，2024年度が7兆円台となり，2023年度から2027年度まで総額43兆円にしようとしている．全国の国公私立大学の授業料を無償化するのに必要な1年間の費用は約1.8兆円

であるのに.

　また，奨学金制度についても，当初の日本育英会の奨学金制度は無利子の貸与制だったが，1984年に有利子枠がつくられ，その後の日本学生支援機構でも有利子貸与を拡大している．給付型奨学金制度は2017年度から一部先行実施し，2018年度から実施しているが（ただし，世帯収入要件がある），やはり全体的にこれは奨学金ではなく，「学生ローン」と言えるようなものである．

　その結果，どうなるかと言えば，教育にお金がかかりすぎると，裕福な層は子どもを大学に行かせることができるが，低所得家庭であれば困難になる．大学（学部）進学率を見ると，2023年度の全国平均が56.8％に対し，都市部の都道府県の東京都が71.3％，京都府が69.6％，神奈川県が65.5％，兵庫県が63.8％，大阪府が63.7％となっているのに対して，鹿児島県が36.2％，山口県が41.5％，秋田県が41.6％，宮崎県が41.8％，大分県が42.2％となっている．これらはやはり県民所得の差から来るものでもあり，子どもは親を選んで生まれることはできないのに，家庭の所得の差によって大学へ行けるのか，行けないのかという差が出てきていると思われる．であれば，やはり，国が文教予算を手厚くし，大学の学費を下げたり，給付型奨学金を増やす必要がある．

3　自民党改憲案

　2018年の自民党の4項目改憲案の一つに「教育充実」改憲論がある．これは，26条1項と2項はそのままにし，「国は，教育が国民一人一人の人格の完成を目指し，その幸福の追求に欠くことのできないものであり，かつ，国の未来を切り拓く上で極めて重要な役割を担うものであることに鑑み，各個人の経済的理由にかかわらず教育を受ける機会を確保することを含め，教育環境の整備に努めなければならない」という3項を加えるものである．また，89条も「公金その他の公の財産は，宗教上の組織若しくは団体の使用，便益若しくは維持のため，又は公の監督が及ばない慈善，教育若しくは博愛の事業に対し，これを支出し，又はその利用に供してはならない」（「支配に

属しない」を「監督が及ばない」に変更）とした．

　これを自民党は「教育充実」の改憲と言っているが，自民党は本気だったのだろうか．なぜなら，国際人権規約のＡ規約13条2項（b）（c）の中等・高等教育の漸進的無償化規定を歴代の自民党政権は留保してきたからである．この留保を撤回したのが2012年の民主党政権であった．また，自民党は，2010年度からの民主党政権の高校授業料無償化を「ばらまき」と批判していた（2014年度に安倍政権が所得制限を導入）．これらから考えると，自民党は25条の生存権と同様，プログラム規定と解釈するつもりだったのではないだろうか．なお，2017年に自民党の憲法改正推進本部が高等教育の無償化明記を見送っている．

　しかし，高等教育の無償化自体は，26条など憲法は禁止していないのだから，法律で対応可能である．また，最終的な条文は，「教育が……国の未来を切り拓く上で極めて重要な役割を担うものである」と，教育への国家介入を正当化する文言を入れた点で大問題である．もう一つの私学助成にかかわる規定（89条）の改正案であるが，わかりやすくするための意図はわかるが，今すぐかつ絶対に必要な改憲ではない．

第 13 章

労働者の権利

この章を学ぶ前に

　学生のなかには，これまでアルバイトをしたり，今している人もいるであろう．また，多くの学生は大学卒業後，労働者になる．ただ，直接雇用であっても，アルバイト・パート・契約社員などの場合は，あるいは派遣社員のような間接雇用の場合は，正規雇用と異なり雇用の安定性がなく，給与等が低く，社会保険が十分には保障されない（自身で国民健康保険料を負担しなければならない）．このような状況は，この間の労働法における規制緩和が進んだ結果でもあり，今や非正規雇用労働者は全労働者の 4 割弱にまで増えた．学校教員についても，まず最初は非常勤講師や臨時的任用教員という場合が多い．残念ながら，憲法で労働基本権が保障されながら，労働者・労働組合の利益を代弁する政党がなかなか政権をとることができず，このような結果になっている．ヨーロッパの多くの国では，労働者・労働組合の利益を代弁する政党が政権をとってきた歴史があるので，一定の労働者保護が進んできた．日本の労働者はヨーロッパ諸国を目標にすべきである．

　ただ，政権交代がなくても，個別の労働運動によって一定の成果を上げることができる．事例はいくらでもあるが，例えば，居酒屋の「白木屋」や「魚民」などを経営する株式会社モンテローザに対して，あまりにひどい労働環境の改善のために約 70 人が労働組合を結成して闘ったものの，会社側の組合員に対する嫌がらせなどの結果，組合員が激減した．しかし，残った 20 代 3 人の女性組合員が闘い続けたため，全従業員と退職者に未払い残業代など総額 38 億円支払わせた事例がある（2001年）．また，店舗のリニューアルを理由に，牛丼の「すき家」を解雇された 20 代 6 人のアルバイト青年が，

解雇後に労組に加入し闘った結果，解雇撤回・職場復帰と解雇中の休業手当など153万円を支払わせた事例もある（2006年）．

　筆者も学生時代，民間の警備会社に雇われて，都立高校で学校警備のアルバイトをしていたが，アルバイト料が安かったので，同じ会社に雇われていたアルバイト仲間とともに社長と交渉をおこない，何度も賃上げに成功した．また，前任校では教職員組合の書記長を務めたし，日本体育大学では1年目に執行委員を務めた．前任校でも日本体育大学でも，教職員組合に一定の組織率があり，理事会と団体交渉をしてきたので，それなりの勤労条件を確保できている．労働者はやはり闘わないと自分たちの勤労条件を向上させることはできない．

一　　歴史

　何度も説明したように，市民革命で獲得したのは，国家が国民に余計なことをしない自由権であったし，ブルジョアジー（市民＝有産階級）が中心の革命だったので，市民革命後の資本主義社会はブルジョアジー（資本家）に好都合な体制であった．「国家からの自由」という自由権の観点から，国家が労使（労資）関係に介入しないとなると，資本家は労働者に低賃金・長時間労働を強いることができるし，うるさい労働者を簡単に解雇することもできる一方，雇われないと生きていけない労働者は解雇されたくないので劣悪な労働環境で働かざるをえなくなる．

　そこで，このような劣悪な労働条件の改善を求め，19世紀から徐々に労働運動・社会主義運動が展開していく．そのようななかで，1917年には世界で初めての社会主義革命であるロシア革命が成功した．これがドイツにも影響を及ぼしていくなかで，労働者の運動の成果であると同時に，社会主義革命を防ぐためという資本家の妥協の産物として，1919年にワイマール憲法が制定される．同憲法に，158条「労働条件及び経済的条件を維持し促進するための団結の自由は，何人に対しても，そして全ての職業に対して，保障される」や，165条「労働者及び被用者は，企業者と共同して，対等に，賃金及び労働条件の規律並びに生産力の全体的・経済的発展に参与する資格

を有する」という規定が入れられた．その後，第二次世界大戦以降，憲法に勤労権・労働権を入れる国が増えていく．

　日本国憲法もこのような世界の流れを受けて，労働者の権利が盛り込まれている．

二　憲法の規定と解釈

1　勤労の権利と義務など

①　27条1項

　憲法27条1項は，「すべて国民は，勤労の権利を有し，義務を負ふ」と規定している．これは，戦前は勤労が義務であったが（ほかの義務は，教育と納税と兵役），大金持ちなら働く必要はないし，重い障がいを抱えている人なら働きたくても働けないので，基本的には勤労を義務ではなく権利にしたのである．しかし，働く能力がありながら働くことを拒否する者が，憲法25条の生存権によって生活保障を受ける可能性があるので，権利であると同時に義務にした．これは失業給付や生活保護の利益を否定する趣旨にとどまる．

　ただ，「権利」と言っても，この権利は抽象的なもので，失業したことが直ちに権利侵害になるとか，国家が個々人の就労を具体的に保障しなければいけないというものではない．国家（自治体も）が職業紹介や職業訓練，失業対策，雇用創出などの就労の機会を保障するためのさまざまな措置をとることを求める権利，さらには失業して生活ができない状況に陥ったものに対する生活保護の前提となる権利である．

②　27条2項

　次に，憲法27条2項は，「賃金，就業時間，休息その他の勤労条件に関する基準は，法律でこれを定める」と規定する．この規定を具体化するために最低賃金法や労働基準法などの労働法が制定されている．

③ 27条3項

そして，憲法27条3項は，「児童は，これを酷使してはならない」と規定する．封建制社会でも大日本帝国憲法下の社会でも子どもも働かされたが，子どもは肉体的に身体が完成していないし，なによりも人格を完成するべく学習し，発達をさせるべきなので，このような規定がある．

2 労働基本権

憲法28条は，「勤労者の団結する権利及び団体交渉その他の団体行動をする権利は，これを保障する」と規定する．ここから，団結権，団体交渉権，団体行動権が保障され，これらを労働基本権（労働三権）という．これは，労働者一人一人は使用者（資本家など）との関係においては圧倒的に弱者で対等ではないが，労働者が集団として闘えば力になり，使用者と対等の立場で労働条件などの向上に向けたとりくみを支えるためのものである．この規定を具体化するために，労働組合法などの労働法が制定されている．

① 団結権

まず，団結権であるが，これは労働条件の維持・改善のために使用者と対等に交渉できる団体を結成する権利のことである．その団体が一時的なものであれば争議団，継続的なものであれば労働組合となる．憲法21条の結社の自由には，結社しない自由も含まれるが，団結権には憲法21条を超える権利内容を持ち，組合員のみを雇用するクローズド・ショップや，従業員をすべて組合員とするユニオン・ショップも認められている．

② 団体交渉権

次に，団体交渉権であるが，労働組合などの労働者の団体が使用者と労働条件について交渉する権利のことである．この権利は使用者に対して直接拘束力を持つとされ，組合から団体交渉が求められた場合，使用者が正当な理由なく交渉を拒むことは不当労働行為となる．また，交渉の結果えられた合意事項については，労働協約として法的な拘束力がある．

③ 団体行動権（争議権）

　そして，団体行動権であるが，労働組合などの労働者の団体が，労働条件の維持・改善に関する要求を実現させるために闘う権利であり，具体的にはストライキ（同盟罷業．一斉に労働放棄すること），サボタージュ（怠業．労働効率を落とす闘い），ボイコット（自社製品を購入しないよう組合員や第三者に呼びかけること），ピケッティング（スト破りを防ぐために関係者を職場内などに入れない闘い）などがある．この団体行動権は争議権とも言う．

④ 労働基本権の効果

　団体行動権に基づきストライキをすれば，労働者が使用者との1日何時間働くなどの雇用契約を履行しないこと（債務不履行）になるし，威力業務妨害になるとも言えそうである．これに対して，使用者が労働者に損害賠償請求することを認めたり（民事責任の追及），刑事告発を認めると（刑事責任の追及），労働者は団体行動権の行使ができなくなる．これを防ぐために，正当な労働基本権の行使に対しては民事免責と刑事免責を認めており，これは労働基本権独特の特権である．

3　労働四法

　憲法27条，28条を受けて，これを具体化するものとして労働法が整備されている．この労働法のなかでも特に大事なのが，労働基準法，労働組合法，労働関係調整法，労働契約法である．ここでは，労働基準法と労働契約法の大事な規定をいくつか見ていく．パートやアルバイトなども，一定の要件を満たせば適用されるので，学生も知っておいたほうがいい．

① 労働基準法

　まず，労働基準法であるが，以下，条文ごとに見ていく．
　4条は，男女同一賃金を明確に規定している．
　20条1項は，「使用者は，労働者を解雇しようとする場合においては，少くとも30日前にその予告をしなければならない．30日前に予告をしない使

用者は，30日分以上の平均賃金を支払わなければならない」と解雇の予告
を規定している．したがって，使用者が労働者に「明日からクビだ」と言っ
てクビにするのは法律違反で無効となる．

24条1項は，「賃金は，通貨で，直接労働者に，その全額を支払わなけれ
ばならない」，2項は「賃金は，毎月1回以上，一定の期日を定めて支払わ
なければならない」という賃金の支払いの原則を規定する．したがって，労
働者の同意もなく賃金を銀行振込にするとか，2～3か月に1回の支給に
するようなことは許されない．

32条は，いわゆる法定労働時間の規定で，日本では1日8時間，1週間
40時間と規定されている．

34条は休憩の規定で，労働時間が6時間を超える場合は45分，8時間を
超える場合は1時間の休憩時間を労働時間内に与えなければならない．

35条は休日の規定で，法定労働時間が週40時間（週休2日制）とはいえ，
ときに休日出勤をせざるをえないこともある．そういう場合でも，最低1週
間に1日は休ませなければならないとしている．

37条は割増賃金の規定で，時間外（残業），休日及び深夜（午後10時から午
前5時まで）の割増賃金支給の規定である．時間外労働が25％以上，休日労
働が35％以上，深夜労働が25％以上割増となる．

39条は有給休暇の規定で，所定労働日数または所定労働時間によって日
数が変わってくるが，継続勤続年数が長くなればなるほど取得日数が増え，
最大1年間で20日間取得できる．そして，この取得理由は旅行などまった
く自由である．

② 労働契約法

16条は，「解雇は，客観的に合理的な理由を欠き，社会通念上相当である
と認められない場合は，その権利を濫用したものとして，無効とする」と規
定し，使用者による自由な解雇を認めていない．すなわち，「生意気」など
の主観的理由による解雇や経営努力をせずに一方的に労働者を全員解雇する
ようなことは許されない．

三　現実問題

1　公務員の労働基本権

①　現状

　憲法で労働基本権が保障されているのに，公務員は法律（国家公務員法，地方公務員法など）によって職種に応じて労働基本権が制約されている．

　まず，警察職員，消防職員，海上保安庁職員，刑務所等職員，自衛隊員は，三権すべてが否定されている．次に，非現業の公務員は団体交渉権と団体行動権が否定されている．そして，現業の公務員は団体行動権が否定されている．

②　最高裁判例の変遷

　公務員の労働基本権の制限は憲法上許されるのか，という問題があるが，戦後しばらくは公務員は「全体の奉仕者」であり，「公共の福祉」論から簡単に制限を容認していた（第1期：1966年全逓東京中郵事件最高裁判決前まで）．

　この考えを否定したのが，1966年の全逓東京中郵事件最高裁判決である．この事件は，郵便労働者（郵政民営化前は国家公務員）から成る全逓信労働組合（全逓）の役員が，東京中央郵便局の組合員に対し，勤務時間内の職場大会に参加するよう説得し，職場から離脱させた行為が郵便物不取扱罪（郵便法79条1項）の教唆にあたるとして起訴された事件である．最高裁は，公共企業体等職員の団体行動権を否定した当時の公共企業体等労働関係法17条について，公務員も憲法28条の「勤労者」にほかならない以上，原則的にはその保障を受けるし，制約される場合であっても，①合理性の認められる必要最小限度にとどめ，②必要やむをえない場合について考慮され，③違反者に対する不利益は必要な限度を超えてはならず，④制限することがやむをえない場合にはこれに見合う代償措置が講ぜられなければならないとし，無罪判決を出した［最大判1966年10月26日刑集20巻8号901頁］．また，東京都の公立小中学校教職員から成る東京都教職員組合（都教組）の委員長らが，組合員に対して地方公務員法37条1項で禁じられている争議行為をあおった

として同法61条4号で起訴された都教組事件では，最高裁は，同法37条の禁止する争議行為を「違法性の強い場合」に限定し，61条の禁止するあおりなどの行為も「違法性の強い場合」に限るという「二重のしぼり」論により無罪判決を出した［最大判1969年4月2日刑集23巻5号305頁］．このようにこの時期は最高裁が公務員の労働基本権の制限に慎重であった（第2期：1966年全逓東京中郵事件最高裁判決から1973年全農林警職法事件最高裁判決前まで）．

しかし，警察官職務執行法改正に反対するため，非現業の農林省職員から成る全農林労働組合の役員が組合員に指示した行為が争議行為のあおり行為等を禁止した国家公務員法98条5項に違反するとして同法110条1項17号により起訴された全農林警職法事件で，最高裁は，公務員の争議行為は「国民全体の共同利益」に重大な影響を及ぼすかそのおそれがあり，公務員の勤務条件は国民の代表者である国会の法律・予算で定められており（勤務条件法定主義），私企業と異なり公務員の争議行為には市場抑制力が働かないし（ストライキ歯止め欠如論），代償措置として人事院がある（代償措置論）という理由から，国家公務員法の規定を合憲とした［最大判1973年4月25日刑集27巻4号547頁］．これは，国会は使用者の利益を代弁する自民党が長期にわたって多数派形成するなかで労働者の利益を反映した法律制定・予算編成には限界があるし，公務員であれ国民の批判を気にするし，人事院勧告の内容自体常に適正とは限らないし，完全実施されない場合もあるのであるから，現実を見ない判決と言える．これ以降の最高裁判決も，全農林警職法事件判決を維持している（第3期：1973年全農林警職法事件以降）．

③　自民党改憲案

新聞やテレビの報道で，欧米の公務員は組合をつくって，集会やデモ行進，ストライキまでおこなうことは知っているであろう（欧米では警察官や軍人を除き団結権と団体交渉権が保障されているのが一般的であり，ドイツやフランスは警察官にも団結権が保障され，警察官や軍人を除き団体行動権も保障されている）．日本国憲法では明確に公務員の労働基本権が制限されていないのに，法律で制限してきたことを問わなければならない．

にもかかわらず，2012年の自民党改憲案（「日本国憲法改正草案」）では，28

条に2項を加え，「公務員については，全体の奉仕者であることに鑑み，法律の定めるところにより，前項に規定する権利の全部又は一部を制限することができる」と，公務員の労働基本権の制限を憲法上正当化しているのである．先進諸外国との比較では正反対のものであり，歴史を後退させる改憲案と言える．

2　諸外国との比較

①　労働時間

　日本の法定労働時間は週40時間であるが，ドイツでは1995年の金属労組など労働協約によって週35時間とする労働者が増え，フランスでは2000年から法定労働時間が週35時間になっている．日本では週休2日だからといって，喜んでいてはいけない．

②　有給休暇

　有給休暇についても，日本は年間最高20日であるが，ドイツは年間29日，フランスは年間31日である．スウェーデンでは，1978年に年間5週間とする法律が通っている．実際の取得日数は日本だと平均12日にすぎない．一方，ドイツは27日，フランスは29日もあり（以上，2023年のエクスペディアのデータ），ヨーロッパでは夏にバカンスとして長期の休みをとるのが一般的である．これについても，日本ではお盆前後に数日休んで満足している場合ではない．

③　年間総労働時間

　このような状況から，年間の労働者の総労働時間の平均は，日本は1611時間に対して，フランスが1500時間，ドイツが1343時間となっている（2023年のOECDのデータ）．ただ，日本の場合はパートやアルバイトなど非正規雇用労働者も含めた数値で，正規労働者は2000時間程度働いていると言われている．「言われている」というのは，正確な数字が誰にもわからないからである．なぜなら，サービス産業（残業をしているのに，記録しない残業）や風

呂敷残業（家に持ち帰っての仕事）をする労働者もいるからだ．日本人は諸外国との比較から，自分たちが働きすぎであるという認識を持つべきである．

④　割増賃金

　割増賃金についても，アメリカは週40時間を越える時間外労働に対して法律で割増賃金率が50％とされ，イギリスは労働協約で一般的に50％とされている．フランスでは，労働協約がない場合は週35時間を超える時間外労働の割増賃金率が25％，週43時間を超えると50％とされている．ドイツでは労働協約で一般的に協約で定める一日あたりの労働時間を超える最初の2時間が25％，2時間を超えると50％とされている．また，多くの欧米諸国では，休日の割増率が100％とされている．ここでも，日本の25％または35％の割増で，割増されたからといって喜んでいる場合ではない．

⑤　組合組織率

　これには組合の組織率と存在感の問題もある．日本の組合組織率は，2023年で16.3％である．これに対して，フランスは8.8％，ドイツは16.3％である（以上，2019年のOECDのデータ）．しかし，労働組合が使用者と協定を結んだ場合，非組合員に対しても適用される率がフランスは約90％，ドイツは約60％なので，フランスやドイツは組合組織率が低くても組合の存在感が大きい．一方の日本の労働協定適用率は20％以下である．やはり，労働組合は大事なのである．

3　日本の場合

①　具体例

　日本では，最近はすっかり労働組合のストライキが見られなくなったが，2023年8月，親会社であるセブン＆アイ・ホールディングスによるそごう・西武の売却方針に対して，そごう・西武労働組合が西武池袋本店でストライキを行った．この結果，売却方針の撤回にはいたらなかったが，ストライキにいたる過程で親会社を団体交渉の場に出席させるようになり，消費者も一

定の理解を示し，それなりの成果があったと言える．

　画期的な労働組合の運動・成果としては，プロ野球選手会の事例がある．プロ野球選手会は1980年に社団法人として認可され，1984年に労働組合としても設立された組織であり，一部外国人選手を除く12球団のほとんどの選手が所属している．プロ野球選手は一般的な会社員・公務員とくらべて働く期間（選手寿命）が短く，社会保障が不十分なので，選手会が選手の地位向上をめざして活動してきた．そして，2004年には球団側による強引な1リーグ制再編問題に対して，選手会がストライキを敢行したのである（ストライキ権行使の際には組合員の98％が賛成）．このストライキは世論も支持し，1リーグ制への移行は阻止された．ほかにも選手会の活動によって，ドラフト制度，FA制度，ポスティング制度，代理人交渉などで一定の成果を上げてきている．

②　「会社人間」か「社畜」か

　日本も1949年には組合組織率が56％もあったが，2023年には16.3％．憲法で労働基本権が保障されているのに，特にヨーロッパ諸国とくらべて労働環境が劣るのは，闘っていない労働者にも責任がある．例えば，中学高校の社会科教員であれば，授業で憲法についても教えるが，組合員ではない教員が労働基本権の授業をおこなうことに説得力があるのであろうか．必要なときに闘わない親を，子どもたちはどう見るであろうか．

　日本の労働者について，以前，「会社人間」と表現されることがあった．しかし，「会社人間」よりは「社畜」（会社の家畜のような存在）と表現したほうがふさわしい労働者もいるのではないか．酒の場で自身の勤め先の労働条件について不平不満を言うだけでは，何も変わらない．不満であれば，権利行使をして闘うべきである．会社の家畜ではなく，人間なのだから．

第 2 部

統治規定

第14章

天皇

この章を学ぶ前に

　今，授業中でも電車のなかでもスマホを手放せない学生・社会人が大変多い．スマホやパソコンで瞬時に検索でき，昔の人より今の人は物知りになっていてもおかしくないはずである．しかし，これだけ情報があふれた社会なのに，基本的なことを知らない人が多い．例えば，この章で扱う天皇．今の天皇の名前を知っているであろうか．「昭和天皇」という表現があるが，「令和天皇」という表現は聞くだろうか．学校などで「君が代」を歌っているが，歌詞の意味を知っているのであろうか．

　今の天皇の名前は「徳仁」，先の天皇（現上皇）の名前は「明仁」，昭和天皇の名前は「裕仁」．裕仁を「昭和天皇」と表現することはできるが，「令和天皇」という表現は諡なので徳仁存命中はこの表現を使えず，存命中の天皇は「今上天皇」と表現する．なお，このように皇族の男子の名前には「仁」をつける．また，天皇家には苗字（姓）がない．

　一方，皇族の女子の名前には「子」をつける（徳仁の娘の「愛子」など）．皇族男子と結婚する皇族外の女性は，あらかじめ「子」がついている女性が対象となる（明仁の妻の「美智子」，徳仁の妻の「雅子」など）．また，皇族の女子は結婚すると皇籍離脱し，苗字（姓）がつく（明仁の娘・清子は黒田慶樹氏と結婚し「黒田清子」に，文仁の娘・眞子は小室圭氏と結婚し「小室眞子」になった）．

　これに伴い，マスコミなどでは結婚前は「清子さま」「眞子さま」と表現していたところ，結婚後は「清子さん」「眞子さん」と表現を変えたが，皇族に「さま」（「様」ではない）をつける法律があるわけではなく，過剰表現とも言える．「皇太子さま」「上皇さま」といった，称号にまで「さま」をつけ

るマスコミを見かけるが，これは「先生さま」「教授さま」と言っているようなものである．

　さらに，本章では天皇の歴史・憲法上の規定・その他天皇制の問題を考えたい．

一　歴史

1　世界では

　身分制を基本とし，人を生まれによって差別する封建時代においては，君主が支配する君主制国家が世界の多数派を占めていたが，国王がギロチンにかけられたフランス革命などの市民革命後，君主の存在しない共和制国家に移行する国が増えていく．

　さらに第二次世界大戦後，戦争終了を機に，またはアジア・アフリカなどでイギリス国王を国家元首とするイギリス連邦加盟国がイギリスから独立していくことで，君主制国家が減っていく．その結果，今や世界約200の国のなかで，イギリス連邦加盟国（カナダやオーストラリアなど）を含む君主制国家は50か国を下回るまでにいたる．

　このような世界の状況のなかで，日本は憲法で国民主権を規定するものの，外務省が元首として扱う天皇が存在し，形式的には君主制国家（立憲君主）として分類される．そういった意味で，日本は世界のなかでは少数派の君主制国家に位置づけられる．

2　日本では

　日本の初代天皇は紀元前660年に即位した神武天皇（在位期間76年．死亡時の年齢は『日本書紀』では127歳，『古事記』では137歳）だとされているが，歴史科学的に神武天皇など初期の天皇は架空の存在と考えられている（神武天皇の在位期間もかなり長いが，第6代孝安天皇は102年間，第11代垂仁天皇は99年間在位したとされ，平均寿命の短い弥生時代にこれはまったくありえない）．実際に天皇

家の登場は中国・朝鮮をルーツとする渡来系弥生人が多数派になっていく弥生時代以降のことであり，神武天皇以降の天皇支配が「説明」されるのは，8世紀に作成された『古事記』『日本書紀』によってである．

　封建時代のなかで，日本では天皇中心の支配から実権が貴族，さらには武士に移行していく．しかし，徳川幕府打倒後，「王政復古」の名のもとに明治維新政府は天皇を頂点とする体制をつくった．そして，1889年制定の大日本帝国憲法で，「万世一系ノ天皇」（1条）が統治する天皇主権の国家となる．この天皇制国家のもとで，臣民は天皇の赤子とされ，学校教育では徹底した天皇崇拝の教育がおこなわれた．

　そして，1931年以降アジアへの侵略戦争を続けてきた日本は，1945年に敗北する．戦後，連合国のなかには昭和天皇裕仁の戦争責任を追及し，天皇制廃止を求める声もあったが，天皇制を残したほうが日本を統治しやすいという連合国軍最高司令官総司令部（GHQ）のマッカーサーらの考えもあり，戦後も天皇制が残った．

3　戦前と戦後の天皇制の比較

　先の戦争を反省し，日本は日本国憲法のもとで再出発することになった．確かに，戦前の天皇主権を否定し，戦後は国民主権を採用したが，日本国憲法は大日本帝国憲法73条の憲法改正規定にしたがって誕生したので，冒頭に御名御璽（天皇の名と印）を伴う上諭（大日本帝国憲法下，憲法や法律などの公布の際に天皇の裁可を示す文章）がある．また，大日本帝国憲法の構成にしたがって，日本国憲法も第1章が「天皇」となっており，戦前との連続性がある．

　天皇の地位については，戦前は太陽を神格化した神である天照大神の意思により天皇の地位は決まり，「万世一系ノ天皇」（大日本帝国憲法1条）が統治するとされた．これに対して，日本国憲法では天皇の地位は「主権の存する日本国民の総意に基く」（1条）とする．したがって，国民の「総意」で天皇制廃止・共和制への移行は憲法上可能になった．

　天皇の性格についてであるが，戦前は「神聖ニシテ侵スヘカラス」（大日

本帝国憲法3条）と規定され，神聖不可侵の存在とされた．そして，刑法に不敬罪があったように，天皇に対する自由な批判は許されなかった．これに対して，昭和天皇裕仁は1946年1月1日の「人間宣言」で，自らの神格性を否定する．

　天皇の権能についてであるが，戦前の天皇は「国家元首ニシテ統治権ヲ総攬シ」（大日本帝国憲法4条），天皇が立法権および行政権を有し（大日本帝国憲法5条，6条），司法権は天皇の名においておこなわれた（大日本帝国憲法57条1項）．これに対して，日本国憲法で天皇は「国政に関する機能を有しない」（4条1項）とする．

二　憲法の規定と解釈

1　象徴天皇制

①　「象徴」

　戦後の日本国憲法は天皇についてどのように規定しているのか．天皇制を戦後の日本に残すにあたっては従来の天皇とは明確な差を設けることにし，憲法1条で「天皇は，日本国の象徴であり日本国民統合の象徴であつて」と，「日本国」と「日本国民統合」の「象徴」として残すことにした．「象徴」という言葉は抽象的・無形的なものを具体的・有形的なものによって具象化する作用またはその媒介物という意味で使われる．例えば，「鳩は平和の象徴だ」といった使い方である．

　もちろん，生身の人間を「日本国」や「日本国民統合」の「象徴」とすることは意味不明な部分もあり，このような規定自体の妥当性を常に考える必要がある．ただ，少なくともこの規定は天皇が象徴であるから偉いというような天皇の地位を強調するものではまったくなく，天皇には象徴たる役割以外の役割がないことを強調している点を忘れてはならない．この点で，「この章を学ぶ前に」でふれた，マスコミなどが皇族の名前や称号に「さま」をつけて特別扱いするのは，国民主権のもとでは再考の余地がある．

② 象徴と代表，元首

　この「象徴」とは，象徴されるものと象徴するものとは異質のものであることを前提に，抽象的に表現される概念である．そして，象徴という地位は，積極的・能動的な地位ではなく，消極的・受動的な地位とされている．

　したがって，代表されるものと代表するものとが同質であることを前提とし，代表者の行為が法的に被代表者の行為とみなされる「代表」とは区別される．

　また，「元首」とは，対内的には行政の首長として国政を統括し，対外的には国家を代表するもの，または対外面のみを指す概念である．外務省は憲法上天皇が全権委任状と大使・公使の信任状を認証し（憲法7条5号），外国の大使・公使を接受すること（憲法7条9号）などを理由に，天皇を元首として扱っている．しかし，外交権・条約締結権は内閣にあり（憲法73条2号・3号．したがって，マスコミでは「皇室外交」といった表現を使うことがあるが，憲法上「皇室外交」は存在しえない），行政権も内閣にあり（憲法65条），天皇が国政に関与することを否定し（憲法4条1項），そもそも元首の規定が憲法にはないことから，憲法論として天皇を元首として扱うことはおかしい．

2　皇位継承

　皇位については，憲法2条で「皇位は，世襲のものであつて，国会の議決した皇室典範の定めるところにより，これを継承する」とし，皇位を世襲制としている．そして，皇室典範では，「皇位は，皇統に属する男系の男子が，これを継承する」（1条）とし，2条で具体的な皇位継承順序を規定している．

　天皇制は，国民が次に誰が皇位継承するのかを決めるわけではなく，国民誰もが天皇になれない点で，本来は民主主義と法の下の平等に反し，国民主権とも相容れない．しかし，憲法に天皇制を残したので，憲法学的には天皇制を民主主義と法の下の平等，国民主権の例外と解釈している．

3　天皇の国事行為と公的行為（象徴としての行為）

①　国事行為とは

　憲法は４条で天皇の国政に関する機能を否定しつつ，「この憲法の定める国事に関する行為のみを行〔ふ〕」とした．そして，「国事に関する行為」（国事行為）については，具体的に６条と７条で列挙している．この国事行為とは，他の国家機関によって実質的に決定された国家意思を形式的儀礼的に表示し，または公証する行為とされている．この国事行為の実質的決定権が天皇以外にあるという点で，天皇の行為に対して質的限定（国政からの隔離）をおこない，６条と７条で具体的行為を列挙することにより量的限定（限定的列挙）をおこなっている．そして，すべての国事行為は内閣の助言と承認を必要とし（憲法３条），天皇はいわば内閣の決定にしたがって「ロボット」のように形式的儀礼的行為をおこなうにすぎない．この規定は，天皇による実質的国家意思の決定を禁止し，内閣が天皇の行為に責任を負う体制に変わったことを意味している．

　天皇の国事行為は，憲法６条および７条で列挙された形式的行為や儀礼的行為である．具体的には，内閣総理大臣および最高裁長官の任命（憲法６条），憲法改正・法律・政令・条約の公布（憲法７条１号），国会の召集（憲法７条２号），衆議院の解散（憲法７条３号），国会議員の総選挙の施行の公示（憲法７条４号），国務大臣その他官吏の任免の認証（憲法７条５号），全権委任状・大使公使の信任状の認証（憲法７条５号），恩赦の認証（憲法７条６号），栄典の授与（憲法７条７号），条約の批准書その他外交文書の認証（憲法７条８号），外国の大使・公使の接受（憲法７条９号），儀式の挙行（憲法７条10号）がある．

②　公的行為（象徴としての行為）

　この国事行為以外に，特に憲法に明示していなくても私人としての私的行為（例えば，天皇が読書やテニスをすることなど）をおこなうことは天皇に認められている．しかし，例えば，国会開会の際の「おことば」，国内巡幸，国民体育大会や植樹祭への出席など，国事行為と私的行為とのあいだにある行

為をどう考えるかで憲法学界では議論がある．このような象徴としての地位に基づく天皇の行為（公的行為または象徴としての行為）を国事行為・私的行為以外にも認めるとする三分説が学界の多数説となっている．これに対して，天皇の行為の拡大と影響を批判する観点から，公的行為を認めない二分説も有力である．やはり，憲法を素直に解釈すれば，公的行為を認めるべきではない．

三　現実問題

1　「君が代」

戦後，天皇制が残ったとはいえ，大日本帝国憲法と日本国憲法とでは天皇の位置づけが大きく変わったにもかかわらず，大日本帝国憲法下の天皇制に関係する残滓（ざんし）が現代にも数多く存在している．その一つが，「君が代」である．

①　戦前の「君が代」

現在，学校で「君が代」を子どもたちに歌わせても，歌詞の意味を十分には教えていない．「君が代は千代に八千代にさざれ石のいわおとなりてこけのむすまで」の意味は，「天皇の代は永遠に，小さな石（細石（さざれいし））が集まって大きな岩（巌（いわお））になって，苔（こけ）が生えるまで続きますように」というものである．例えば，戦前（1937年）の尋常小学校の『尋常小學修身書』の教科書では，「『君が代』の歌は，『我が天皇陛下のお治めになる此の御代（みよ）は，千年も萬年も，いや，いつまでもいつまでも續（つづ）いてお榮（さか）えになるやうに．』といふ意味で，まことにおめでたい歌であります．私たち臣民が『君が代』を歌ふときには，天皇陛下の萬歳（ばんぜい）を祝（いわ）ひ奉（たてまつ）り，皇室の御榮（みさかえ）を祈（いの）り奉る心で一ぱいになります」と記述していた．

「君が代」は明治時代につくられた曲であるが，歌詞は古今和歌集または薩摩琵琶歌の一節を参考にしたとされている．当初はイギリス人のフェントンが作曲したが，曲風が嫌われ普及しなかった．そこで，1876年に海軍が

宮内省につくり直しを依頼し，宮内省の林広守が作曲し（これには異説もある．編曲者はドイツ人のエッケルト），1880年に初演されたのが現在知られている「君が代」である．戦前には，海軍の「君が代」以外に，1881年の文部省作成『小学唱歌集』に収録されている「君が代」（2番の歌詞もある）と，1887年に陸軍作成の「君が代」（「喇叭式君が代」）もある．ただし，このどれもが法的に国歌ではなかった．

② 戦後の「君が代」

　これが戦後，文部省が一方的に1977年の学習指導要領で「君が代」を「国歌」にし，1989年の同要領で儀式の際の斉唱を義務づけた．このことやNHKが放送終了時に「君が代」を流すことによって，ますます国民が「君が代」を「国歌」だと思い込むようになっていく．そして，1999年の国旗国歌法により戦前戦後を通じて初めて法的に「国歌」が誕生する（海軍が宮内省に依頼した「君が代」を採用）．

　以上のことから，「君が代」自体の歴史が浅く，法律上「君が代」が「国歌」になったのは比較的最近のことである．そもそも歌詞内容からして「君が代」を「国歌」にすることには憲法の国民主権の観点から問題がある．学校現場では「君が代」の歌詞の意味を教えずに歌わせているようであるが，きちんと教え，憲法19条の思想・良心の自由の観点から，歌う・歌わないは本人の自己決定の問題であり，歌わなくても不利益を被らないようにすべきである．

2 「日の丸」

① 戦前の「日の丸」

　次に，「君が代」とセットで論じられるのが「日の丸」である．「日の丸」は，1854年に薩摩藩の提唱で徳川幕府が総船印（船の所属国を明示する印）として採用したのが始まりである．これが明治時代に入り，1870年の太政官布告により商船旗（縦7横10の比率で，日章の色が朱赤の日章旗），海軍旗（縦2横3の比率で，日章の色が紅の日章旗），陸軍旗（太陽から光線が出ている旭日旗）

を定めた．1931年には「日の丸」を「国旗」とする国旗法案が衆議院を通過するが，貴族院では審議未了廃案となっている．戦前，「日の丸」は法的に「国旗」ではなかった．

② 戦後の「日の丸」

ところがこれも戦後，文部省が1958年の学習指導要領で一方的に「日の丸」を「国旗」にし，1989年の同要領で儀式の際の掲揚を義務づけた．したがって，「日の丸」についても多くの国民が国旗国歌法制定（ここでも海軍の「日の丸」を採用）までは，学校教育やNHK放送により「日の丸」を「国旗」だと思い込んでいたにすぎない．確かに，太陽信仰との関係があるとはいえ，「日の丸」は「君が代」ほど天皇制と強く結びつくものではない．しかし，戦前の天皇主権のもとでの侵略戦争のシンボルである「日の丸」を，戦後も「国旗」とすることには憲法の平和主義との関係で問題がある．

3 元号

① 戦前の元号

「君が代」と同様，天皇制と密接に結びつくのが元号である．元号は，紀元前114年に前漢の武帝が発案し，紀元前140年にさかのぼって導入したとされているものである．中国では皇帝はその偉大さゆえ，国家（空間）のみならず時間も支配でき，皇帝の死により時代を区切るという発想から用いられるようになった．

日本がこの元号制度を初めて導入したのは645年の大化とされ，令和まで南北朝合わせて248の元号がある．以前は天災・飢饉などに際して元号を替えることもあったが，天皇の統治と時間の支配がより密接な一世一元制（一人の天皇に一つの元号）を導入するのは明治以降のことである．

② 戦後の元号

戦後，元号についての法的根拠はなかったが，1979年制定の元号法によって元号使用に法的な根拠が生じるようになった．しかし，国民主権のもと

で天皇が時間を支配していることを示す元号使用には憲法上問題がある．また，もちろん世界基準にはならず，不便でもある．例えば，「平成○○年」と言われて，すぐに西暦で答えられるであろうか．現在，当の中国も元号を使用していない．日本には西暦ではなく元号使用に固執する組織などがあるが，国際化が進み，多くの外国人が来日あるいは生活しているなかで，元号と西暦との換算表がなければ使用できない表記にこだわる姿は滑稽でもある．

4　祝日

祝日（「国民の祝日」）についても，天皇制との関係がある．現在，祝日は16日あるが，以下の9日が天皇関連の日である．すなわち，1月1日の「元日」（天皇がその年の豊作と無病息災を四方に拝して祈る四方拝の日），2月11日の「建国記念の日」（初代神武天皇が即位した日とされる紀元節．なお，「建国記念日」ではない），2月23日の「天皇誕生日」，3月と9月の「春分の日」「秋分の日」（春季皇霊祭・秋季皇霊祭という皇室行事の日），4月29日の「昭和の日」（昭和天皇裕仁の誕生日．2007年に「みどりの日」から変更），7月第3月曜日の「海の日」（以前は7月20日で，1876年に明治天皇が東北巡幸から明治丸で無事横浜港に帰還した日），11月3日の「文化の日」（明治天皇睦仁の誕生日である明治節），11月23日の「勤労感謝の日」（天皇がその年の収穫を感謝する新嘗祭の日）である．

諸外国では独立記念日や建国記念日，革命記念日などをその国で最も重要な日である「ナショナル・デー」にしているが，日本は「天皇誕生日」が「ナショナル・デー」になっている．国民主権の日本で，これだけ天皇がらみの祝日が多いことも問題である．

5　「女帝論」

長らく皇室に男児が生まれなかったことから，2006年に文仁（秋篠宮）に男児の悠仁が生まれるまで，「女性天皇を認めないのは憲法14条の法の下の平等違反だ」「皇室典範改正で女性天皇を認めるべきだ」といった議論（「女

帝論」）がさかんであった．確かに，過去10代8人の女性天皇が存在したし（江戸時代でも2人），単なる法律にすぎない皇室典範（「皇室法」ではなく，「皇室典範」という戦前と同じ表現にしているのも検討の余地がある）改正で簡単に解決できそうである．

しかし，女性天皇を認めたからといって，そもそも天皇制という差別的な身分制度がなくなるわけではない．平等問題以外にも天皇・皇族にさまざまな権利・自由が保障されていないのはおかしいという議論もあるが，天皇・皇族に自由・平等を保障するには，天皇・皇族という特権的な身分制度を廃止し，天皇・皇族が「人一般」になればいいだけの話である．天皇制に関する部分的な「平等論」「権利・自由論」は，人権論としては中途半端である．

第15章

平和主義

....

この章を学ぶ前に

　憲法9条は，中学高校の社会科で習うので，条文は知っているであろう．しかし，1項は「日本国民は，……国権の発動たる戦争と，武力による威嚇<ruby>威嚇<rt>い かく</rt></ruby>又は武力の行使は，国際紛争を解決する手段としては，永久にこれを放棄する」と規定するので，この先，日本は絶対に戦争をしないはずであるが，今の政権を見ていると本当だろうかと思ってしまう．また，2項は「陸海空軍その他の戦力は，これを保持しない」と書いているのに，自衛隊をどのように考えればいいのであろうか．

　2022年2月からのロシアによるウクライナ戦争を見て，あるいは以前からの朝鮮による「ミサイル発射」を見て，日本も防衛力の強化が必要だと思う人は多いと思う．しかし，日本はロシアや朝鮮から攻撃される理由はあるのであろうか．アメリカの軍事支援もあり，かなりの軍事力があるイスラエルがハマスに攻撃されたが，軍事大国だからといって他国から攻撃されないというわけではない．戦争になるのは，2国間で戦争にいたるなんらかの理由があるからである．であれば，その理由を見きわめ，戦争にならないようにすればいいのではないであろうか．

　憲法9条2項を素直に解釈すれば，日本は自衛隊を含む軍隊を持てないはずである．軍隊がなければ他国から攻められると考える人が多いようであるが，世界で26か国存在する軍隊のない国家は，軍隊がないことで今，他国から攻められているのであろうか．

　以上のようなことも念頭に置きながら，憲法の平和主義について考えてみよう．

一　歴史

1　日本では

　1889年制定の大日本帝国憲法は，天皇主権のもと，天皇に陸海軍の統帥
権を認め（11条），天皇に宣戦・講和の権限を与え（13条），臣民には兵役の
義務を課した（20条）．このような憲法のもとで，教育をはじめさまざまな
手段を通じて臣民は天皇のために闘うことが求められ，日本社会全体が戦争
遂行に適合的な体制に変わり（臣民の自由の抑圧，中央集権化，軍事部門の肥大
化など），日本は1931年以降，アジア太平洋地域への侵略戦争を続けていく．
　太平洋戦争の開戦当初は真珠湾攻撃のような「奇襲戦」もあり，勝利を重
ねていた日本も，アジア民衆の抵抗と連合国軍の反撃により次第に形成が逆
転し，1945年に第二次世界大戦で敗北した．戦争は単に日本の敗北のみな
らず，日本人約310万人とアジア民衆約2000万人もの犠牲を生み出す．この
犠牲のうえに日本国憲法が制定され，大日本帝国憲法とは大きく異なる平和
主義を規定した．したがって，憲法の平和主義は，先の戦争の反省と将来再
び侵略戦争をおこなわないという世界に向けての宣誓としての意味も有する
のである．

2　世界では

　かつて中世の世界では，「神の意思」に基づく戦争を正当化する「正戦
論」があった．この考え方は，正義のためならどんな戦争をおこなってもよ
いし，どのような戦い方をしてもよいというものであった．しかし，19世
紀以降，欧米諸国による植民地争奪戦のなかで「正戦論」は「無差別戦争
観」に変わり，科学技術の発展は戦争の規模と被害を飛躍的に拡大する．特
に，初の世界戦争である第一次世界大戦の経験から，世界は無差別戦争観を
否定し，侵略戦争の制限を試み（1919年の国際連盟規約），さらに，侵略戦争
を放棄する（1928年の不戦条約．形式的には戦争一般を違法化したが，自衛権行使
＝事実上の「自衛戦争」は禁止していない）．

しかし，これらの試みも第二次世界大戦の勃発により失敗する．日本のように「自衛」の名のもとに侵略戦争をおこなう国が出てくる．そこで，戦後，今度は1945年の国連憲章によって自衛権行使も制限するのである（事実上の「自衛戦争」の制限）．

また，かつての正戦論や無差別戦争観のもとでは戦争の方法に対する法的規制は十分ではなかったが，戦争被害の飛躍的拡大（民間人の犠牲と被害規模の拡大）と国際平和運動により，戦争の方法についても規制を強める動きが出てきた．例えば，1949年のジュネーブ諸条約は，戦時における文民・捕虜の保護というルールをつくる．さらに，1972年の生物兵器禁止条約や1993年の化学兵器禁止条約，1997年の地雷禁止条約，2008年のクラスター爆弾禁止条約，2021年の核兵器禁止条約（ただし，核保有国や日本は批准していない）によって，大量破壊兵器や残忍な兵器の規制をおこなう段階にまできており，最近では通常兵器にまで規制の射程が広がろうとしている．

二　憲法の規定と解釈

1　憲法の平和主義規定の構造

日本国憲法は，大日本帝国憲法のもとでのアジアへの侵略戦争の反省から，前文で平和主義に関する基本原則を示し，9条で平和に向けての目的と手段を示している．

①　憲法前文

まず前文であるが，1段で「政府の行為によつて再び戦争の惨禍が起ることのないやうにすることを決意し，ここに主権が国民に存することを宣言し，この憲法を確定する」とした．すなわち，天皇主権のもとで引き起こされた先の戦争の過ちを否定し，再び過ちをくり返さないために国民主権と平和主義を併置した憲法の基本原理を打ち出したのである．

そして，前文2段では，平和主義の原理を全面的に展開する．まず，「日本国民は，恒久の平和を念願し，人間相互の関係を支配する崇高な理想を深

く自覚するのであつて，平和を愛する諸国民の公正と信義に信頼して，われ
らの安全と生存を保持しようと決意した」とする．また次に，「われらは，
平和を維持し，専制と隷従，圧迫と偏狭を地上から永遠に除去しようと努め
てゐる国際社会において，名誉ある地位を占めたいと思ふ」「われらは，全
世界の国民が，ひとしく恐怖と欠乏から免かれ，平和のうちに生存する権利
を有することを確認する」とした．すなわち，日本がめざす平和主義は単に
自国だけが平和であればいいという一国平和主義ではなく，全世界の国民が
単に非軍事的な平和にとどまらない積極的な平和を保障されるものだと明示
したのである．

② 9条

次に9条であるが，まず1項で，「日本国民は，正義と秩序を基調とする
国際平和を誠実に希求し，国権の発動たる戦争と，武力による威嚇又は武力
の行使は，国際紛争を解決する手段としては，永久にこれを放棄する」とし
た．すなわち，前文の基本原則を受けて，国際平和のために日本は戦争を放
棄するという目的を掲げるのである．

そして2項では，「前項の目的を達するため，陸海空軍その他の戦力は，
これを保持しない．国の交戦権は，これを認めない」とした．すなわち，1
項の目的を達する手段として，2項で軍隊の放棄を明示したのである．

2 憲法の平和主義の解釈

① 戦争の放棄（9条1項）

続いて，9条1項の戦争の放棄に関する条文解釈であるが，学界の多数説
は，条文中の「国際紛争を解決する手段」としての戦争を侵略戦争とし，9
条では侵略戦争を放棄したと解釈する（A説＝限定放棄説）．この学説は，第
一次世界大戦という世界戦争の悲劇をくり返さないために，1928年に制定
された戦争抛棄ニ関スル条約（不戦条約）の1条「締約国ハ国際紛争解決ノ
為戦争ニ訴フルコトヲ非ト〔ス〕」という規定の解釈をそのまま日本国憲法
にもあてはめたものである．不戦条約は戦争一般を放棄したと考えられてい

るが，実際には自衛権行使までは放棄していないと考えるので，事実上「国際紛争解決ノ為」の「戦争」を侵略戦争と解し，ここで放棄したのは侵略戦争であると考える．

　しかし，先の日本の戦争が典型であるように，自衛戦争と侵略戦争の区別は難しく，自衛の名で侵略戦争がおこなわれてきた歴史があるし，戦争はすべて国際紛争解決のためにあるのではないか，とりわけ日本では先の戦争の過ちから徹底的に戦争を放棄すべきではないかという反論がある．また，多数説は1項で事実上の「自衛戦争」を放棄せず，2項で自衛のための軍隊も放棄したと考えるが，そのような解釈に意味はなく，先の戦争の反省から制定された経緯から考えても，そもそも1項で事実上の「自衛戦争」も放棄したと考えるべきではないかとの反論がある．憲法の平和主義を徹底的に考えれば，9条1項で事実上の「自衛戦争」を含む一切の戦争を放棄したとする考えのほうが説得力がある（B説＝全面放棄説）．

②　戦力の不保持（9条2項）

　次に9条2項の戦力の不保持についてであるが，条文中の「前項の目的」は，1項の「国際紛争を解決する手段としては，戦争を放棄する」にかけて，特に1項解釈で限定放棄説の立場に立つ場合の解釈がある．すなわち，1項で放棄したのは侵略戦争であるため，その「目的」（侵略戦争放棄）のための戦力の放棄は限定的で，自衛のための戦力の保持は許されるとする（甲説）．

　これに対して，ここでいう「前項の目的」は，1項の「正義と秩序を基調とする国際平和を誠実に希求〔する〕」か，1項全体を指すと解釈し，自衛のための戦力の保持も許されないと考える解釈が，平和主義の観点から説得力がある（乙説）．

　この乙説に立った場合の，国際法研究者による日本の安全保障論は，国際平和機構としての国連による安全保障が日本の安全保障の方式として実現性のあるものであり，憲法9条2項が保持しないとしているのは日本の戦力であり，日本に指揮権がない駐留軍は日本の戦力ではないから違憲ではないとするものであった．憲法研究者からも，憲法9条から認められる国連による

安全保障の完成にいたる過渡的措置として，外国軍隊の駐在を違憲と見るべきでないと主張されたり，憲法前文2段の「平和を愛する諸国民の公正と信義に信頼して，われらの安全と生存を保持しようと決意した」の部分を国連に重ね合わせ，1951年に締結された旧日米安全保障条約（安保条約）4条が「国際連合の措置または代替されうる別の安全保障措置の効力を生じたと両国政府が認識した場合に失効する」としていたことから，安保条約を国連憲章52条の地域的取極に準じるとした見解があったが，平和主義を徹底して解釈すれば，このような考え方は疑問である．

　このような学説状況に対して，政府の9条解釈は独特である．政府は，1項については侵略戦争の放棄（A説）の立場に立つが，2項については「戦力」の保持も許されないという立場に立ちつつ，条文にある「戦力」を「自衛のための必要最小限度の実力を越えるもの」と捉える．この解釈から現行の自衛隊を「自衛のための必要最小限度の実力」と解釈し，自衛隊は違憲ではないと考えている．

③　1項と2項解釈の組み合わせ

　以上の9条の1項と2項についての学説の組み合わせであるが，1項で侵略戦争の放棄・2項で侵略戦争のための戦力不保持と考える学説（A説＋甲説．タカ派の憲法研究者の学説）は学界では少数説である．これに対して，多数説は1項で侵略戦争の放棄・2項で自衛のための戦力も不保持と考える（A説＋乙説＝9条2項全面放棄説）．ただ，1項で「自衛戦争」をも放棄・2項で自衛のための戦力も不保持と考える学説（B説＋乙説＝9条1項全面放棄説）も有力である．

④　自衛権

　次に条文中の概念に関する解釈についてである．まず，憲法9条には「自衛権」という表現がないので，そもそも日本国憲法は自衛権の保持を認めているのか否かという問題があり，憲法学界では自衛権留保説と自衛権放棄説とがある．

　学界の多数説は，個人には自己保存のために正当防衛権が当然保障されて

いるように，国家にも自己保全のために国家固有の自衛権の保持が保障されていると考える自衛権留保説があり，9条の規定からそれは武力によらない自衛権だとする説（武力なき自衛権説）がある．この場合，具体的には外交交渉による侵害の回避や警察力による排除，群民蜂起による抵抗などを想定している．

しかし，憲法の平和主義を徹底して考える立場から，自衛権を保持するが行使しないというのは意味がなく，武力なき自衛権論の具体例を自衛権として説明することに疑問を投げかけ，生身の個人と個人から人為的契約によりつくられる国家とを区別し，自衛権を保持するか否かも契約によるものであるとし，自衛権は国家固有のものではないとする自衛権放棄説が説得力のある考え方として存在する．

⑤　交戦権の否認

9条2項の後段では，国の交戦権を否認している．この交戦権をめぐっては解釈が三つある．まず一つめは，交戦権とは国家が交戦国として国際法上有する権利（船舶の臨検，貨物の没収，占領地行政など）と考える学説である．次に二つめは，国家が戦争をおこなう権利そのものと考える学説である．最後の三つめは，両説を含むと考える学説である．

⑥　平和的生存権（前文2段）

先にも見たように，憲法前文2段では，「全世界の国民」に「平和のうちに生存する権利」を保障し，これを「平和的生存権」と言う．そして，ここで言う「恐怖と欠乏から免かれ〔る〕」「権利」の解釈としては，「恐怖から免かれる権利」を自由権，「欠乏から免かれる権利」を社会権と考える．なぜなら，戦時になれば，徴発や徴兵・国家統制・反戦思想弾圧などにより国民の財産権や苦役からの自由・移動の自由・思想の自由・表現の自由など多くの自由権が制約され，社会保障の制限や戦争遂行のための教育・労働弾圧などにより生存権・教育を受ける権利・労働基本権など多くの社会権が制約される．つまり，平和な状態であることが自由権と社会権を全面的に保障し，自由権も社会権も平和が確保されて初めて全面的に享受できると考える

からである．

　また，平和の問題を「権利」としたことは画期的である．なぜなら，戦争か平和かの問題を「政策」とした場合，戦争に関する権限は議会または行政の長（大統領もしくは首相）に委ねられることになる．すなわち，戦争をするかしないかは多数決原理に基づく民主的決定の問題となるのである．平和の問題を「権利」とした場合，安易に多数決で少数派の平和のうちに生存する権利を奪ってはならないということになる．

　憲法学界では，前文1段で国民主権や民主主義，戦争の放棄を「人類普遍の原理」としていること，11条および97条で基本的人権の永久不可侵性を規定していることから，憲法改正には限界があるとする改正限界説が多数説である（第21章ニ1③）．憲法は国家権力をしばるものであるから，立憲主義の観点から憲法改正に歯止めをかけているのである．この立場に立った場合，限界の内容は改正手続，基本原理（国民主権，基本的人権の尊重，平和主義）だと考えられている．このように，憲法改正の手続を踏んだとしても憲法改正には限界があるのであるから，仮に平和の問題が「権利」にいたらないとしても，日本の場合は安易に平和主義の部分に変更を加えてはならないことになる．

　そして学説では，憲法上平和的生存権を認めるのか否かで，積極説と消極説とに分かれる．積極説は，権利の根拠条文を①前文，②9条，③前文・9条，④前文・9条・第3章全体，のいずれにおくかで学説が分かれるが，裁判規範性までも認める．すなわち，根拠条文にもよるが，政府による軍隊の保持や戦争遂行，他国の戦争支援，場合によっては世界の貧困問題に対処しないことまでもが，平和的生存権侵害と捉えることになる．この平和的生存権を根拠に国内で政府の自衛隊の海外派兵に対するいくつもの違憲訴訟が提起されてきたが，裁判闘争においても平和的生存権の内容の具体化が必要である．

　しかし，日本国憲法にはこのような画期的な平和的生存権の規定がありながら，政府は2016年に国連総会で「平和への権利宣言」を採択する際に，アメリカやEU諸国と同様に反対している．このような姿勢は憲法の観点から批判されなければならないし，国内の平和主義研究者や平和運動家・団体

においては，国際的な平和への権利確立運動と連携した平和主義の理論づくりが求められる．

⑦　9条をめぐる判例

　戦力の不保持をめぐる判例としては，駐留米軍の存在が戦力の不保持に反する違憲の存在か否かが問われた砂川事件で，一審の東京地裁判決［東京地判1959年3月30日下刑集1巻3号776頁］は駐留米軍を違憲とする画期的な判断を示している．しかし，最高裁判決［最大判1959年12月16日刑集13巻13号3225頁］は統治行為論（第18章二4②参照）により憲法判断をおこなわなかった．その後も最高裁は駐留米軍を違憲とも合憲とも判断していない．

　また，自衛隊の存在の違憲性が争われた長沼事件では，一審の札幌地裁判決［札幌地判1973年9月7日判時712号24頁］は自衛隊を違憲とする画期的な判断を出している．しかし，二審の札幌高裁判決［札幌高判1976年8月5日行集27巻8号1175頁］は原告らの訴えの利益がなくなったとし，最高裁判決［最一小判1982年9月9日民集36巻9号1679頁］もこれを支持した．自衛隊についても，最高裁はいまだに違憲とも合憲とも判断を示していない．

　最近では，2003年のイラク戦争後のイラク特別措置法による自衛隊のイラク派兵の違憲性を問う自衛隊イラク派兵差止訴訟二審の名古屋高裁判決［名古屋高判2008年4月17日判時2056号74頁］で，裁判所は平和的生存権の具体的権利性を認め，イラクでの航空自衛隊の活動を憲法9条違反とした．また，自衛隊イラク派兵差止訴訟一審の岡山地裁判決［岡山地判2009年2月24日判時2046号124頁］でも，平和的生存権を日本国憲法上の基本的人権であると認め，「徴兵拒絶権，良心的兵役拒絶権，軍需労働拒絶権等の自由権的基本権として存在し，また，これらが具体的に侵害された場合等においては，不法行為法における被侵害利益としての適格性があり，損害賠償請求ができる」と，権利内容も具体的に示す画期的な判決を出した（ただし，イラク派兵自体は原告らの権利を侵害したものではないとして，原告の全面敗訴となった）．

3 憲法の平和主義の意義

① 戦争違法化の歴史のなかで

　世界の現状と比較した場合，日本国憲法の平和主義の「特異性」から，これを異端扱いしたり，突然変異的に登場したと捉えるべきではなく，世界の流れから導き出されたと考えるべきである．なぜなら，20世紀は「戦争の世紀」と呼ばれたが，一方で「戦争違法化の世紀」でもあり，憲法の平和主義はこの流れに位置づけられるからである．

　憲法9条は「自衛戦争」をも放棄したと考えれば，憲法は戦争違法化の歴史をさらに押し進めたと捉えることができる．すなわち，正戦論・無差別戦争観→侵略戦争の制限→侵略戦争の放棄→「自衛戦争」の制限→「自衛戦争」の放棄，という流れのなかの最先端に位置づけられるのである．

　とするならば，短期間では無理としても，何十年といった長い期間であればかならずしも不可能ではないことは，軍隊そのものの規制である．多くの国の国内における国民の非武装化と警察への武器保有の一元化のように，各国の軍隊の保持規制と国連軍への軍隊の一元化はまったく不可能なことではないであろう（さらに，その先にめざすべきものは一切の軍隊保有の禁止である）．日本国憲法は国連軍による平和構築を容認するのか否かという問題があるが，自国の軍隊を放棄するという点で世界の多数派の憲法よりは一歩先を行く憲法と言える．

　すなわち，日本国憲法の平和主義は，戦争の種類と方法の点で戦争違法化の歴史の最先端に位置づけられるのである．現に，1999年のハーグ世界市民平和会議の行動目標のなかで，日本国憲法9条のような戦争禁止決議を各国が採択すべきだとされた．また，すでに「軍隊のない国家」は世界で26か国も存在するが，これらは小国が中心のため，大国の日本が「軍隊のない国家」になることは世界に大きな影響を与えるであろう．

② 国連憲章との比較から

　3①で見たように，国連憲章は戦争違法化の歴史のなかでは，まだ「自衛戦争」の制限段階に位置づけられ，国連憲章で加盟国の「武力による威嚇又

は武力の行使を，……慎まなければならない」（2条4項）としている．すなわち，どうしてもやむをえない場合は，武力を用いてもよいということであり，「武力による威嚇又は武力の行使は，……永久にこれを放棄する」とした憲法9条1項とは根本的に異なるのである．

そのため，国連憲章では51条で，加盟国に個別的自衛権と集団的自衛権を認めている．さらに，42条には「国際の平和及び安全の維持又は回復に必要な空軍，海軍又は陸軍の行動」（すなわち，国連軍による行動）を認める集団安全保障体制の規定がある．

以上の点からも，日本国憲法は国連憲章の先を行く平和主義を掲げた憲法であると言える．したがって，「国際貢献」論や集団的自衛権行使容認論により，自衛隊が海外で軍事活動することは憲法に反する．これらは，平和主義の理念において戦争違法化の歴史の最先端に位置づけられる日本の位置を，「普通」の位置にレベルダウンするものである．

③　二つの平和主義

ところで，日本国憲法の平和主義というと，まず思い浮かべるのは9条である．しかし，憲法にはもう一つの平和主義が存在する．それは前文2段の「専制と隷従，圧迫と偏狭を地上から永遠に除去しようと努めてゐる国際社会において，名誉ある地位を占めたいと思ふ」「全世界の国民が，ひとしく恐怖と欠乏から免かれ，平和のうちに生存する権利を有することを確認する」という部分である．両者を比較すると，9条の平和主義は暴力（戦争）のない状態をめざす消極的平和を追求する規範であるのに対して，前文2段は「構造的暴力」（国内外の社会構造による貧困・飢餓・抑圧・疎外・差別などが存在する状態．前文2段の専制・隷従・圧迫・偏狭・恐怖・欠乏がこれに該当する）のない状態をめざす積極的平和を追求する規範である．とすれば，政府には自国限定の平和政策にとどまらない，世界の南北問題の解消をも視野に入れた非軍事的な平和政策が求められるのである．

三　現実問題

1　再軍備・日米安保体制と平和主義による制約

①　再軍備・日米安保体制

　憲法9条を素直に解釈すれば，自衛権行使だけでなく，自衛隊も保持できないと解釈できそうであるが，現実の政治はその理念に逆行するものであった．

　アジアにおける共産主義国家・中国の誕生（1949年）と朝鮮戦争の勃発（1950年）は，アメリカの対日政策を転換させ，米軍の朝鮮戦争への動員の穴埋めと日本をアジアにおける「反共の防波堤」にするという戦略から，日本を占領していた連合国軍最高司令官総司令部（GHQ）のマッカーサーは再軍備を要求し，1950年に警察予備隊が創設される．そして，サンフランシスコ平和条約締結による日本独立後も日本に米軍を駐留させるため，1951年には日米安全保障条約を締結した．両条約発効の1952年には警察予備隊が保安隊に，1954年には陸海空から成る自衛隊に替わっていく．

　ただ，旧安保条約はアメリカに日本の防衛義務がなく，日本がアメリカへ基地の提供をするだけでなく，米軍が内乱に対処する条項もあるという植民地主義的な条約であったため，1960年に新安保条約に「改正」される．これにより，日米の対等性が強まり，両国は軍備増強義務を負い（3条），日本の施政下の領域における「共通の危機に対処するように行動する」ことになり（5条＝「共同行動条項」），日本には「日本国の安全に寄与し，並びに極東における国際平和及び安全の維持に寄与するため」，アメリカに基地を提供する義務が課せられた（6条＝「極東条項」）．この安保条約「改正」に際しては，国民の広範な反対運動（60年の安保闘争）が盛り上がり，岸信介政権は退陣に追い込まれる．

　その後も10年後に安保条約の延長をめぐり国民の反対運動（70年の安保闘争）が展開された．国際政治状況の変化に応じて，日米両政府は安保条約「改正」の必要性を認識していたが，60年・70年安保闘争の経験からその後は安保条約は「改正」されることはなかった．しかし，国会の承認を不要と

する実質的な「改正」とも言える日米防衛協力のための指針（ガイドライン）を1978年に締結し，在日米軍は日本に対する武力攻撃のおそれのある段階から，そして極東地域外でも行動できる姿勢を打ち出す．

②　9条に基づく制約

　一方，憲法に9条が存在することで，日本の軍事大国化に一定の歯止めをかけることもできた．すなわち，自衛隊の海外派兵の禁止（1954年参議院決議），専守防衛（1955年杉原荒太防衛庁長官答弁など），武器輸出三原則（1967年に佐藤栄作首相答弁で共産圏・国連決議により輸出が禁止されている国・国際紛争当事国へ武器輸出はしないとし，1976年には三木武夫首相答弁で事実上これら対象国以外も禁止した），非核三原則（核兵器を持たず・作らず・持ち込ませずという原則．1967年の佐藤首相答弁で初めて言及した），集団的自衛権行使の否認（1972年の政府見解など）である．

　しかし，武器輸出三原則については1983年に中曽根政権が対米武器技術輸出を解禁することで形骸化し，2014年に安倍政権は防衛装備移転三原則に変えてしまった．中曽根政権はほかにも1986年に防衛費のGNP比1％枠を撤廃した．また，海外派兵の禁止については，1991年の湾岸戦争後に機雷を除去する掃海艇をペルシャ湾に派遣したし，1992年から自衛隊のPKO活動への参加が始まり，2001年からアフガン戦争に従事する米軍に海上自衛隊がインド洋で給油活動をおこない，2003年からイラク戦争後に陸海空三自衛隊をイラクなどに派兵し，自衛隊の海外派兵がエスカレートしていき，2015年には「安保法制」（戦争法）を制定する．非核三原則は変更されていないが，実際にはアメリカの核兵器が日本に持ち込まれてきた．そして，2022年に岸田政権が閣議決定した「安保三文書」により，「敵基地攻撃」をしたなら専守防衛は有名無実化するし，2027年度までに防衛費をGDP比2％にするとしている．そうなると，日本の防衛費は世界の軍事費・防衛費ランキングで第3位となり，とても単なる「実力」とは言えない存在になる．

2 「戦争できる国」から「戦争する国」へ

① 「戦争できる国」へ

9条に基づく制約を一つずつなくしていく過程を「戦争できる国」づくりという観点から見てみよう.

三1②以外では, 日本の有事に備えるとの主張から, 2003年に武力攻撃事態法など有事関連三法が, 2004年に国民保護法など有事関連七法が成立する. これらの有事法制は日本への「武力攻撃発生事態」のみならず,「予測事態」という主観的判断による事態でいつでも自衛隊を動かせる法律である(すなわち, アメリカがアジア太平洋地域で軍事活動を展開すれば, 在日米軍基地への報復の可能性が生じ, 本法が発動される). しかも, ガイドラインに基づく1999年の周辺事態措置法では「協力」にすぎなかった自治体・民間人の戦争動員(兵站支援への動員)を武力攻撃事態法で義務化した. また, 国民保護法では「緊急対処事態」という概念を新たに盛り込むことで,「テロ」にも対応可能な法制となる. これにより, 地球規模で展開される「アメリカ有事」に自衛隊のみならず自治体・民間人にも強制的に兵站支援させ, 平時からあらゆる有事に備える国家体制の構築が可能になったのである.

② 「戦争する国」へ

そして, 安倍政権は, 歴代政府ができないとしてきた集団的自衛権行使を限定的にできるとする閣議決定を2014年におこない, これを具体化するための法律である「安保法制」(戦争法)を2015年に制定した. これにより, 今後はグレーゾーン(平時)からの米軍等への集団的自衛権行使, グローバル有事での自衛隊による米軍への兵站, PKO活動における駆け付け警護や治安維持活動だけでなく, 国連が統括しない停戦監視・安全確保・人道復興支援活動等への参加や任務遂行のための武器使用, 他国への攻撃による「存立危機事態」での集団的自衛権行使が可能になっている.

もっとも, 自民党は2012年に発表した改憲案である「日本国憲法改正草案」で, 国防軍が集団的自衛権を行使できるとしていた. 自民党自身, 集団的自衛権の行使容認は, 憲法を変えないと不可能と考えていたのである. し

かし，改憲は時間がかかるし，ハードルも高い．そこで安倍政権は，集団的自衛権の行使容認などを内容とする2014年の閣議決定と2015年制定の「安保法制」（戦争法）で，解釈改憲と立法改憲をおこなったのである．とはいえ，やはり，このような問題は憲法の解釈変更や立法ではなく，憲法96条の憲法改正手続にしたがって憲法改正をしないとできないはずである．これをしないということは，憲法96条で保障された国会と主権者国民の意思を無視することになる．国政は憲法に則っておこなわれなければならないのであるから，このような手法は立憲主義に反すると言える．また，憲法98条1項の憲法の最高法規性から憲法に反する立法は許されず，この「安保法制」（戦争法）は立法によって憲法規範を無視する「立法クーデター」のようなものである．

③ 「反撃能力（敵基地攻撃能力）」

　岸田政権は2022年に「国家安全保障戦略」など「安保三文書」を閣議決定し，「我が国に対する武力攻撃が発生し，その手段として弾道ミサイル等による攻撃が行われた場合，武力の行使の三要件に基づき，そのような攻撃を防ぐのにやむを得ない必要最小限度の自衛の措置として，相手の領域において，我が国が有効な反撃を加えることを可能とする，スタンド・オフ防衛能力等を活用した自衛隊の能力」を「反撃能力」と称して保有する必要があるとした．これはいわゆる「敵基地攻撃能力」のことであるが（厳密には，反撃対象を敵基地に限定しておらず，「相手の領域」としているので，「敵地攻撃」「相手国攻撃」「全面攻撃」と表現すべきである），1959年の国会における政府答弁で，「敵基地攻撃」は法理的には可能だが，憲法の趣旨とするところではないとしたはずであった．

　しかし，この「敵基地攻撃論」は従来の政府の立場から考えても，「敵基地攻撃」のうち「先制攻撃」は相手国からの攻撃前の攻撃になるので許されないし，「先制攻撃」ではない「敵基地攻撃」についても，自衛隊は海外派兵はしない，専守防衛に徹するから合憲としたはずであって，海外で「敵基地攻撃」をするなら違憲となるはずである．実態論としても，朝鮮の移動式ミサイル発射機は約200基もあり，すべて攻撃するのは不可能である．自民

党などは朝鮮・中国・ロシアを脅威と考えるわけであるが，日本が先にこれらの国を攻撃すれば，核兵器による報復もある．やはり，周辺国のミサイルが脅威なら，対話と外交で解決するしかない．

3　自民党改憲案

①　2012年改憲案

　2012年の自民党改憲案（「日本国憲法改正草案」）では，前文2段で，「わが国は，先の大戦による荒廃や幾多の大災害を乗り越えて発展し，……平和主義の下，諸外国との友好関係を増進し，世界の平和と繁栄に貢献する」と，「平和主義」にもふれてはいる．しかし，日本国憲法と違って先の戦争に対する反省の言葉はないし，構造的暴力の解消に関する文言や平和的生存権を削除しているのである．これでは，日本は「テロ」の根底にある世界の構造的暴力の解消に努めるのではなく，アメリカと一緒に戦争をおこなうことになってしまう．

　また，この改憲案の9条2項は，日本国憲法9条2項の替わりに「前項の規定は，自衛権の発動を妨げるものではない」とすることで，個別的自衛権のみならず，従来政府が否定してきた集団的自衛権（しかも，2015年制定の「安保法制」とは異なり限定していない）の行使を認める内容になっている．そして，自民党の改憲案は9条のほかに新たに9条の2という規定を加える．この1項で，「我が国の平和と独立並びに国及び国民の安全を確保するため」に「国防軍」を保持するとしている．これまで政府は憲法9条との関係から，「自衛『隊』」と，自衛隊は軍隊ではないと説明してきたわけであるが，これからは堂々と日本は「軍」を持つというのである．

②　2018年改憲案

　安倍首相は，2017年5月3日の改憲派の集会で，「憲法9条1項，2項を残しつつ，自衛隊を明文で書き込む」という考え方を述べたビデオメッセージを出し，これを受けて自民党は2018年3月の党大会までに「たたき台素案」をまとめた．9条改憲案は以下のとおりである．

9条の2「前条の規定は，我が国の平和と独立を守り，国及び国民の安全を保つために必要な自衛の措置をとることを妨げず，そのための実力組織として，法律の定めるところにより，内閣の首長たる内閣総理大臣を最高の指揮監督者とする自衛隊を保持する．
　②　自衛隊の行動は，法律の定めるところにより，国会の承認その他の統制に服する．」

　この条文案はどう解釈できるのか．まず，「必要最小限度の」という文言を削除したことで，自衛隊の活動に制限がなくなる．「自衛の措置」には集団的自衛権行使が含まれ，「前条の規定は，……妨げず」とすることで2項の例外という解釈が可能になる．また，自衛隊法3条は自衛隊を「国の安全を保つため」の組織とすることで，基本的に活動も国内に限定されるが，「国民の安全」を加えることで（自民党の2005年・2012年改憲案も同様）在外国民保護のための海外派兵を正当化する可能性もある．さらに，自衛隊法7条は「内閣総理大臣は，内閣を代表して自衛隊の最高の指揮監督権を有する」とし，同様の文言のある憲法72条や内閣法5条に沿って閣議決定を前提としているのに，「首長たる内閣総理大臣」とすることで首相の権限強化が意図されている．2項の国会の承認も事前承認に限定しなければ，強い統制にはならない．
　9条に自衛隊の存在を明記することは，単に現状を追認することではない．憲法学界の多数派が自衛隊違憲論を唱えることで，政府には常に9条と自衛隊との関係についての説明責任が生じ，自衛隊は9条で保持が禁止された戦力ではない，「実力」にすぎない，専守防衛に努める，海外派兵や集団的自衛権の行使はできない，という歯止めをかけてきた．憲法に自衛隊の存在を明記すれば，このような歯止めがなくなる．法学一般の「後法優先の原則（後法は前法に優る，後法は前法を破る）」からすれば，9条「加憲」は9条2項の「空文化」「死文化」をもたらすことになる．ということは，「加憲」という表現よりは「改憲」「壊憲」と表現すべきである．

第16章

国会

....

この章を学ぶ前に

　以前は日本の成年（成人）年齢は20歳であったが，2022年4月から18歳となった．選挙権年齢についても，以前は20歳であったが，2016年6月から18歳に引き下げられている．成年（成人）になれば，もう保護者に保護される未成年（子ども）ではないのだから，一人の独立した個人として保護者の同意がなくても自由に契約や結婚ができる．さらに，社会的存在として選挙権も行使できるようになる．国にしろ自治体にしろ，自分たちがどのような代表者を選ぶのか，選挙権は大変大事な権利である．

　ただ，衆議院選挙の投票率は戦後長らく70％前後で推移してきたのに，1993年から2009年までは50％から60％台，2012年以降は50％台で推移している．参議院選挙にいたっては，衆議院選挙より投票率が低い傾向が続き，1992年以降は60％を下回るようになり，1999年と2019年は50％を下回っているのである．国会は国民の代表機関として，私たちを規律する法律をつくり，私たちの生活に影響を及ぼす予算を決める機関なのに，これほどまでに関心がないとは．有権者である国民がもっと国会に関心を持ってほしい．

　この「国会軽視」には政権の責任もある．憲法53条は，「内閣は，国会の臨時会の召集を決定することができる．いづれかの議院の総議員の4分の1以上の要求があれば，内閣は，その召集を決定しなければならない」としている．これには召集までの具体的な期限が明示されていないが，政府は「合理的な期間内」と解釈している（2003年12月16日参議院外交防衛委員会での秋山收内閣法制局長官答弁）．安倍政権は臨時会（臨時国会）召集要求があっても何度かなかなか召集せず，2017年の召集要求に対しては約3か月応じなか

った．これに対して，野党の国会議員が損害賠償を求めて裁判をおこない，2023年9月に最高裁は上告棄却判決を出すことで損害賠償を認めない下級審判決が確定した．ただし，この最高裁判決では，宇賀克也裁判官が賠償命令が相当とする反対意見をつけている．このなかでは，召集までの合理的期間を20日以内としたのである［最三小判2023年9月12日民集77巻6号1515頁］．これは宇賀裁判官も述べているように，自民党自体が2012年改憲案（「日本国憲法改正草案」）で，53条の臨時国会の召集について，「要求があった日から二十日以内に臨時国会が召集されなければならない」としているからである．自民党は数の力で少数派の要求に耳を傾けないばかりか，自らの改憲案の規定も守ることができないのである．国民もときの政権も，国会を軽んじていていいのであろうか．

一　歴史

1　世界では

市民革命後の近代国家は，国家権力は国民にあるという国民主権原理が採用され，憲法で国民の権利・自由を保障した．国家機関に権力が集中した場合，人権が侵害される歴史があったからである．そこで，国家権力の濫用を防止し，人権保障を達成するため，国家権力作用をその性質に応じて区別し，それを異なる機関に担当させるよう分離し，相互の抑制と均衡を図る統治原理としての権力分立が人権保障のためにも必須のものとなる．

1789年のフランス人権宣言では，3条で「あらゆる主権の原理は本質的に国民に存する．いかなる団体，いかなる個人も，国民から明示的に発するものではない権威を行使することはできない」と，16条で「権利の保障が確保されず，権力の分立が定められていない社会は，憲法を持たない」と，国民主権，人権保障と権力分立が近代憲法の基本的要素であることを明らかにしている．

権力分立については，イギリスの思想者であるロックが1689年に『統治二論』のなかで立法権・執行権・同盟権（対外的な安全等の管理）に分けて論

じ，さらにフランスの思想家であるモンテスキューが1748年の『法の精神』の中で立法権・執行権（行政権，裁判権）に分けて論じた．これらの権力分立論が，1787年のアメリカ憲法（国家権力を立法権，執行権，司法権に分ける）や1791年のフランス憲法（国家権力を立法権，執行権，司法権に分ける）で実現する．

2　日本では

　戦前の大日本帝国憲法では，立法権は天皇にあり，帝国議会は天皇の立法権に協賛するにすぎなかった（5条，37条）．また，天皇は帝国議会の関与なしに，公共の安全の保持またはその厄災を避けるために緊急の必要がある場合に法律に代わる緊急勅令（8条）を，法律の執行のため，または公共の安寧秩序の保持および臣民の幸福増進のために独立命令（9条）を発することができた．

　第二次世界大戦後の憲法制定過程のなかで，GHQは一院制を志向し，マッカーサー草案でも一院制としていた．しかし，大日本帝国憲法下では二院制（衆議院と貴族院）を採用していたこともあり，日本側の要求で日本国憲法は二院制を採用することになる．

二　憲法の規定と解釈

1　国会の地位

①　国民の代表機関

　憲法は前文で「権力は国民の代表者がこれを行使し」と，43条1項で「両議院は，全国民を代表する選挙された議員でこれを組織する」と規定するが，この「代表」とはどのような代表なのかは条文だけからはわからない．これについては二つの考えがある．

　まず一つは，「政治的代表」と捉える考え方である．この場合，例えば衆議院の小選挙区や参議院の選挙区のように，議員は特定の選挙区から選出さ

れるが，憲法に「全国民を代表する」と書かれている以上，選出された選挙区や後援団体など特定の選挙母体の代表ではなく，全国民の代表と捉えるものである．ここから，議員は議会において選挙区や選挙母体に拘束されず（命令的委任の禁止），表決の自由が保障される（自由委任の原則）．

　この「政治的代表」論からすると，いわゆる「田中型政治」は問題となる．かつて新潟選出の田中角栄元首相は，新潟優先の政治をおこない，例えば，山陽新幹線に続いて1971年に上越新幹線の建設が決定され，1982年に大宮駅・新潟駅間が開業した．ほかにも，練馬IC・川越IC間の東京川越道路が1973年に関越自動車道に格上げされ，新潟県長岡市までは1985年に全通した．新潟県内の一般道もそうであるが，政治力で他県よりも公共事業に力を入れていた．

　もう一つは，「社会学的代表」と捉える考え方である．これは，国民の意思と議員との事実上の類似性が重視されるもので，議会は民意を忠実に反映しなければならないと考えるものである．ここから，国民意思を忠実に反映する選挙制度が憲法上求められる．

　具体的には，憲法上望ましいのは比例代表制であると考えられている．選挙制度としては，大きく小選挙区制と比例代表制とに分かれるが，小選挙区制は一つの選挙区で当選するのは1人の候補者だけであるため，議席に結びつかない死票が大変多い．例えば，衆議院では1996年から小選挙区比例代表並立制で選挙が実施されているが，第一党が約4〜5割の得票率で約6〜8割の議席を獲得し，民意が議会に忠実に反映していない．

② 国権の最高機関

　憲法41条は，「国会は，国権の最高機関であつて……」と規定する．ただ，憲法の基本原理は三権分立のため，憲法上国会が「最高機関」になるわけではない．そこで，この「最高機関」の意味を，主権者国民に直接選任され，立法権をはじめ重要な権能が憲法上与えられ，国政の中心にあることを政治的に美称していると捉える政治的美称説が通説となっている．

③　唯一の立法機関

　同じく憲法41条は，国会を「国の唯一の立法機関である」としている．ここから，国会中心立法の原則と国家単独立法の原則が出てくる．

　国会中心立法の原則は，原則として国会だけ「が」立法するというものである．ただし，憲法上の例外があり，議院規則制定権（58条2項．両議院は，それぞれその会議その他の手続および内部の規律に関する規則を定めることができる），最高裁の規則制定権（77条1項．最高裁は，訴訟に関する手続，弁護士，裁判所の内部規律および司法事務処理に関する事項についての規則を定めることができる），内閣の政令制定権（73条6号．内閣は，憲法および法律の規定を実施するために，政令という法令を制定することができる），地方公共団体の条例制定権（94条．地方公共団体は，その財産を管理し，事務を処理し，および行政を執行する権能を有し，法律の範囲内で条例を制定することができる）である．

　国会単独立法の原則は，国会だけ「で」立法するというものである．すなわち，立法に際して，国会以外の機関の関与を不要とするものである．ただし，これにも憲法上の例外があり，一の地方公共団体にのみ適用される特別法の場合である（95条．一の地方公共団体のみに適用される特別法は，その地方公共団体の住民の投票においてその過半数の同意を得なければ制定することができない）．

2　国会の組織と活動

①　二院制

　世界では，一院制と二院制とに分かれるが，日本は憲法42条で衆議院と参議院という二院制を採用している．一院制のほうが国会の意思決定が早いというメリットがある一方，二院制のほうが審議や立法が慎重におこなわれ，第一院とは異なる時期や方法で選出された多様な民意を反映できるというメリットがある．

　ただ，二院制を採用する場合，両院で議決が異なると先に進まなくなる．そこで，憲法は衆議院の優越を定めている．なぜ衆議院かというと，衆議院のほうが参議院より定数が多く，衆議院の任期は4年で解散があるのに対し

て，参議院の任期は 6 年で解散がない（さらに，3 年ごとに半数改選）．すなわち，4 年（解散がある場合はさらに短い）前の民意と 6 年前の民意とをくらべた場合，どちらの民意が今の民意に近いかと言えば，当然 4 年前の民意だからである．

　具体的には，法律の議決（59 条．衆参両院で異なった議決をした場合，衆議院で出席議員の 3 分の 2 以上の多数で再び可決すれば成立する），予算先議・予算の議決（60 条．予算は先に衆議院に提出しなければならず，衆参両院で異なった議決をした場合，両議院の協議会を開いても意見が一致しないとき，または参議院が衆議院の可決した予算を受けとった後，国会休会中の期間を除いて 30 日以内に議決しないときは，衆議院の議決を国会の議決とする），条約の承認（61 条．衆参両院で異なった議決をした場合，予算の議決を定めた 60 条 2 項を準用する），内閣総理大臣の指名（67 条．衆参両院で異なった議決をした場合，両議院の協議会を開いても意見が一致しないとき，または衆議院が指名の議決をした後，国会休会中の期間を除いて 10 日以内に参議院が指名の議決をしないときは，衆議院の議決を国会の議決とする），内閣不信任決議（69 条．衆議院のみ内閣不信任決議案を可決したとき，または信任決議案を否決したときは，10 日以内に衆議院が解散されないかぎり，内閣は総辞職をしなければならない）に際して，衆議院の議決を優先させている．

②　国会の活動

　議会の活動機関を区切る方式を会期制と呼ぶ．日本国憲法は会期制を明示していないが，常会（52 条）以外に，臨時会（53 条）と特別会（54 条 1 項）を予定していることから，会期制を前提としていることがわかる．これ以外に，参議院の緊急集会（54 条 2 項）がある．

　常会は，一般的に「通常国会」と呼ばれているもので，毎年 1 回 1 月から 150 日間開催する（国会法 2 条，10 条）．臨時会は，一般的に「臨時国会」と呼ばれているもので，内閣が召集を決定するが，いずれかの議院の総議員の 4 分の 1 以上の要求があれば，内閣は召集しなければならない（国会法 3 条）．特別会は，一般的に「特別国会」と呼ばれているもので，衆議院の解散の日から 40 日以内に，衆議院議員の総選挙をおこない，その選挙の日から 30 日以内に召集するもので，新しい内閣総理大臣を決めるものである．

参議院の緊急集会は，衆議院が解散して存在しないときに，「国に緊急の必要があるとき」に内閣が召集するものである．ただし，緊急集会において採られた措置は，臨時のものであり，次の国会開会の後10日以内に衆議院の同意がない場合には効力を失う．

憲法に規定はないが，会期中に議決されなかった案件は次の国会に継続しないという会期不継続の原則がある（国会法68条）．これは，多数派である与党の法案を審議未了に持ち込み成立させないという，少数派である野党の重要な抵抗手段にもなり，前の国会の意思の拘束を防止するという意義もある．ただし，特に付託された案件は継続審議が可能である（国会法47条2項，121条の2）．

一度議決した案件を同一会期中に再び審議しないという一事不再議の原則もある（国会法56条の4）．これは，会議の能率を確保し，議会の価値を低めないためのものと位置づけることができる．日本国憲法には規定がないが，大日本帝国憲法には明文の規定があった（39条）．ただし，参議院で否決後の衆議院での再議決（59条2項）は別である．

③ 国会の権能

衆参両議院で構成されるのが国会であり，国会には以下の権能がある．すなわち，法律の制定権（41条，59条），予算の議決権（60条），条約の承認権（61条，73条3号．条約の締結権は内閣にある），弾劾裁判所の設置権（64条．罷免の訴追を受けた裁判官を裁判するため，両議院の議員で組織する特殊な裁判所の設置権），内閣総理大臣の指名権（67条），財政の統制権（83条〜91条．詳しくは第19章参照），憲法改正の発議権（96条）である．

④ 議院の権能

国会ではなく，衆参両議院それぞれにも権能が保障されており，議院が他の国家機関のみならず，他の一院との関係でも自律的に活動できることを保障している（議院自律権）．

すなわち，内部組織に関する自律権として，逮捕許諾および釈放請求権（50条），議員の資格争訟裁判権（55条．それぞれその議員の資格に関する争訟を

裁判する），役員の選任権（58条1項．議長その他の役員を選任する）がある．

　運営に関する自律権としては，秘密会の開催権（57条1項），議院規則制定権（58条2項），議員の懲罰権（58条2項．院内の秩序を乱した議員を懲罰することができるが，議員を除名するには，出席議員の3分の2以上の多数による議決を必要とする），国務大臣の出席請求権（63条）がある．

　さらに，国政調査権（62条．国政に関する調査をおこない，これに関して，証人の出頭および証言ならびに記録の提出を要求することができる）がある．これまで，ロッキード事件やリクルート事件など大きな政治問題が発生した場合に発動されてきた．

⑤　国会議員の特権

　国会議員には私たち国民にはない特権というものがある．

　まず，歳費を受ける権利（49条）がある．以前は財産と教養を備えた者の職とも言えた議員職に，資力のない労働者が就きうる道を開くために制度化された．

　次に，不逮捕特権（50条）がある．両議院の議員は，国会の会期中逮捕されないし，会期前に逮捕された議員は，その議院の要求があれば，会期中これを釈放しなければならない．さらに，国会法33条で，議院の許諾がある場合と院外での現行犯の場合を除き逮捕されない．これは王権と議会の政治抗争の過程で，反王権派議員の不当逮捕を防ぐために形成されてきたものである．現代においても，警察や検察を握っている政府により，野党に対する恣意的な弾圧もありうるため，それを防ぐためのものとして重要なものである．また，議院における審議権を確保するためにもある．

　さらに，発言等の免責特権（51条）がある．両議院の議員は，議院でおこなった演説，討論または表決について，院外で責任を問われない．この場合の責任は刑事責任および民事責任であり，政治的責任は除外される．これは，自由な議論を保障するためにもある．

⑥　定足数

　日本国憲法は大日本帝国憲法（46条）と同様，議事・議決の定足数は総議

員の3分の1以上としている（56条1項）．委員会の定足数は，委員の半数以上である（国会法49条）．

この「総議員」をどう捉えるかについては，死亡・辞任・除名等により欠員となった者を差し引いた「現在の総議員数」が学界の多数説である．一方，「法定議員数」が帝国議会以来の先例である．

定足数を欠く議事については，議院の自律権から後に裁判所で争えないとするのが通説である．会議中に欠く場合は，議長が休憩・延会を宣告して対応することが求められる．

定足数を欠く議決については，裁判所に法令の実質的審査権があっても議院の自律権から法令の形式的審査権は議会にある（通説）．ただし，一見して明白な場合は裁判所に審査権があると考えられている．

⑦　表決数

表決数は，出席議員の過半数である（56条2項）．出席議員には棄権者や白票，無効投票を含むという算入説（または積極説）が学界の多数説である．例外として，議員の資格争訟裁判による議員資格の喪失（55条），秘密会の開催（57条1項），議員の除名（58条2項），参議院否決後の衆議院の再議決（59条2項）の場合は出席議員の3分の2以上の多数を，憲法改正の発議（96条1項）の場合は総議員の3分の2以上の多数を必要とする．

三　現実問題

1　日本の選挙制度

現在の衆議院の定数は465人で，小選挙区から289人，全国11ブロックに分けた比例代表制から176人選出する．被選挙権は25歳以上である．

参議院の定数は248人で，各都道府県を単位とする選挙区（ただし，2016年選挙から徳島県と高知県，島根県と鳥取県を1つの選挙区に「合区」）から148人，全国1区の比例代表制から100人選出する．被選挙権は30歳以上である．

このように，現在の衆参両院の選挙制度が似通っているため，参議院の

「カーボンコピー化」が進んでいるとも言われてきた．そういったなかで，自民党政権のもとで1980年と1986年におこなわれた衆参同日選挙（衆議院の解散を恣意的に合わせて，衆議院選挙を参議院選挙と同じ日におこなうこと）は，両院の任期や性格が異なることから，望ましいものではない．

2　自民党改憲案

①　小選挙区制の追認

　2012年の自民党の改憲案（「日本国憲法改正草案」）では，47条に「各選挙区は，人口を基本とし，行政区画，地勢等を総合的に勘案して定めなければならない」という文言をつけ加えている．自民党が考える選挙制度というのは，人口を基本に選挙区を分ける必要のない比例代表制ではなく，小選挙区制を基本に考えているのである．

②　少数での議事開催

　日本国憲法の両議院の議事開催定足数と表決は，総議員の3分の1以上と出席議員の過半数としている．これに対して改憲案の56条では，両議院の議事開催の定足数をなくしているため，総議員の3分の1以上の出席がなくても議事開催自体を可能にしている．

③　首相・大臣不在での国会審議

　日本国憲法63条の首相・大臣の議院への出席の権利と義務規定については，改憲案で「ただし，職務の遂行上特に必要がある場合は，この限りでない」という文言をつけ加え，出席の義務を緩和している．

④　政党条項

　日本国憲法には政党条項がない．これに対して，改憲案では64条の2として，1項で「国は，政党が議会制民主主義に不可欠の存在であることに鑑み，その活動の公正の確保及びその健全な発展に努めなければならない」とし，3項で「政党に関する事項は，法律で定める」としている．自民党改憲

案のQ&Aでは,「憲法にこうした規定を置くことにより,政党助成や政党法制定の根拠になると考えます.政党法の制定に当たっては,党内民主主義の確立,収支の公開などが焦点になるものと考えられます」と説明している.

この政党に関して,ドイツの法学者であるトリーペルが,1927年に国家の政党に対する姿勢の発展を論じ,①敵視,②無視,③承認および合法化,④憲法的編入の4段階で説明した.この分類によると,日本でも明治期に自由民権運動から誕生した自由党の急進派に対する弾圧や,帝国議会開設後の反政府派民党に対する選挙干渉があったが,日清戦争後の政府と政党との接近を見ればわかるように,①や②から③に進む.一方,現在のドイツやフランスは憲法で政党を位置づけているため,④の段階にあると言える.現在の日本は,政党に助成をするための政党助成法はあるが,憲法に政党の規定がないため,まだ③の段階と言える.自民党改憲案はこれを④の段階に持っていこうとするものである.

しかし,ドイツやフランスなど欧米では国民の支持政党が明確であり,社会のなかでの政党の果たす役割も大きい.それに対して,日本の場合は昔から多くの国民は政党とは一歩距離を置き,社会のなかに政党がしっかりと根づいているというわけでもない.日本国憲法のもとで政党を憲法上位置づけるなら,21条の結社の自由に基づき結成された私的団体にとどまると言える.欧米とは政党観や政党の役割が異なる日本においては,政党法なるものを制定し,国家が政党に介入するのは時期尚早ではないであろうか.

第17章

内閣

....

この章を学ぶ前に

　安倍政権は，限定的な集団的自衛権行使容認に踏みきるなど憲法の規定内容との関係で多々問題があったが，憲法以前の「法の支配」との関係でも問題があった．序章—**2**で説明したとおり，「法の支配」は封建制社会の「人の支配」を否定して導入された概念であったのに，安倍政権はまさに「人の支配」政治をおこなってきたのである．

　具体的には，2006年からの第一次安倍政権では，安倍首相お気に入りの人物を多数内閣に入れたことから，「お友だち内閣」と言われた．その後の政治でも，内閣法制局長官人事（2013年．内閣法制次長から内閣法制局長官に就任するのが従来の慣行であったのに，集団的自衛権行使の解釈変更をおこなうために法制局勤務経験のないフランス大使であった小松一郎氏を任命），NHK会長人事（2014年．就任会見時に「政府が『右』と言っているのに我々が『左』と言うわけにはいかない」と発言するような籾井勝人元三井物産副社長を任命），最高裁人事（最高裁人事には従来，裁判官枠，日弁連推薦の弁護士枠，検察官・行政官・学者といった識者枠あったのに，日弁連推薦リスト枠外の加計学園元監事の木澤克之弁護士の任命など），検察官人事（2020年2月に定年退官予定だった「官邸の守護神」とも呼ばれた黒川弘務東京高検検事長の定年延長）などをおこなった．

　第7章で扱ったとおり，菅義偉首相は第25期日本学術会議会員の任命拒否をおこなう．憲法上，日本は三権分立を基本とし，第16章で説明したとおり，政治的美称とはいえ国会は国権の最高機関であるのに，安倍政権も菅政権も行政権，さらに首相が突出していたと言える（安倍首相は，国会で何度か自身を「立法府の長」と発言した）．そこで，行政権について憲法はどのよう

に規定しているのか，しっかりと見ていこう．

一　歴史

1　世界では

　19世紀までは，国家は治安・国防・司法などを専らおこなうべきであっ
て，経済活動などは市民の自由に委ねるべきという自由放任主義の考えが主
流であった．このような国家を「夜警国家」「消極国家」と言う．

　しかし，資本主義の発達とともに，20世紀以降の発達した資本主義国で
は，富裕層と貧困層による富の偏在がますます拡大し，労働者の生活の劣悪
化，失業などの諸問題から，社会福祉・社会保障制度の確立，貧困・失業の
救済，金融・財政政策による景気変動の統制や再配分，さまざまな社会保障
制度の設立などの国家による措置がとられるようなっていく．このような国
家を「社会国家」「積極国家」と言う．法の執行機関にすぎない行政府が，
国の基本政策形成過程において事実上決定権を持つにいたるのである．

2　日本では

　大日本帝国憲法下では，内閣という制度が憲法上存在せず（第4章に「国
務大臣及枢密顧問」という章があったにすぎない），各国務大臣が「統治権ヲ総
攬」する天皇を輔弼（天皇に対する助言）するとしていた（55条1項）．また，
内閣総理大臣も憲法の規定上存在せず，国務大臣のなかの「同輩中の首席」
にすぎず，行政権行使の最終的意思決定権者として他の国務大臣を指揮する
地位になかったのである．憲法上，内閣が議会により選出される仕組みにも
なっていなかったため，軍部の政治への介入も招いた．具体的には，軍部大
臣現役武官制（陸軍大臣・海軍大臣を現役の軍人から任命する制度）があり，こ
れにより内閣は軍の影響を強く受け，先の戦争に突入したのである．

　このような戦前の反省から，日本国憲法には平和主義の規定のみならず，
一つの章（第5章）として憲法に内閣の規定を置いたのである．

二　憲法の規定と解釈

1　行政権

　憲法65条にあるとおり，行政権は内閣に属する．行政権とは何か．立法とは，法規範を定立することである．これに対して，司法と行政は，定立された法規範を適用または執行することである．このうち，司法は「具体的な争訟について，法を適用し，宣言することによって，これを裁定する国家の作用」である．そこで，すべての国家作用から立法と司法を除いた作用が行政であると捉える控除説（または消極説）が通説となった．

　もちろん，内閣が唯一の行政機関という意味ではなく，その下に多数の行政機関が存在する．行政については，内閣が行政各部を指揮監督し，行政全体を総合調整し，統括する．

2　内閣の組織と権能

①　構成と文民規定（66条）

　この内閣は，憲法66条1項にあるとおり，首長たる内閣総理大臣およびその他の国務大臣で組織する．また，66条2項にあるとおり，内閣総理大臣その他の国務大臣は文民（軍人・兵隊ではない一般市民・民間人）でなければならない．

　この「文民」については，「現在職業軍人でない者」が言葉本来の意味として正しいが，憲法9条のもとではありえない．そこで，「これまで職業軍人であったことがない者」が以前は学界の多数説であった．しかし，現在では，自衛官も含む「現在職業軍人でなく，これまで職業軍人であったことがない者」とするのが多数説である．

　なお政府は1965年（同年5月31日衆議院予算委員会での高辻正巳内閣法制局長官答弁）以来，「旧陸海軍の職業軍人の経歴を有する者であって軍国主義的思想に深く染まっていると考えられる者，及び自衛官の職にある者以外の者」としている．

②　内閣総理大臣の地位と権能

　大日本帝国憲法では内閣総理大臣は「同輩中の首席」という位置づけであったが，日本国憲法では内閣という合議体の首長と位置づけている（66条1項）.

　このことから，内閣総理大臣の権能としては，国務大臣の任命権と罷免権（68条），国務大臣訴追の同意権（75条），内閣を代表しての国会への議案提出・一般国務と外交関係についての報告・行政各部の指揮監督権（72条），法律および政令の連署権（74条），議院への出席の権利と義務（63条）がある.

③　内閣の権能

　内閣の権能として，まず73条で列挙されている．すなわち，法律の執行と国務の総理（1号），外交関係の処理（2号），条約の締結（3号），官吏（公務員．実際には国家公務員）に関する事務の掌理（4号），予算の作成と国会への提出（5号），政令（内閣が制定する法令）の制定（6号），恩赦（大赦，特赦，減刑，刑の執行の免除および復権）の決定（7号），その他一般の行政事務である.

　ほかに，天皇の国事行為に対する助言と承認（3条，7条），最高裁長官の指名（6条2項），その他の裁判官（最高裁長官以外の最高裁裁判官および下級裁判所裁判官）の任命（79条1項，80条1項），国会の臨時会の召集（53条），参議院の緊急集会の決定（54条2項，3項），予備費の支出（87条），決算審査および財政状況の報告（90条1項，91条）である．これらの職権をおこなうのは，閣議によるものとしている（内閣法4条1項）.

　73条7号の恩赦というのは，裁判所による刑罰権の行使の効力を取り消したり，軽くすることであるが，大日本帝国憲法下では天皇の大権事項であった（16条）．これを日本国憲法のもとでは，恩赦の決定権を内閣に置き，天皇はこれを認証するだけにとどめる．ただ，恩赦は三権の一つである司法権の行使を後に変更するという権力分立の例外であるから，決定に際しては慎重さが求められる.

　73条6号の政令の制定は，第16章二**1**③で説明したとおり，国会中心立法の原則の例外である．「この憲法及び法律を実施するため」（73条6号）の

執行の細則としての執行命令や，「政令には，特にその法律の委任がある場合を除いては，罰則を設けることができない」(73条6号但書) としていることから，委任命令が認められている．この委任命令については，白紙委任や委任の範囲を超えるものは許されず，個別的・具体的な特定が必要であると考えられている．

2　議院内閣制

①　議院内閣制の本質

　三権分立を採用している国でも，行政権の所在と三権の関係については，大きく議院内閣制と大統領制とに分かれる．

　議院内閣制は，立法権を行使する議会・国会のメンバーを国民が選挙で選び，議会の多数派が行政権を行使する内閣を構成するものである．そして，内閣は議会の信任に基づいて成立し，議会に対して連帯して責任を負う．議院内閣制の国としては，イギリスが代表的である．

　これに対して，大統領制は議会と政府とを完全に分離し，行政権の所在が大統領にあり，行政の長である大統領についても選挙で選出するのが一般的である．大統領制の国としては，アメリカが代表的であり，大臣にあたる各省長官は議員を兼ねることができない．議会のメンバーも大統領もそれぞれ国民が選挙で選ぶので，議院内閣制よりは厳格な三権分立となる．なお，フランスにも大統領がいるが，大統領制と議院内閣制を組み合わせた制度となっている．

②　日本国憲法における議院内閣制

　憲法には大統領についての規定がないので，日本は大統領制ではないことはすぐわかる．そして，内閣の行政権行使についての国会に対する連帯責任の原則 (66条3項)，内閣総理大臣を国会議員のなかから国会が指名すること (67条1項)，国務大臣の過半数は国会議員から選出すること (68条1項)，衆議院による内閣不信任決議権があること (69条) から，日本は議院内閣制を採用していると言える．

③ 衆議院の解散

憲法69条に、「内閣は、衆議院で不信任の決議案を可決し、又は信任の決議案を否決したときは、10日以内に衆議院が解散されない限り、総辞職をしなければならない」とあるように、内閣不信任決議が可決されるか、信任決議が否決された場合、内閣自身が総辞職しなければ、衆議院を解散する.

ただ、7条3号に、天皇の国事行為の一つとして衆議院の解散の規定がある. もちろん、これは国事行為なので、天皇が実質的に決定するわけではない. 一方、69条の内閣不信任決議に基づく解散も、解散権を正面から規定したものではない. 現在では、69条による解散以外に、7条により内閣に実質的な解散決定権が存するという慣行が成立している.

解散とは任期満了前に議員の資格を失わせる行為である. この制度は、国民主権の現代において、政府と議会が対立した場合や重要な政治問題に直面した場合などに、主権者たる国民に対してその意思を問うためにあると厳格に解釈すべきである.

なお、政治の世界やマスコミなどで、「解散権は首相の専権事項」とよく言われているが、憲法上、そのような規定はない.

三　現実問題

1　長期保守政権による弊害

① 政官財の癒着構造

日本では、短期間の政権交代はあったものの、自民党による長期保守政権が続いてきた. そのようななかで、保守政治家は財界から政治献金を受け（最近は政治資金パーティー）、その見返りに財界に有利な政策の立案や立法をおこなう. また、保守政治家は官僚に働きかけて特定の企業・業界に有利な行政運営をおこなわせ、官僚は政治家に働きかけて自身の省庁の意向に沿った予算配分や政策の立法をおこなったり、自身が政治家になる. 官僚は財界に有利な政策の立案や立法をおこない、財界は官僚の天下りを受け入れる. このような形で、保守政治家・財界・官僚がさまざまな形で癒着し、政策を

ゆがめてきた.

②　中曽根政権がめざした「大統領的首相」

　1980年代に中曽根首相は，イギリスのサッチャー首相のような「大統領的首相」になりたいと発言した．大統領制を導入するには改憲が必要で，憲法上大統領が元首になるし，自民党としては天皇を元首として扱うため，大統領制を導入するわけにはいかない．そこで，議院内閣制のもとで，内閣全体での意思決定ではなく，トップダウンで首相が物事を決定していくために「大統領的首相」論が出てきたのである．

　具体的に中曽根政権は，以前は国家行政組織法で内部部局の設置は法律で定めるとしていたのに，1983年に同法を改正して，内部部局の設置を政令でできるようにし，内閣だけで出せる政令による政治（政令政治）をおこなうようになる．また，本来，国会で議論すべき重要な政治問題（行政改革や教育，靖国神社問題など）を，政府に都合のよい知識人・ジャーナリスト，さらには労働組合役員などまで審議会に集めて審議・答申させ，審議会が出す答申や報告書で世論を誘導して政治をおこなう審議会政治もおこなった．これら政令政治も審議会政治も，国会をバイパスする政治手法と言える．

　このようななかで，中曽根政権は1986年に国防に関する重要事項や重大緊急事態への対処に関する重要事項を，閣議より少数の構成員で迅速に審議できる組織として，首相と8人の閣僚から構成される安全保障会議を設置した．これはいわば「内閣のなかに少数の特別な内閣」を設置するようなもので，日本国憲法が想定していなかった少数からなる中央行政機関である．この安全保障会議を改組し，首相と官房長官・外相・防衛相による「四大臣会合」を司令塔にする国家安全保障会議を安倍政権が2014年に設置した．

2　自民党改憲案

①　文民条項

　2012年の自民党改憲案（『日本国憲法改正草案』）では，9条の国防軍保持規定に合わせて，66条2項の文民規定を，「現役の軍人であってはならない」

に変えた．実際に，2001年の小泉政権のときに中谷元氏のような元自衛官を大臣（防衛庁長官）にしているが，この改憲案はこれまでの学界での議論を無視して，元自衛官（12年改憲案が成立したなら，「元国防軍人」）を正面から首相および大臣にしてしまうものである．

②　首相の権限強化

　次に，首相の職務について改憲案の72条では，行政各部の指揮監督権さらに総合調整権と，国防軍の統括権を与え，衆議院の解散を首相の権限にしている．この点について改憲案のQ&Aでは，「内閣総理大臣は，……そのリーダーシップをより発揮できるよう，今回の草案では，内閣総理大臣が，内閣（閣議）に諮らないでも，自分一人で決定できる『専権事項』を，……3つ設けました」と説明しており，首相の権限強化のためにこのような規定を置いたとしている．

　内閣法6条は，「内閣総理大臣は，閣議にかけて決定した方針に基いて，行政各部を指揮監督する」と，首相の指揮監督権は閣議によって制約されている．これが2001年になると，行政改革の一環として中央省庁等改革基本法が制定され，このなかの第2章がまさに「内閣機能の強化」という表題になっている．そして，この第2章の10条で，内閣に首相を長とし，内閣官房を助けて国政上重要な具体的事項に関する企画立案および総合調整をおこなう内閣府設置の規定を置いた．また，2003年に制定された有事法制の一つである武力攻撃事態法には，14条で武力攻撃事態等（有事など）には武力攻撃事態等対策本部長（基本的には首相）に，国や自治体，民間企業などの有事の際の措置に関する総合調整権を与えている．この点から考えてみても，この総合調整権は指揮監督権のような制約がない権限であることがわかる．自民党改憲案も首相の権限強化がねらいであり，日本国憲法とは首相の位置づけが大きく変わってしまうのである．

③　政令に罰則規定導入へ

　さらに，自民党改憲案73条の内閣の職務については，2005年の改憲案（「新憲法草案」）と同様に6号の政令制定権で，「義務を課し，又は権利を制

限する規定を設けることができない」と，日本国憲法の「罰則を設けること
ができない」という文言をなくしている．ということは，政令で義務を課し
たり権利を制限することはできなくても，罰則を科すことは可能になってし
まう．

第18章

司法

この章を学ぶ前に

　憲法82条は裁判の公開を定めている．これにより，一部の有名な事件は抽選制になるが，ほとんどの裁判は抽選もなく，自由に法廷に入って傍聴することができる．裁判所に入ったところにある開廷表を見たり，各法廷のボードを見て，傍聴人入口から入り，傍聴席に座ればいいだけである．みなさんも今後，刑事裁判の被告や民事裁判の原告または被告になったり，裁判員になることもありうるので，やはり見ておいたほうがいいであろう．

　実際に法廷に行ってみると，無機質な裁判官が多いことがわかると思う．もちろん，客観的に公平な裁判をおこなう立場であるから，感情をあらわにしてはいけない．ただ，それだけでなく，どうも日本の裁判官は私生活含め人間的な感じが希薄のようなのである．

　本章三1②でふれる寺西事件をきっかけに，1999年に『日独裁判官物語』という映画が製作された．日本とドイツの裁判官・裁判所の違いを描く作品であるが，これを見れば，ドイツの裁判官は労働組合に入り，政治的な集会・デモに参加し，政党にも入りそれも隠さないなど，日本ではありえないことの多さに驚く．裁判で偏った判決を出すことは当然許されないが，裁判官も仕事を離れれば一市民として市民的自由が保障されているのである．

　アメリカの連邦最高裁の裁判官について，誰が共和党系で，誰が民主党系かが話題になるとおり，ドイツでもアメリカでも裁判官であっても自身の政治的立場がはっきりしている．日本の裁判官は自身の政治的立場を明らかにすることはなく，そのため公平中立な裁判をおこなっているように見えるが，政府寄りの判決が多いのが実態である．そして，ドイツやアメリカと違

って，裁判所が違憲判決を出すことも非常に少ない．憲法で三権分立を基本原理にしているのに，これでいいのであろうか．このような裁判官に裁かれたいであろうか．

一　歴史

1　世界では

日本も憲法で採用している違憲審査制（法律や政府行為が違憲か合憲かを裁判所が判断する制度）は，19世紀初頭のアメリカで導入された制度である（1803年のマーベリー対マディソン事件での連邦最高裁判決）．ただ，当初，ヨーロッパ諸国はこのアメリカ独特の制度を導入しなかった．ヨーロッパでは，国民が選挙で選んだ議会に対しては信頼があったが，選挙で選べない裁判所には信頼がなかったからである．

しかし，第二次世界大戦を経験し，人類は多数派が常に正しいわけではないことを学んだ．具体的には，数々の謀略事件もあったとはいえ，ナチスの経験が大きい．第一次世界大戦後，すっかり疲弊したドイツでは，ナチスが国民の不満をうまく吸い上げ，政権を握っていく．そして，ナチスが政権をとると，ユダヤ人の虐殺をおこない，戦争にも突入していくのである．このようなナチスの経験から，多数派が暴走したときの是正策としてアメリカの違憲審査制に注目し，第二次世界大戦後，ヨーロッパや日本で違憲審査制が導入されていった（これを「違憲審査革命」と言う）．

2　日本では

大日本帝国憲法下では57条1項で司法権は天皇に属し，裁判所が「天皇ノ名ニ於テ」司法権を行使していた．司法権の範囲は刑事裁判と民事裁判に限定し，行政裁判は行政機関としての行政裁判所がおこなった（61条）．また，陸海軍の軍人に対して司法権を行使する軍隊内の特別な裁判所として，軍法会議もあった．

これが戦後，司法権は天皇から切り離され独立し，行政裁判も通常裁判所がおこない，行政裁判所や軍法会議といった特別裁判所を認めないことになったのである．

二　憲法の規定と解釈

1　司法権と裁判所の種類

①　司法権とは

憲法76条に規定されているとおり，「すべて司法権は，最高裁判所及び法律の定めるところにより設置する下級裁判所に属する」．司法権についての通説は，「具体的な争訟について，法を適用し，宣言することによって，これを裁定する国家の作用」と考えられている．この「具体的な争訟」という要件は事件性の要件と言われ，裁判所法3条の「一切の法律上の争訟」も同じ意味である．そして，行政事件にも司法権が及ぶ．

司法権が裁定する「法律上の争訟」とは，①当事者間の具体的な権利義務ないし法律関係の存否に関する紛争で，②法律を適用することによって終局的に解決できるものとしている（通説）．したがって，原則として抽象的な法令の解釈・効力，単なる事実の存否・個人の主観的意見の当否・学問上の論争，信仰の対象の価値・宗教上の教義について，司法権は関与しない．

②　裁判所の種類

この76条1項に規定されている裁判所組織は，最高裁判所と下級裁判所である．

最高裁判所は，内閣が指名し，天皇が任命する最高裁長官（6条2項）と，内閣が任命し，天皇が認証する最高裁裁判官（79条1項，裁判所法39条）から構成されている．最高裁の権限は，①一般裁判権，②国家行為の合憲性審査権，③規則制定権，④下級裁判所裁判官指名権，⑤下級裁判所裁判官および裁判所職員に対する司法行政監督権である．最高裁には，15名全員の裁判官の合議体である大法廷と，5名の裁判官の合議体である小法廷とがあり，

憲法適合性を判断したり判例を変更するときなどは大法廷で裁判する．最高裁裁判官には任期がなく，定年（70歳）があるだけである．

下級裁判所には，高等裁判所，地方裁判所，家庭裁判所，簡易裁判所がある．家庭裁判所は，離婚や相続などの家庭問題と，少年事件を扱う裁判所で，地方裁判所と同等の位置にある．簡易裁判所は，少額軽微な事件を簡易かつ迅速に裁判する第一審裁判所である．

通常は地方裁判所→高等裁判所→最高裁判所と，軽微な事件の場合は簡易裁判所→地方裁判所→高等裁判所と，3回まで裁判をおこなうことができる（三審制）．

③　特別裁判所の設置・行政機関による終審裁判の禁止

憲法76条2項は，「特別裁判所は，これを設置することができない．行政機関は，終審として裁判を行ふことができない」としている．

この規定から，特別の人間または事件について裁判するために，通常裁判所の系列から独立して設けられる特別裁判所の設置が禁止されている．ただし，憲法上の例外として，弾劾裁判所の設置は認められている（64条）．

また，「行政機関は，終審として裁判を行ふことができない」としているので，前審ならよい．具体的には，行政不服審査法上の「裁決」や人事院の「裁定」などは許される．

2　司法権の独立

憲法76条3項は，「すべて裁判官は，その良心に従ひ独立してその職権を行ひ，この憲法及び法律にのみ拘束される」と規定されており，これを司法権の独立と言う．この司法権の独立には，司法部の独立と裁判官の職権の独立とがある．

①　司法部の独立

まず，司法部の独立とは，裁判所という組織が立法権・行政権などの他の国家機関から独立していることを言う．

これについては，1891年に訪日したロシア皇太子を巡査が負傷させた事件（大津事件）で，政府は天皇や皇族に対して危害を与えた場合の大逆罪を適用して死刑にするよう圧力をかけたのに対して，大審院（現在の最高裁に相当）の院長である児島惟謙が担当判事に通常どおり裁判をおこなうよう促し，結局，通常の謀殺未遂罪で無期徒刑になった．これは司法部の独立を守ったが，裁判官の職権の独立は守られなかった事例と言える．

② 裁判官の職権の独立

次に，裁判官の職権の独立とは，裁判官一人一人が職権行使にあたり他の誰からも独立していることを言う．条文にある「良心」は，裁判官の主観的な良心ではなく，客観的な良心，裁判官としての良心とされている．大津事件のように，司法部の独立が実現しても，裁判官の職権の独立が実現しない場合もあり，裁判官の職権の独立こそ重要と言える．

これについては，1969年に自衛隊の違憲性が問われた長沼事件の審理中，札幌地裁の平賀健太所長が，担当判事の福島重雄裁判長に自衛隊の違憲判断を避けるべきである旨を示唆する書簡を送り，福島裁判長がこの事実を明らかにした．これに対して，最高裁は平賀所長を注意処分にしたものの，国会の裁判官訴追委員会が福島裁判長を訴追猶予処分にし（平賀所長は不訴追），札幌高裁が福島裁判長を注意処分にした．

3 裁判官の身分保障

① 憲法の規定

憲法78条は，「裁判官は，裁判により，心身の故障のために職務を執ることができないと決定された場合を除いては，公の弾劾によらなければ罷免されない．裁判官の懲戒処分は，行政機関がこれを行ふことはできない」と，裁判官の身分を保障している．

② 身分保障の例外と裁判官の罷免

しかし，条文にあるとおり，例外がある．

まず，心身の故障のため職務をとることができないと裁判により決定された場合である．この際におこなわれる裁判を分限裁判と言う．

次に，国民の公務員に対する罷免権（憲法15条1項）に基づき，公の弾劾により罷免が決定された場合である．この際におこなわれる裁判を弾劾裁判という（憲法64条）．

さらに，最高裁裁判官に対する国民審査がある（憲法79条2項，3項）．これについては二6②で説明する．

③ 下級裁判所裁判官の任期と再任

憲法80条1項は，「下級裁判所の裁判官は，最高裁判所の指名した者の名簿によつて，内閣でこれを任命する．その裁判官は，任期を10年とし，再任されることができる．但し，法律の定める年齢に達した時には退官する」と規定している．

この「再任」の解釈について，最高裁は再任は信任とまったく同じで，指名権者である最高裁の自由裁量で決定できるとしている（三1①でふれる宮本裁判官再任拒否事件に際しての最高裁の見解）．一方，学説としては，①裁判官は再任される権利があるとする身分継承説，②再任が原則であり分限裁判や弾劾裁判を例外とする羈束裁量説，③再任は任命権者の裁量に委ねられているとする自由裁量説がある．裁判官の身分保障の重要性を鑑みれば，②羈束裁量説が妥当であり通説となっている．

4　司法権の限界

① 司法権が及ばない例外

裁判所は，「一切の法律上の争訟を裁判〔する〕」（裁判所法3条1項）としているが，これにはいくつかの例外がある．

まず，憲法上の例外として，議員の資格争訟の裁判（55条）と裁判官の弾劾裁判（64条）がある．また，国際法上の例外として，外交使節の治外法権や条約による裁判権の制限がある場合である．

次に，自律権として，議院，国会，内閣，最高裁などの自律的決定に属す

る事項がある．また，自由裁量として，法律が一定範囲の行政庁の行為を行政権の自由裁量に委ねている場合や，立法機関としての国会の裁量に委ねている事項がある．

　さらに，団体の内部事項については，部分社会の自治的措置に委ねている．例えば，宗教団体，政党，大学，労働組合，地方議会などの内部事項がこれにあたる．ただし，単なる内部規律の問題と言えないような重大事項については，司法審査の対象になる．

②　統治行為論

　それ以外に，「統治行為」（イギリスの act of state），「政治問題」（アメリカの political questions）の問題がある．これは，一定の政治部門の行為のうち，たとえ法的判断が可能であっても，高度の政治性を有するがゆえに司法審査の対象としない行為のことである．

　統治行為をめぐる学説としては，自制説，内在的制約説，折衷説がある．

　まず，自制説であるが，統治行為と言われるものは，法律問題であると同時に重大な政治問題を含むため，違憲・無効とした場合，重大な政治的混乱を引き起こし，裁判所が判断しても執行力があるわけではないので，政治判断に任せ，自制すべきとするものである．

　次に，内在的制約説であるが，三権分立の原則または民主主義の原理から，事柄の性質上内閣や国会の判断に任せるべきで，国民に直接選出されたわけではない，政治的に責任のとれない裁判所が判断すべきではないとするものである．これが通説となっている．

　ほかに，折衷説もあり，民主主義の原理には権利保障の側面も含まれるため司法審査が必要な場合もあるが，自制説の内容を加味したうえで，影響等事件に応じて具体的に検討すべきとするものである．

　これに対して判例としては，安保条約に基づく駐留米軍の違憲性が争われた砂川事件で，最高裁は「一見極めて明白に違憲無効であると認められない限りは，裁判所の司法審査権の範囲外のものである」とし，司法審査の可能性を残した統治行為論を採用した［最大判1959年12月16日刑集13巻13号3225頁］．また，憲法7条のみを根拠にしておこなわれた衆議院の解散の違憲性

が争われた苦米地事件で，最高裁は解散について，「裁判所の審査権の外にあり，その判断は主権者たる国民に対して政治的責任を負うところの政府，国会等の政治部門の判断に委され，最終的には国民の政治判断に委ねられている」と統治行為論を採用した［最大判1960年6月8日民集14巻7号1206頁］.

　ただ，「高度の政治性」という概念は明確性を欠き，場合によってはなんでも入ってしまう．裁判所による判断回避は国民の権利保障の枠をせばめ，違法行為の是正が減る可能性がある．素直に憲法9条を解釈すれば，駐留米軍は違憲であり，現在各地で進行中の安保法制違憲訴訟も同様である．裁判所は安易に統治行為論に走るべきではない.

5　違憲審査制

①　憲法の規定

　憲法81条は，「最高裁判所は，一切の法律，命令，規則又は処分が憲法に適合するかしないかを決定する権限を有する終審裁判所である」と規定しており，これを違憲審査制という．終審裁判所として機能していなければ，下級裁判所も違憲審査権を有する.

②　違憲審査制を正当化する根拠

　この違憲審査制を憲法上正当化する根拠としては，まず憲法98条1項（「この憲法は，国の最高法規であつて，その条規に反する法律，命令，詔勅及び国務に関するその他の行為の全部又は一部は，その効力を有しない」）に規定された憲法の最高法規性がある．憲法で憲法が最高法規だと宣言しても，実際に憲法が守られるわけではなく，憲法違反の法律などを無効とする機関が必要なので，裁判所が行使するのである.

　次に，三権分立である．国家権力を立法権・行政権・司法権に分けたうえで，それぞれの機関が牽制し合う仕組みを採用している．立法機関による法律および行政機関による行政に対して，司法機関が牽制するのが違憲審査制である.

　さらに，基本的人権の尊重である．議会制民主主義を採用していれば，国

会・議会では多数決原理で意思決定をしていく．この際に，多数派が少数派の人権を侵害する立法をおこなう可能性もある．そのような場合に，裁判所が少数派を救済するために違憲審査権を発動するのである．また，人権を保障するのは憲法の大原則でもある．そこで，違憲審査権を有する裁判所のことを，「少数者の人権の砦（とりで）」「憲法の番人」とも表現されている．

　したがって，日常的には民主主義的に意思決定をしていくが，多数派が暴走した場合は違憲審査制で是正する．多数派の暴走を立憲主義・法の支配で是正するためにある．

③　類型

　世界の違憲審査制には二つのタイプがある．アメリカ型の付随的違憲審査制とドイツ型の抽象的違憲審査制である．

　付随的違憲審査制は，通常裁判所が民事裁判や刑事裁判といった具体的事件についての判決主文を導き出す理由のなかで，付随して憲法判断をおこなう．違憲判決の効力は，当該事件のみにしかない（個別効力型）．そして，訴訟当事者となった私人の権利保障が目的である（私権保障型）．

　これに対して，抽象的違憲審査制は，通常裁判所とは別に特別に設置された憲法裁判所が存在し，この憲法裁判所が具体的事件に関係なく法令そのものの憲法判断を主文のなかでおこなう．違憲判決の効力としては，法令の条項そのものが無効となり，広く一般に適用される（一般的効力型）．そして，憲法秩序の保障が目的である（憲法保障型）．

　ただ，近年では両者の合一化傾向が見られる．

　日本はどちらのタイプかと言えば，日本には憲法裁判所がなく，通常裁判所が具体的事件に付随して憲法判断をおこなってきたので，付随的違憲審査制を採用している．最高裁も警察予備隊違憲訴訟で，「我が裁判所は具体的な争訟事件が提起されないのに将来を予想して憲法及びその他の法律命令等の解釈に対し存在する疑義論争に関し抽象的な判断を下すごとき権限を行い得るものではない」と，付随的違憲審査制を採用することを明らかにした［最大判1952年10月8日民集6巻9号783頁］．

④ 違憲審査の方法

違憲審査の方法としては，まず法令そのものを違憲とする法令違憲がある．

次に，憲法判断の回避というものがある．違憲審査は具体的事件の解決に必要なかぎりでおこなわれるので，事件の解決が違憲審査に踏み込むことなしに可能であれば，あえて憲法判断することは控えるべきだという考えである．アメリカの連邦最高裁が1936年に下したアシュワンダー対TVA事件判決の補足意見で，ブランダイス裁判官が示した七つのルールがあり，次の二つが重要である．まず，ブランダイス・ルール第四準則は，憲法問題が論点となっていても，他の方法で解決可能な際には憲法判断はしないというものである．次に，ブランダイス・ルール第七準則は，法律の合憲性に重大な疑いがあっても憲法判断回避可能な法律解釈ができるか否かを確認し，①法律を違憲と判断することを回避する，②法律の合憲性に対する疑いを除去し合憲とする解釈をする．このブランダイス・ルールの第四準則と第七準則の①が憲法判断の回避である．日本の裁判では，自衛隊基地の通信線を切断して自衛隊法違反で起訴された恵庭事件で，被告は自衛隊の違憲性を主張したが，裁判所は電線を自衛隊法121条の防衛用器物損壊罪に言う「その他の防衛の用に供する物」にあたらないと解釈して被告を無罪とし，自衛隊の違憲性については憲法判断を回避した［札幌地判1967年3月29日下刑集9巻3号359頁］．

残るブランダイス・ルール第七準則の②が合憲限定解釈というものである．これは，複数の解釈がある場合，立法府を尊重し，違憲判決による混乱を回避するため，憲法適合的な解釈をとる方法である．日本の裁判では，地方公務員の労働基本権を制限する地方公務員法の規定について争われた都教組事件で，最高裁は法律の規定について「違憲の疑を免れない」としつつ，法律自体を違憲とせず，当該法令の解釈運用から被告人を無罪とした［最大判1969年4月2日刑集23巻5号305頁］．

ほかに，適用違憲というものがある．これには三つのタイプがあり，一つめは，合憲限定解釈が不可能な場合で，合憲的に適用できる部分と違憲的に適用できる部分が不可分の関係にある場合に，法令を当該事件に適用されるかぎりにおいて違憲とする方法である．郵便局員の政治活動が国家公務員法

違反に問われた猿払事件第一審判決で採用された［旭川地判1968年3月25日下刑集10巻3号293頁］．二つめは，合憲限定解釈が可能だが，適用した行為を違憲とする方法である．郵便局員の政治活動が国家公務員法違反に問われた全逓プラカード事件第一審判決で採用された［東京地判1971年11月1日判時646号26頁］．三つめは，法令自体は合憲でも，適用した行為を違憲とする方法である．教科書検定の違憲性が争われた第二次家永訴訟第一審判決で採用された［東京地判1970年7月17日行集21巻7号別冊1頁］．

　以上，憲法学界ではアメリカの憲法理論などを研究・紹介し，精緻な議論が積み重ねられてきたが，裁判所のほうがかならずしもこれらを採用しているわけではない．

⑤　違憲判決の効力

　違憲判決の効力については，以下のような学説がある．

　まず，当該法令の規定が客観的に無効となる一般的効力説がある．日本は付随的違憲審査制を採用しており，一般的効力を認めることは消極的立法作用になり41条に反し，採用することは難しい．

　次に，当該事件への法令の適用が排除されるにとどまるとする個別的効力説がある．日本は付随的違憲審査制を採用しているので，これが通説である．

　ほかに，一般的効力か個別的効力かは法律に委任されているとする法律委任説もある．

　ただ，個別的効力説をとっても，違憲判決には一定の拘束力を認め，内閣・国会の対応が期待されるとする学説の合一化が見られる．実際に，これまでの法令違憲では，検察が違憲と判断された刑法規定で起訴しなくなったり，国会が法改正してきた．

⑥　最高裁の法令違憲の実例

　これまで最高裁が法律を違憲としたものは少ない．以下の12種類13件にとどまる．

　1973年の尊属殺重罰規定違憲判決（第3章三1①参照）．

　1975年の薬事法距離制限規定違憲判決．薬局開設許可にあたっての距離

制限を規定する薬事法6条2〜4項が憲法22条の職業選択の自由に反するとした［最大判1975年4月30日民集29巻4号572頁］.

1976年および1985年の衆議院議員定数不均衡違憲判決（第10章三1②参照）.

1987年の森林法違憲判決. 持ち分2分の1以下の共有者からの森林分割請求を認めない森林法186条が憲法29条の財産権に反するとした［最大判1987年4月22日民集41巻3号408頁］.

2002年の郵便法違憲判決. 書留郵便と特別送達郵便に関して郵便職員の故意過失による損害に国の損害賠償責任を免除する郵便法68条・73条が憲法17条の国家賠償請求権に反するとした［最大判2002年9月11日民集56巻7号1439頁］.

2005年の在外選挙権違憲判決. 在外国民に衆議院の小選挙区と参議院の選挙区での投票を認めない公職選挙法が憲法15条・43条・44条の選挙権規定に反するとした［最大判2005年9月14日民集59巻7号2087頁］.

2008年の国籍法違憲判決（第3章三1①参照）.

2013年の非嫡出子法定相続分規定違憲判決（第3章三1①参照）.

2015年の女性の再婚禁止期間一部違憲判決（第3章三1①参照）.

2022年の最高裁裁判官国民審査法の在外邦人の審査権制限違憲判決. 在外国民に最高裁の国民審査権を認めないのは憲法15条1項の公務員の選定・罷免権などに反するとした［最大判2022年5月25日民集76巻4号711頁］.

2023年の性同一性障害特例法生殖不能手術規定違憲判決. トランスジェンダーの戸籍上の性別変更に生殖不能手術を必要とする規定は憲法13条の自己の意思に反して身体への侵襲を受けない自由に反するとした［最大判2023年10月25日民集77巻7号1792頁］.

2024年の旧優生保護法強制不妊手術規定違憲判決. 旧優生保護法（1948年〜96年）の遺伝性疾患や障害のある者に本人の同意なく不妊手術の実施を認めていた規定は，憲法13条の自己の意思に反して身体への侵襲を受けない自由に反し，差別的取扱いとして憲法14条違反であるとした［最大判2024年7月3日裁判所ウェブサイト］.

以上のように，日本の最高裁による法令違憲の数は非常に少ない. また，違憲判決には消極的で，合憲判断には積極的とも言える. 三権分立や違憲審

査制が憲法で保障されながら，実際には司法による政治部門の正当化・お墨付き機関化しているとも言える．求められるのは，違憲判断積極主義，人権保障積極主義であろう．

このような日本の裁判所の司法消極主義に対して，日本でも憲法裁判所を導入すれば積極的になるという議論がある．本当であろうか．日本と同様に通常裁判所が憲法判断をおこなうアメリカでは，違憲判決がよく出る．政権交代があるから，裁判官の配置も共和党系と民主党系とのバランスがとれ，機能するのである．憲法上，最高裁の人事権が内閣にある日本で長期自民党政権が続けば，最高裁が保守化することは避けられない．日本で憲法裁判所を設置した場合，裁判官の人事権を内閣に与えれば，憲法裁判は憲法裁判所のみでおこない，しかも一発で政府行為にお墨付きを与える機関になりかねない．

6　司法の民主化

①　国民による裁判批判

このような日本の裁判所の司法消極主義を変えていくには，何が必要であろうか．まずは，国民による裁判批判である．例えば，今，世論調査をすれば，結婚後も夫婦別姓を認めることに賛成が60％，反対が13％という結果が出ている（『朝日新聞』2023年5月4日朝刊）．一方で，最高裁は夫婦同姓を強制する民法750条について，これまで二度，合憲判決を出している［最大判2015年12月16日民集69巻8号2586頁，最大決2021年6月23日集民266号1頁］．世論に背を向ける最高裁の姿勢に対して，もっと批判があってもいい．

②　最高裁裁判官に対する国民審査

次に，なんといっても憲法で保障された国民審査の活用である．憲法79条2項は，「最高裁判所の裁判官の任命は，その任命後初めて行はれる衆議院議員総選挙の際国民の審査に付し，その後10年を経過した後初めて行はれる衆議院議員総選挙の際更に審査に付し，その後も同様とする」と，同条3項は，「前項の場合において，投票者の多数が裁判官の罷免を可とすると

きは，その裁判官は，罷免される」という国民審査の規定がある．実際に毎回の衆議院選挙の際に国民審査がおこなわれ，罷免したい最高裁裁判官に「×」を記す方法で実施されている．しかし，この制度で罷免された最高裁裁判官は一人もおらず，「×」の割合も1割程度である．

③　法曹一元化

ほかにも諸外国の制度にある法曹一元化も参考になる．この制度は，裁判官を弁護士経験者から選出する制度であり，弁護士経験があることで刑事裁判の被告の立場も理解できるし，弁護活動を通じて被告などとの接点もできる．しかし，日本では司法試験合格後，裁判官は裁判官として教育されるのが多数派である．また，判検交流という裁判官が検察官の経験を積むことは以前から活発におこなわれてきたが，2005年から始まった判事補の弁護士職務経験制度の利用者は少ない．

④　国民の司法参加

諸外国の制度との関係で言えば，司法への国民参加も重要である．諸外国では，陪審制と参審制とに分かれる．

陪審制は英米型の制度で，市民から選ばれた陪審員が裁判にかかわり，裁判官から独立して評決をおこなう．刑事裁判で起訴・不起訴の判断をおこなう大陪審と，民事裁判・刑事裁判で事実問題を確定する小陪審がある．日本でも1923年の陪審法により一部刑事事件について1928年から施行・導入されたが，1943年に運用が停止された．

一方，参審制はヨーロッパ大陸型の制度で，市民から選ばれた参審員が裁判にかかわり，裁判官と一緒に合議体を構成して裁判をおこなう．

日本では近年，陪審制でも参審制でもない裁判員制度が2009年に導入された．これは，重大な刑事事件に限って，国民から選ばれた6人の裁判員が原則として3人の裁判官と一緒に事実認定，法令の適用，量刑を決する制度である．

⑤ 政権交代

　最後に重要なのは，政権交代である．政権交代と裁判所にどのような関係があるのかと思われるかもしれないが，例えば，日本の場合，最高裁裁判官の人事権は内閣が握っており，下級裁判所裁判官の人事権は最高裁が握っている．したがって，長期自民党政権が続けば，どうしても最高裁の構成は保守的にならざるをえない．アメリカで連邦最高裁が機能してきたのは，適度に政権交代があり，共和党系と民主党系が半々に存在してきたからである（ただし，最近は共和党系の連邦最高裁裁判官の割合が増え，保守的な判決が出るようになってきたが）．日本の問題で言えば，衆議院選挙の際，どれだけの人が候補者への1票が最高裁の構成にもかかわってくると考えながら投票してきたのかが問われる．

三　現実問題

1　裁判官の身分保障・市民的自由を脅かした事例

① 宮本裁判官再任拒否事件（1971年）

　1960年代後半から，各地の裁判所で公安条例を違憲としたり，公務員の争議権を認める判決が出されるようになったり，最高裁自体も公務員の争議権問題で柔軟な姿勢を示しつつあった．これに対して，自民党や保守勢力が，このような「偏向判決」を出すのは青年法律家協会（青法協．1954年に平和と民主主義，基本的人権を守るために若手法律家によって結成された法律家団体で，弁護士・研究者・裁判官・司法修習生などから構成された）に属する裁判官であるとの攻撃をおこなうようになる．1967年9月に発行された『全貌』10月号は「裁判官の共産党員」という特集を組み，青法協攻撃をおこない，最高裁がこの号を170部購入し，地裁などに配布していたことが明らかになっている．1970年4月8日には，最高裁が「裁判は，その内容自体において公正でなければならぬばかりでなく，国民一般から公正であると信頼される姿勢が必要である．裁判官は，……いずれの団体にもせよ，政治的色彩を帯びる団体に加入することは，慎しむべきである」という「裁判官の政治的中

立について」と題する公式見解を出した.

　このようななかで，1971年3月31日の最高裁裁判官会議で，13期裁判官再任希望者のなかで熊本地裁の宮本康昭判事補の名簿登載をしないという決定をした．これを受けて，裁判所内でも青法協所属裁判官への退会工作や，青法協所属司法修習生の裁判官任官拒否などがおこなわれる．さらに，大都市の裁判所に転勤させないといった任地差別や，総括判事・裁判所長にさせないといった昇進差別がおこなわれ，ついに青法協裁判官部会もなくなってしまうのである．この再任拒否も青法協つぶしも許されない行為である.

②　寺西事件（1998年）

　仙台地裁の寺西和史判事補が，「通信傍受法案」（盗聴法案）に反対する集会の場で，フロアから「集会でパネリストとして話すつもりだったが，地裁所長から懲戒処分もありうるとの警告を受けた．仮に法案に反対の立場で発言しても，裁判所法で定める積極的な政治活動に当たるとは考えないが，パネリストとしての発言は辞退する」と発言したことが，裁判所法52条1項の「積極的に政治運動をすること」にあたるとして，仙台高裁による分限裁判にかけられ，1998年7月24日に戒告処分を受けた.

　最高裁も1998年12月1日に即時抗告を退け，戒告処分が確定した［最大決1998年12月1日民集52巻9号1761頁］．最高裁の決定によれば，法案に対する直接の発言をしなくても「積極的に政治活動をすること」にあたるとし，裁判所法49条の「職務上の義務」のなかには「純然たる私的行為においても裁判官の職にあることに伴って負っている義務を含む」とし，裁判官は私生活においても政治的な活動にかかわることがまったく許されないのである．本章の「この章を学ぶ前に」で紹介したドイツの事例から考えれば，ドイツではまったくありえないことが日本ではおこなわれており，異常とも言える.

　一方で，東京地裁が日米安保条約を憲法9条に違反すると判断した砂川事件判決（1959年3月30日）直後から，当時の田中耕太郎最高裁長官が，判決のスケジュールや判決内容についてアメリカ大使館関係者に伝えていたことがアメリカの公文書によって明らかになっているが，このような行為は許されているのである.

2 自民党改憲案

① 国防軍の審判所の設置

　2012年の自民党改憲案（「日本国憲法改正草案」）では，9条の2の5項で，国防軍に審判所（いわゆる軍法会議）を設置するとしている．日本国憲法76条2項で規定された特別裁判所の設置禁止規定は変わっていないのに，これと矛盾するような規定になっている．

② 国民審査と裁判官の身分保障後退の可能性

　日本国憲法79条2項に規定された最高裁裁判官の国民審査の規定については，2012年改憲案では2005年の新憲法草案と同様，「最高裁判所の裁判官は，その任命後，法律の定めるところにより，国民の審査を受けなければならない」としている．ということは，法律の内容次第では現状の任命後またはその後は10年ごとにおこなわれている国民審査より長い期間で国民審査がおこなわれ，司法の国民による民主的統制が後退する可能性がある．

　同じように，日本国憲法80条1項では，下級裁判所裁判官の任期を10年とし，その後は「再任されることができる」としているが，これも改憲案では「法律の定める任期」とし，任期が10年より短くなる可能性があり，ここでも身分保障の後退が見られる．

第19章

財政

....

この章を学ぶ前に

　第8章の「この章を学ぶ前に」で紹介した，所得税の最高税率を75％から45％までに下げたなか，Ｚホールディングスの慎ジュンホ代表取締役GCPOの役員報酬が40億円を超え，一方でこの間，消費税の税率を上げてきた問題．あるいは，第15章の三**1**②で取り上げた，2022年に岸田政権が閣議決定した「安保三文書」により，2027年度までに防衛費をGDP比2％にするという問題．これらはどのような国民からどの程度の税金をとり，それを何に使うかの問題であって，私たちの生活に密接にかかわってくる．

　こういった問題に無関心な人は，いくら税金をとられても，いくら社会保障費が削減されても困らない富裕層なのであろうか．もちろん，全員がそうではない．第10章の「この章を学ぶ前に」に書いたとおり，最近の国政選挙の投票率が40～60％台，自治体選挙や国政選挙の補欠選挙ではさらに低い投票率の場合があるというのはどういうことであろうか．主権者としての意識だけでなく，納税者・受益者という観点からも財政の問題に多くの人が関心を持ってほしい．

一　歴史

1　世界では

　イギリスでは古くから「代表なくして課税なし」という意識があった．例えば，イギリスの封建諸侯らがジョン王に王権の制限と諸侯の既得権を認め

させた1215年のマグナ・カルタ12条には，「いかなる盾金（軍役代納金）又は援助金も，朕の王国の一般評議会による他は，朕の王国においては課されないものとする」という規定がある．また，イギリス議会が国王チャールズ一世に認めさせた1628年の権利請願には，「陛下の臣民は，国会の一般的承諾によって定められたのではないいかなる税金，賦課金，援助金，その他同様の負担も支払うことを強制されることはない」という規定がある．さらに，国王ジェームズ二世が追放され，オランダから迎えられたウィリアム三世とメアリー二世が即位した名誉革命後に制定された1689年の権利章典でも，国会の同意なしに国王が金銭徴収することを違法とした．

　このような考えとその具体化は，イギリスからのアメリカの独立でも，フランス革命でも引き継がれ，さらに現代の憲法に盛り込まれるにいたる．

2　日本では

　日本では，大日本帝国憲法で，①62条1項の「新ニ租税ヲ課シ及税率ヲ変更スルハ法律ヲ以テ之ヲ定ムヘシ」という租税法律主義が，②64条1項の「国家ノ歳出歳入ハ毎年予算ヲ以テ帝国議会ノ協賛ヲ経ヘシ」という予算に対する議会協賛の原則が，③72条1項の「国家ノ歳出歳入ノ決算ハ会計検査院之ヲ検査確定シ政府ハ其ノ検査報告ト倶ニ之ヲ帝国議会ニ提出スヘシ」という決算の議会提出の原則があった．

　しかし，①は行政上の手数料は租税と等しいものであるにもかかわらず法律によることなく賦課・徴収され，②は予算不成立の場合には前年度予算を踏襲し（71条），増額の場合を除いて皇室経費は議会の協賛を必要とせず（66条），③は事前の議会の協賛なしに国庫余剰金を予算超過支出・予算外支出に充てることができ（64条2項），緊急の必要がある場合の勅令による財政緊急処分があった（70条1項）．このように，大日本帝国憲法下の財政条項は，原則はあってもそれを上回る例外があったのである．

　余計な例外なく，財政の原則がきちんと確立するのは，二で具体的に説明する日本国憲法によらなければならなかった．

二 憲法の規定と解釈

1 財政国会中心主義

　財政とは，国の活動に必要な財力を調達，管理，使用する作用である．憲法83条は，「国の財政を処理する権限は，国会の議決に基いて，これを行使しなければならない」と規定している．これは，国家財政の財源は税金など国民の負担によるものであり，支出は国民の利害に大きな影響を及ぼすため，国民の代表機関である国会が中心になって財政を監督していくという原則のことである．この原則を「財政民主主義」と表現されることがあるが，財政に対して国民が直接コントロールする仕組みにはなっていないので，「財政国会中心主義」のほうが正確である．

2 租税法律主義

　憲法84条は，「あらたに租税を課し，又は現行の租税を変更するには，法律又は法律の定める条件によることを必要とする」と規定している．租税は国民から強制的に財産を奪うものであり，憲法30条には国民の納税の義務規定もあり，権力による強制的徴収に法の支配を適用し，権力の濫用を防ぐ必要があるから，このような原則がある．

　ここに言う租税とは，国または自治体がその課税権に基づき特別の役務に対する反対給付としてではなく，その使用する経費に充てるために一方的・強制的に賦課・徴収する金銭給付のことである．財政法3条が「租税を除く外，国が国権に基いて収納する課徴金及び法律上又は事実上国の独占に属する事業における専売価格若しくは事業料金については，すべて法律又は国会の議決に基いて定めなければならない」と規定しているので，租税以外に営業許可等の手数料や各種の検定手数料，郵政民営化前の郵便料金なども租税と同等の扱いがされてきた．

　そして，租税の種類・根拠，課税要件（納税義務者，課税物件，税率等），徴収手続すべてを法律で定める原則とされている．

3 予算

① 予算の定義と法的性格

　予算とは，一会計年度の歳入歳出の予定見積を内容とし，国会の議決により成立する財政行為の準則のことである．そして，単なる歳入歳出の見積表ではなく，政府の行為を規律する法規範とされている．

　この予算の法的性格をめぐっては，以下のような学説がある．まず，予算は行政行為で議会に対する意思表示にすぎないとする承認説（予算行政説）がある．ただこれは，財政国会中心主義に反するという批判がある．次に，予算は法律とは異なる国法形式であり，財政行為の準則と考える予算国法形式説（法形式説）がある．これは，予算が国家の内部的行為であり，規律内容が具体的で，直接国民の行為を拘束せず，効力は一会計年度に限られるため，法律とは同視しない．さらに，予算は法律そのものと考える予算法律説がある．ただこれに対しては，予算は直接国民を拘束しないし，手続が法律と異なるので，同視できないという批判がある．

② 予算審議と修正問題

　次に，予算審議の手続であるが，発案権は内閣に属する（憲法86条）．そして，予算はまず衆議院で先に審議される（憲法60条1項）．予算の議決については，衆議院の優越が認められている（憲法60条2項）．

　この審議過程で，大日本帝国憲法67条は帝国議会の増額修正を認めなかったが，日本国憲法のもとでは国会の増額修正も減額修正も認められている．そして，減額修正については制限がないとするのが通説であるが，増額修正については学説が分かれている．予算法律説からすれば，修正に制限はないと考えるが，予算国法形式説から考えて，憲法は予算の作成を内閣のみに与えている以上，予算の同一性を損なう大修正はできないとするのが妥当であろう．

③ 予算の種類と予備費

　予算の種類には，本予算，補正予算（追加，修正），暫定予算がある．ま

た，会計年度独立の原則があり，一会計年度は財政法11条により 4 月 1 日から翌年の 3 月31日までとなっている.

憲法87条には予備費の規定がある. 予算は一会計年度の歳入歳出の予定見積のため，どうしても予見できない場合（予算超過支出，予算外支出）があるからである. 国会は支出の最高限度額を定めるだけで，支出の目的を特定しない. そして，内閣が支出を決定し，事後に国会の承認をえる. ただ，最近だと例えばコロナウイルス感染症対策で，膨大な額の予備費を設定することがあったが，本来なら国会でもう少し本予算または補正予算として議論すべきであるという批判もあった.

4 決算

① 決算とは

憲法90条には決算の規定がある. 決算とは，一会計年度の国の収入支出を総合的に計算で表示したものである. 提出された決算に対する国会の承諾の議決は，報告事項に対する国会各院の意見表明であって，歳入歳出に法的な影響を及ぼさないとされている.

② 会計検査院

この決算に関し，憲法上の機関として会計検査院が設置されている. 会計検査院は憲法上の独立行政機関であり（会計検査院法 1 条「会計検査院は，内閣に対し独立の地位を有する」），任命には国会の同意が必要で，国の収入支出の決算の検査をおこない，違法・不当な事項の有無を検査し，国会による財政統制のための資料を提供する. これは内閣の政治責任を問うもので，収入支出に効力を及ぼすことはできない.

5 89条

① 89条前段

憲法89条前段の「公金その他の公の財産は，宗教上の組織若しくは団体

の使用，便益若しくは維持のため，……これを支出し，又はその利用に供してはならない」という規定は，憲法20条の政教分離規定を受けて，財政の面からも徹底する規定である．

②　89条後段

憲法89条後段の「公の支配に属しない慈善，教育若しくは博愛の事業に対し，これを支出し，又はその利用に供してはならない」という規定については，まず，この立法趣旨について，①私的な事業への不当な公権力の支配が及ぶことを防止するという自主性確保説，②公の財産の濫用を防止し慈善事業などの営利的傾向ないし公権力に対する依存性を排除する公費濫用防止説，③私人がおこなう教育などの事業は特定の思想・信条に基づくことが多いので特定の思想・信条が国の財政的援助によって教育などの事業に浸透するのを防止するという中立性確保説などがある．

この条文を文字どおり厳格に解釈すると，「公の支配」に属しない私立学校や福祉事業等に対する助成ができなくなる（取締的監督や事業計画・人事などが支配されていないものには助成が認められないとする厳格説）が，現実には問題がある．そこで，緩やかな国の監督を受けるものについては助成は認められるとする非厳格説や，憲法14条，23条，25条，26条などの条項を総合的にみて「公の支配」を解釈し，助成は認められるとする厳格説と非厳格説との中間説があり，中間説が多数説である．この説に立てば，私立学校法59条で規定された私立学校に対する助成について，助成に際しての審査，業務・会計の報告要求，定員超過への是正命令，予算変更・役員解職勧告等の統制などがあることから，「公の支配」に属すると捉え，助成は問題ないとなる．

三　現実問題

1　憲法の平和主義と財政の原則

戦前は国債を発行して戦費を確保した反省から，戦後，財政法第4条で国

債の発行を禁止した．しかし，自民党政権のもとで道路・住宅・港湾などの社会資本（要するに公共事業など）の事業費を出すために1966年から建設国債を発行している．さらに，それ以外の支出のためにまずは1965年に，その後は1975年から特例法によって赤字国債も発行してきた．これらにより，着々と防衛費も増やしてきたのである．

また，本来，特定の支出が複数年度にまたがる継続費は単年度会計主義との関係で問題がある．しかし，自民党政権は例外的に継続費を認め，海上自衛隊の護衛艦などの建造費を継続費から支出してきた．このように，この間，憲法の平和主義に反する財政の運用をしてきたのが自民党である．

2　自民党改憲案

①　財政の健全化

2012年の自民党改憲案（「日本国憲法改正草案」）では，日本国憲法83条に新たに2項「財政の健全性は，法律の定めるところにより，確保されなければならない」という規定を加えている．これにより，安易な社会保障費の削減や消費税などによる増税を招きかねない．

そもそも，田中角栄元首相が典型である選挙対策で公共事業を優先した政治手法は，自民党が得意とするところであった．国民の税金と国債の発行により，ダムや新幹線，高速道路を特に自民党の有力な政治家がいる地方で建設してきたが，これにより国と自治体の借金は年々ふくれ上がった．安倍政権の「三本の矢」政策の一つが財政出動による公共事業の拡大であったし，岸田政権でも同様である．財政の健全化を言いながら，実際には社会保障費を減らしても公共事業費は増やし，そのつけは消費税という形で庶民に負わせる政治が問われている．

②　単年度会計主義の形骸化

ほかにもこの改憲案の86条に新たに4項を加え，「毎会計年度の予算は，法律の定めるところにより，国会の議決を経て，翌年度以降の年度においても支出することができる」と，複数年度予算を可能にしている．現在，日本

では一会計年度ごとに予算を審議・議決して，年度内に支出を終える「単年度会計主義」を原則にしている．これは，複数年度のように会計年度が長くなると，その途中で政権交代が起きた場合，国民の意思が変わったのに予算は変えられないという形で，予算に関して後の国会を拘束することになってしまうからである．安易に複数年度予算を可能にすべきではない．

③　国による特定宗教への経済的支援に

　改憲案89条1項で，「公金その他の公の財産は，第20条第3項ただし書に規定する場合を除き，宗教的活動を行う組織若しくは団体の使用，便益若しくは維持のため支出し，又はその利用に供してはならない」としている．これは改憲案20条3項の政教分離規定について，「社会的儀礼又は習俗的行為の範囲を超えないものについては，この限りではない」という例外規定を盛り込む規定を受けたもので，特定の宗教団体への経済的支援を可能にするものである．これにより，自民党政権なら，具体的には靖国神社や護国神社への経済的支援が実現する可能性があり，問題である．

第20章

地方自治

この章を学ぶ前に

　私たちはかならずどこかの市区町村の住民であり，同時にその市区町村が属する都道府県の住民である．そして，日本の国民でもある．私立は別であるが，国立以外の公立の小中学校に入学すれば，住んでいる市区町村の小中学校に通うことになるし，国立以外の公立の高校に入学すれば，住んでいる都道府県の高校に通うことになる．学校を出て働くようになれば，職場の使用者によって国税としての所得税だけでなく，住民税（市町村民税と都道府県民税）が源泉徴収される．

　このように私たちは国との関係だけでなく，市区町村・都道府県とも関係しながら生活しているが，なぜか国政選挙（衆議院選挙と参議院選挙）より自治体選挙（市区町村議会議員・長および都道府県議会議員・長を選出する選挙）のほうが，全国的に投票率が低い傾向にある．国民の代表者としてどのような国政をおこなうかを決める国会議員も，住民の代表者としてどのような地方政治をおこなうかを決める自治体議員も，規模は異なるがどちらも同じように大事な仕事をしているはずなのに．

　また，私たちはどこかの自治体住民であるのに，この間，国内の多数派が少数派に「迷惑施設」を押しつけてきたと言える．例えば，発電所は都市部といった電気の大消費地の近くに建設したほうが送電ロスが小さくなるのに，東京電力の福島原発は東京電力の管轄外（東北電力管内）に設置されている．いざ，原発事故が起きると，人口密集地のほうが被害が大きくなるからである．多くの国民は安保条約を肯定しているのに，在日米軍基地の約7割が国土面積の約0.6％しかない沖縄県内に集中している．沖縄県民の多数派

が沖縄への集中に反対しているのに，なぜ安保条約に賛成している多数派がそれを容認できるのか．「地方」「自治」を考えるうえで，こういった問題も考えてほしい．

一　歴史

1　戦前の日本では

　戦前の日本では，1888年に市制・町村制，1890年に府県制・郡制を定めたが，これらは地方に対する国家統制を図るもので，地方組織は中央政府の政治や政策を住民に徹底させるための国家の下部組織として位置づけられていた．1889年制定の大日本帝国憲法には地方自治の規定はなく，府県知事の多くは内務省の官僚が任命され，内務大臣の監督に服するものとされた．このような戦前の地方自治を認めない中央集権国家体制は，戦争を遂行するうえでも大変適合的な体制であったと言える．

2　戦後の日本では

　これが戦後は，憲法に独立した一つの章（第8章）として，地方自治の規定を入れた．この地方自治の意義は，民主制の前提である自治を地方レベルでも実現したこと，国家権力を制限するにあたって中央の権力集中を防ぐ三権分立と地方自治を位置づけたこと，中央政府（国）が地方政府（憲法では「地方公共団体」，一般的には「自治体」と表現される）の政治を尊重することになったことにある．

　ただ，憲法制定後の1952年に東京の特別区の区長公選制・教育委員公選制・自治体警察を廃止し，地方自治の逆行が始まる．しかし，1970年代に全国各地で革新自治体が誕生し，公害対策や教育・福祉で国とは異なるシステムを導入していく．1980年代に入ると，1982年に山形県金山町が初めて情報公開条例を制定し，その後は各自治体で同条例を制定する動きが広まる．国レベルの情報公開法が制定されたのは1999年のことであった．さら

に，1999年には地方分権一括法が制定され，改正地方自治法などにより国と自治体は対等な関係になる．

二　憲法の規定と解釈

1　地方自治の本旨

①　地方自治保障の性格

憲法で保障された地方自治保障の性格の捉え方については，以下の説がある．

まず，固有権説は，地方自治は人の基本的人権と同様，前国家的な固有の権利と捉える．しかし，これに対しては，やはり人権と地方自治は大きく異なるという異論がある．

次に，承認説（伝来説）は，地方自治は自治体固有のものではなく，国家の統治機構の一部であり，地方自治は国家により承認された伝来的なもので，国家の統治権に服すべきものと捉える．これはかつての有力説であったが，これだと地方自治権がすべて国の立法政策に委ねられてしまうという批判があった．

そこで，登場するのが制度的保障説である．これは，地方自治は憲法が制度として保障したもので，法律によりその本質的内容を奪うことはできないと捉え，長く通説的地位にあった．

その後も，固有権説を再評価しながら住民の直接請求権等の具体的内容を明らかにしようとする新固有権説，住民の人権実現のため人民主権に適合的な市町村最優先の原理に即した解釈をおこなう人民主権説，憲法原理を重視して中央と地方の権限配分，地方公共団体の組織，作用方法などについて憲法上どのような構造がとられているかを考える憲法保障説などが唱えられてきている．

②　地方自治の本旨とは

憲法第8章の冒頭，憲法92条は，「地方公共団体の組織及び運営に関する

事項は，地方自治の本旨に基いて，法律でこれを定める」と規定している．ただ，この条文からは「地方自治の本旨」の意味が定かではない．これについては，住民自治と団体自治とから構成されると考えられている．

③　住民自治

　まず，住民自治についてであるが，ここに言う「住民」とは誰なのか．地方自治法10条1項は，「市町村の区域内に住所を有する者は，当該市町村及びこれを包括する都道府県の住民とする」とし，11条などでは「日本国民たる普通地方公共団体の住民」という表現をしていることから，地方自治法で単に「住民」とする場合は在住外国人を含み，「国民」より広い概念であると言える．

　この住民自治とは，その地域団体の運営が，そこに住んでいる住民の意思に基づいておこなわれることというものである（政治上の意義における自治）．憲法の規定では，93条2項に「地方公共団体の長，その議会の議員及び法律の定めるその他の吏員は，その地方公共団体の住民が，直接これを選挙する」と，市区町村長や都道府県知事，市区町村議会議員や都道府県議会議員はそこに住んでいる市区町村および都道府県住民が直接選挙で選出するとしている．また，95条に「一の地方公共団体のみに適用される特別法は，法律の定めるところにより，その地方公共団体の住民の投票においてその過半数の同意を得なければ，国会は，これを制定することができない」と，特別法については国会だけで制定してはならず，そこに住んでいる住民の同意を必要としている（憲法施行後1951年までのあいだに，18都市15件にかかわる特別法制定の際に住民投票が実施された．ただその後は，まったく実施されていない）．

　さらに，地方自治法では，条例の制定・改廃請求権（74条〜74条の4），自治体の違法・不当な公金支出など財務についての監査を求める監査請求権（242条），議会の解散請求権（76条〜79条），議員・長・役員の解職（リコール）請求権（80条〜88条）など各種の請求権を住民に認めている．国レベルだと，国民による法律の制定・改廃請求権や国会の解散請求権，国会議員・大臣の解職請求権なるものは制度化されておらず，国とくらべて人口規模の小さい自治体にこのような直接民主主義的な制度を保障している．ほかに

も，地方自治法94条には，「町村は，条例で，……議会を置かず，選挙権を有する者の総会を設けることができる」という町村総会の規定まである（ただし，実際に設置した事例としては，1955年までに2自治体であったにすぎない）.

④　団体自治

　もう一つの団体自治であるが，これは国家とは独立の地域団体が，団体自らの意思と責任のもとでその地域の自治をおこなうことというものである（法律上の意義における自治）. 憲法94条では，「地方公共団体は，その財産を管理し，事務を処理し，及び行政を執行する権能を有し，法律の範囲内で条例を制定することができる」としている.

2　地方公共団体

①　地方公共団体とは

　地方自治を担う組織について，諸外国では Local Government（すなわち，「地方政府」）と表現される場合があるが，日本の場合は憲法で「地方公共団体」という表現を使用している. この地方公共団体には，普通地方公共団体と特別地方公共団体とがある.

　普通地方公共団体は，市町村と都道府県の二重構造となっており，住民は両者に属している. この市町村と都道府県が憲法上の地方公共団体とされている. 特別地方公共団体には，特別区，地方公共団体の組合，財産区がある.

　この特別地方公共団体の特別区とは，東京都の23区のことである. 戦後当初は区長公選制があったが，1952年に廃止されたということもあり，最高裁は，憲法上の地方公共団体というのは，「事実上住民が経済的文化的に密接な共同生活を営み，共同体意識をもっているという社会的基盤が存在し，沿革的にみても，また現実の行政の上においても，相当程度の自主立法権，自主行政権，自主財政権等地方自治の基本的機能を附与された地域団体であることを必要とする」とし，特別区は沿革的にも実質的にも憲法における地方公共団体ではないとした［最大判1963年3月27日刑集17巻2号121頁］.

　しかし，区長公選制は1974年に復活している. この東京の特別区と，横

浜市や大阪市などの行政区の違いはわかるであろう．すなわち，東京の特別区には住民選出の区長と区議会があるが，横浜市や大阪市の行政区の区長は市長が任命したものであるし，区議会はない．なんといっても，横浜市や大阪市の区のうえには市があるが，東京の特別区のうえには市がない．かつては東京市があったが，東京市がなくなり，特別区が実際には市町村と同じ働きをしているので，特別区は市町村と同等の組織と言える．1999年の地方自治法でも，特別区は基礎的な地方公共団体として位置づけられ（281条の2の2項），基本的に市の規定が適用される（283条）．

② 地方公共団体の機関

憲法93条1項は「地方公共団体には，法律の定めるところにより，その議事機関として議会を設置する」と，2項は「地方公共団体の長，その議会の議員及び法律の定めるその他の吏員は，その地方公共団体の住民が，直接これを選挙する」と規定し，議事機関の議会と，事務の執行にあたる最高機関として首長（市区町村長と都道府県知事）を設置している．

この議会と首長との関係は，中央政府における国会と内閣との関係に相当する．ただ，中央政府は議院内閣制であるのに対して，地方はどちらも住民の選挙によって選出されることから，議会と首長は原則として対等であり，大統領制に近いシステムである首長制を採用している（二元的代表制）．ただ，議会による首長に対する不信任決議に対しては，首長による議会解散権を保障しているため（地方自治法178条1項），議院内閣制的構造もあわせ持つ．

議会は，条例の制定・改廃，予算・決算の決定，地方税の賦課徴収の決定，首長への不信任決議などをおこない，首長は，議会で決定された事項の執行，議会への議案提出，公的施設の管理，議会の解散などをおこなう．

3 条例制定権

① 条例とは

憲法94条は，「地方公共団体は，……法律の範囲内で条例を制定することができる」と規定している．この条例とは，地方公共団体がその自治立法権

に基づいて制定する法令のことである.

　法体系としては，憲法を頂点に，国会が制定する法律，国家間で制定する条約，内閣や省庁が制定する政令等命令，そして地方公共団体が制定する条例がある.

②　条例制定権の範囲～「法律の範囲内」との関係

　このようなピラミッド構造から，また，憲法94条自体に条例制定は「法律の範囲内で」と制限していることから，条例の制定は法律の範囲を超えてはいけないという制約がある.

　そこで議論があるのが，すでに法律による規制がある場合に条例で同様の規制ができるのかという問題である.　具体的には，「上乗せ規制」と「横出し規制」の問題がある.

　まず，「上乗せ規制」とは，法律の定める基準より強い規制のことである.　例えば，公害規制法である物質の排出基準を20mg/Nm³以下としているときに，公害規制条例で10mg/Nm³以下という規制をおこなう場合である.　次に，「横出し規制」とは，法律の定める対象以外のものへの規制のことである.　例えば，公害規制法で規制対象にしていない物質の排出規制を公害規制条例でおこなう場合である.

　これについての考え方であるが，「法律の範囲内」の意味を緩やかに解釈し，地方自治の重要性から「上乗せ規制」も「横出し規制」も容認されている.　なぜなら，条例は住民が選挙で選んだ地方議会で制定したものであり民主的正当性があるし，国の対応が不十分な場合に地方公共団体が住民の人権のために制定するからである.

③　条例制定権の限界

　上記3②との関連で，条例に罰則を設けられるかという問題がある.　憲法31条は「何人も，法律の定める手続によらなければ，……その他の刑罰を科せられない」としている.　また，73条6号は「この憲法及び法律の規定を実施するために，政令を制定すること.　但し，政令には，特にその法律の委任がある場合を除いては，罰則を設けることができない」としている.　こ

の二つの条文に「条例」という文言がないが，地方自治と条例制定権の意義から，条例に罰則を設けることは可能であると考えられている．

次に，財産権について．憲法29条2項は「財産権の内容は，公共の福祉に適合するやうに，法律でこれを定める」としている．これについても条例による財産権の制約は可能と考えられており，最高裁も奈良県ため池条例事件最高裁判決で容認している［最大判1963年6月26日刑集17巻5号521頁］．

さらに，課税権について．憲法84条は「あらたに租税を課し，又は現行の租税を変更するには，法律又は法律の定める条件によることを必要とする」としている．この84条の「法律」には条例も含まれると解釈し，条例による課税も可能と考えられている．

三　現実問題

1　国vs自治体

①　自治体の国への異議申立

戦後，憲法で地方自治が保障されたことで，憲法上は自治体は国の下請け機関ではなくなったはずである．実際に，東西冷戦時代には，自民党政権による国の姿勢とは別に，自治体のいわゆる「自治体外交」が展開された．この「自治体外交」によって，日本の自治体によってはソ連・東欧などの自治体と友好都市宣言を結んだり，人的交流をおこなう（もっとも，憲法論としては，73条2号で内閣に外交権があることから，「自治体外交」と括弧つきの表現となるが）．また，国は非核三原則によって外から日本への核持ち込みを表向きには禁止していながら，実際には日米間の「密約」でアメリカによる日本への核持ち込みを容認していたなかで，自治体が「非核自治体宣言」（核兵器廃絶や非核三原則の遵守などを求める内容の自治体宣言や議会決議のこと．全国で1500を超える自治体が宣言した）をおこなうことには，東西冷戦の緩和と憲法の平和主義の実践という意味があった．さらに，国の政策に対して，自治体が異議申立する事例もあった．例えば，1972年の横浜市と相模原市によるベトナム戦争に移送される米軍車両の移動阻止や，1975年以降の神戸市による

非核証明書のない艦船の入港拒否，**1**③でふれる1995年の沖縄県による駐留米軍用地の強制収用のための代理署名拒否などがある．

このような軍事問題以外では，住民票の四情報（氏名・生年月日・性別・住所），住民票コードと変更情報（出生，転居などの異動事由と異動年月日）からなる「本人確認情報」について，全国市区町村の自治体と都道府県・全国センターとを専用回線で結びつける住民基本台帳ネットワークシステム（住基ネット）が2002年に稼働する際に，福島県の矢祭町や東京都の国立市などが住民の個人情報保護の観点からネットワークに接続しないということをおこなった．

以上の自治体の対応は，憲法の平和主義や人権の観点から，それに反する国の行為に対する異議申立と言えるものであった．

② 地方分権一括法

以前，自治体の事務である自治事務以外に，本来国の処理すべき事務の処理を知事，市区町村長など自治体の機関に委任する機関委任事務というものがあり，自治体は当該事務を所管する主務大臣の指揮監督権に服さなければならなかった．この機関委任事務は，都道府県における事務の約8割，市区町村の事務の約4割を占め，事務処理については国からの補助があったが十分ではなく，不足分については各自治体が持ち出していたのである．

この機関委任事務については，1999年の地方分権一括法のなかの地方自治法改正により廃止し，自治事務と法定受託事務に分けた．法定受託事務には，地方自治法2条9項で，「法律又はこれに基づく政令により都道府県，市町村又は特別区が処理することとされる事務のうち，国が本来果たすべき役割に係るものであつて，国においてその適正な処理を特に確保する必要があるものとして法律又はこれに基づく政令に特に定めるもの」（「第1号法定受託事務」）と，「法律又はこれに基づく政令により市町村又は特別区が処理することとされる事務のうち，都道府県が本来果たすべき役割に係るものであつて，都道府県においてその適正な処理を特に確保する必要があるものとして法律又はこれに基づく政令に特に定めるもの」（「第2号法定受託事務」）の二つがある．

この地方分権一括法により，法律的にも国と自治体は対等な関係になったはずである．

③ 沖縄問題

しかし，実際には地方の意思は尊重されていない．特に沖縄が顕著である．1995年の在日米兵による少女暴行事件を受け，駐留軍用地特措法によって地権者の意思とは無関係に在日米軍のために土地を収用する問題について，地権者が収用についての署名を拒否し，これに対して那覇市・沖縄市・読谷村の長が代理署名を拒否し，大田昌秀知事も署名を拒否した（沖縄県知事代理署名拒否事件）．しかし，村山富市政権（自民党・社会党・新党さきがけの連立政権）は知事の職務執行を求める職務執行命令訴訟を起こし，最高裁は知事の上告を棄却した［最大判1996年8月28日民集50巻7号1952頁］．このようなことがあったので，1997年には駐留軍用地特措法を改正し，使用期間が終了した土地も暫定使用できるようにする．さらに，1999年の法改正では自治体首長の代理署名を国の直接執行事務にしてしまうのである．

その後も沖縄は，辺野古新基地建設をめぐって何度も反対の意思表示をしてきた．具体的には，2014年の沖縄県知事選挙では建設反対を公約にした翁長雄志氏が当選し，2018年の知事選挙でも建設反対の玉城デニー氏が当選，2022年に再選する．2019年には辺野古新基地建設のための埋立ての賛否を問う県民投票が実施され，反対票が7割を超えた．筆者は安保条約自体が憲法違反と考えるので，在日米軍基地も日本から撤去すべきという立場であるが，安保条約に賛成している本土の国民で，基地は沖縄に集中していてもいいと考えている国民は勝手すぎないであろうか．

2　自民党改憲案

① 「地方自治の本旨」の明確化？

2012年の自民党改憲案（『日本国憲法改正草案』）では，2005年の「新憲法草案」と同様，92条1項として，「地方自治は，住民の参画を基本とし，住民に身近な行政を自主的，自立的かつ総合的に実施することを旨として行う」

という規定を入れ，93条3項として，「国及び地方自治体は，法律の定める役割分担をふまえ，協力しなければならない」という規定を入れた．これについて，この改憲案のQ&Aでは，「従来『地方自治の本旨』という文言が無定義で用いられていたため，この条文において明確化を図りました」と説明している．しかし，憲法学における「地方自治の本旨」の理解は先に書いたとおりである．

この改憲案の表現からすれば，地方自治は住民に身近な行政を実施するものとし，国と自治体の役割分担をふまえるとなる．すなわち，これにより自治体はその地域に関することをおこなうのが役割となり，国は防衛・外交その他全国的な問題を担当するので，このような国の仕事と自治体には距離ができてしまう．

② 道州制の導入？

憲法92条によって，自治体の組織に関する事項は法律事項とし，実際に地方自治法で規定している．このように，日本国憲法では具体的に自治体の組織にふれていないが，憲法学界では憲法上の地方公共団体を市区町村と都道府県と捉えている．これに対して2012年自民党改憲案では93条1項で，「地方自治体は，基礎地方自治体及びこれを包括する広域地方自治体とすることを基本とし，その種類は，法律で定める」とし，道州制導入も念頭に置いた書き方になっている．

しかし，道州制の導入については慎重な議論が必要である．導入に積極的なのは財界であるが，それは都道府県よりは広域の各道州へさまざまな権限を国から移し，経済活動も広域で自由に活動しやすくなり，都道府県知事や都道府県議会議員，地方公務員の削減により行政をスリム化できると考えているからである．ということは，市町村合併で市町村が広域化することで生じた諸問題が，今度は道州レベルで生じる可能性がある．すなわち，住民の民意は広域化した分反映しなくなり，行政のスリム化で教育や社会福祉の後退も予想される．まずは誰のための道州制なのかということをよく考える必要がある．

③　住民の選挙権者も日本人に限定

　2012年の自民党改憲案では，15条3項および94条2項で国政選挙も自治体選挙も選挙権者を「日本国籍を有する者」に限定している．それなのに，92条2項では，「住民は，その属する地方自治体の役務の提供を等しく受ける権利を有し，その負担を公平に分担する義務を負う」としている．すなわち，住民には当然在住外国人も含まれるが，その外国人に税金を課しておきながら，選挙権は認めないのである．改憲案のQ&Aは，「外国人も税金を払っていることを理由に地方参政権を与えるべきとの意見もありますが，税金は飽くまでも様々な行政サービスの財源を賄うためのもので，何らかの権利を得るための対価として支払うものではなく，直接的な理由にはなりません」と言い切っている．この理解は，第19章二1でふれた財政国会中心主義により納税者が財政を統制することの意義や，世界で在住外国人に地方選挙権を認めている動向を無視した時代遅れのものである．

　外国人地方参政権訴訟で，最高裁は「我が国に在留する外国人のうちでも永住者等であってその居住する区域の地方公共団体と特段に緊密な関係を持つに至ったと認められるものについて，……法律をもって，地方公共団体の長，その議会の議員等に対する選挙権を付与する措置を講ずることは，憲法上禁止されているものではないと解するのが相当である」と判断している〔最三小判1995年2月28日民集49巻2号639頁〕．国会で法律さえつくれば在住外国人に地方選挙権の付与は可能であるのに，この改憲案は否定するのである．

④　地方財政にも健全性

　第19章三2①で財政の健全性確保問題についてふれたが，2012年自民党改憲案の96条3項で，「第83条第2項の規定は，地方自治について準用する」としている．これにより，地方財政においても財政の健全性が求められるのである．しかも，96条1項は，「地方自治体の経費は，条例の定めるところにより課する地方税その他の自主的な財源をもって充てることを基本とする」としている．これらがもし本当に実現したら，人口の少ない財政力の乏しい自治体では住民の負担が増大するか，合併の道を選ばざるをえなくなってしまう．

第21章

憲法の改正，憲法の保障

この章を学ぶ前に

　自民党は2019年の2月に「国民の幅広い理解を得て，憲法改正を目指します」と題した「憲法改正ビラ」を作成し，この冒頭で「主要国における，第二次世界大戦後の憲法改正の回数」というグラフを掲載している．2017年発行の『諸外国における戦後の憲法改正（第5版）』（国立国会図書館）などから作成したこの資料によれば，アメリカが6回，フランスが27回，ドイツが63回，イタリアが15回，インドが103回，中国が10回，韓国が9回改憲したことを示している．これに対して日本はまだ0回だから，他国のように改憲をしようと言いたいのであろう．

　しかし，国によっては憲法が法律のように細かい規定を置いていたり，ヨーロッパにおけるEU統合で国の一部権限をEUに移すことに伴う改憲があったりと，各国の改憲事情はさまざまである．どの国でも改憲のハードルは高いわけであるが，その高さを克服するだけの議会と国民の意思があったから改憲できた．日本においては国民の多数派が改憲を望んでいなかったから，改憲ができなかっただけである．

　ところで，保守政党・右派が「改憲派」，革新政党・左派が「護憲派」と一般的に言われてきた（厳密に言うと，かつての社会党は「護憲」を掲げたが，共産党は「憲法改悪阻止」を掲げていたので，両者は異なる）．しかし，この二分論はおかしい．筆者は将来的に改憲すべきという立場であるが，保守政党・右派の主張とは異なる．まず改憲すべき項目は，民主主義・法の下の平等・国民主権と相容れない天皇制であるからである．改憲問題を考える際も，物事を単純化せず，議論を深めてほしい．

一　歴史

1　戦後当初の日本の改憲論

　1950年の朝鮮戦争の勃発などによる米ソ冷戦の開始や，同年の警察予備隊の創設による日本の再軍備といった国内外の情勢の変化と，1952年に日本が独立することによって，保守政党から改憲論が出てくる．1954年には当時の二大政党である改進党も自由党も改憲案を提示し，鳩山一郎政権が憲法改正を正面から掲げた．これら1950年代の改憲論は，日本の「自主」「独立」を強調し，天皇元首化，再軍備，伝統的価値の重視，国民の権利の制限・縮小と義務の拡大などを特徴とする復古主義的な改憲論であった．

　しかし，このような復古主義的な改憲論は，日本国内で広範な平和運動・憲法擁護運動が展開され，国会内で社会党と共産党など改憲に反対する勢力が3分の1以上を占め，1960年代の安保闘争によって岸政権が倒れることなどにより，徐々に衰退していった．一方，9条については解釈改憲が選択される．

2　その後の日本の改憲論

①　1990年代以降の改憲論

　それが，1990年代に入ってからのイラクによるクウェート侵攻（「湾岸危機」）以降，「国際貢献論」の登場などにより，自衛隊の海外展開論が出てくる．そして，米ソ冷戦の崩壊や「護憲」勢力である社会党・総評の再編・解体の影響も受け，改憲論がまたさかんになってきた．1994年には読売新聞社が本格的な改憲案を公表し，その後もさまざまな政治家・政治党派が改憲案を提示する．2000年代に入ると，2000年に衆参両院に憲法調査会が設置され（2005年に報告書を提出），財界も改憲案を発表するようになり，2005年には自民党が全面的な改憲案（「新憲法草案」）を公表するまでにいたる．

　これら1990年代以降の改憲論は，かつての復古主義的改憲論が少数派となり，天皇元首化の声は小さくなる．一方で，昨今のグローバリズム・新自

由主義改革にあわせて，規制緩和や個人の自立を助長する考えがある一方
で，弱者切り捨て，司法による事後救済や治安強化の考えが出てくる．この
ような主張が多数派とは言え，一部で伝統的価値の重視や義務の強調の主張
も見られる．ただ，かつての改憲論から一貫しているのは再軍備論であり，
自衛隊の海外派兵など日本の軍事大国化に適合的な改憲論が主流になってい
った．

②　安倍政権以降の状況

　2006年には政権公約では鳩山一郎政権以来となる任期中の改憲を掲げ，
「『戦後レジーム』からの脱却」を主張する安倍政権が誕生し，小泉政権から
の法案であったとはいえ，同年にまず教育基本法を改正した．さらに，2007
年にはこれまで必要性がなかったために存在しなかった憲法改正の際におこ
なう国民投票について規定した憲法改正手続法（「国民投票法」）を制定する．

　しかし，「九条の会」のような憲法・平和運動が盛り上がり，安倍政権が
その後退陣し，民主党（鳩山由紀夫）政権が誕生した．野党になった自民党
は，2012年に2005年改憲案とは異なる復古主義を前面に出した改憲案（「日
本国憲法改正草案」）を出す．さらに，同年，再び安倍政権が誕生し，限定的
な集団的自衛権行使を容認する閣議決定を2014年におこない（解釈改憲），
これを具体化する「安保法制」（戦争法）を2015年に成立させた（立法改憲）．
ただ，やはり全面的な改憲はそう簡単なことではないので，自民党は2018
年に9条改憲など4項目にしぼった改憲案を発表する（三2②参照）．

　その安倍元首相自身は，2022年の銃撃事件で亡くなった．ただ，2021年
の衆議院選挙では，自民党が絶対安定多数を確保し，改憲に前向きな維新の
会と国民民主党が議席を増やし，改憲勢力が約4分の3となることで，特に
衆議院の憲法審査会で活発な改憲論議がおこなわれるようになる．2022年
の参議院選挙でも改憲勢力は3分の2以上を確保し，緊急事態条項を中心に
改憲の議論が進んだ．今後，いよいよ日本国憲法下では初となる改憲にまで
進むのか否かという段階に来ている．

二　憲法の規定と解釈

1　憲法の改正

①　憲法改正と他の概念との違い

　憲法とはある時点（日本国憲法なら1946年）における国民の意思により制定されるものであるから，未来永劫同じ憲法が維持されることはありえず，時間の経過による社会状況や国民意識の変化によって改正の必要性も出てくる．この憲法の改正とは，憲法自身が定める手続により，その憲法の枠内で個別の条項の修正，削除，追加をおこなうことを意味する．

　したがって，憲法の制定（憲法制定権力に基づき前憲法の廃止の後に新たに憲法を制定すること），憲法の廃棄（革命のように憲法と憲法制定権力を除去すること），憲法の排除（クーデターのように憲法制定権力を変えずに憲法を排除すること），憲法の破毀（例外的に憲法に反する措置をとること），憲法の停止（憲法を一時的に停止すること）などとは区別されなければならない．

　また，憲法規範は改正されていないのに，国家権力の運用により憲法違反の状態が継続して存在し，国民がこの事実を支持するようになり，実際上憲法改正と同じ結果が生じることがある．これを憲法の変遷という．学説では，継続性や国民の同意など一定の要件を満たせばこれを認める肯定説と，あくまで事実にすぎない違憲の憲法現実に法的効果を認めない否定説とがある．日本では憲法9条と自衛隊との関係でよく議論されてきた．これについては，日本国憲法が制定された歴史的経緯や憲法改正が法律改正より困難である性格から，安易に認めるべきではなく，憲法の変遷にはいたらない規範と現実との不一致とは区別すべきであろう．

②　改正手続

　憲法96条は憲法改正について規定している．改正の手続は，1項に規定されているとおり，「各議院の総議員の3分の2以上の賛成で，国会が，これを発議し」（国会による発議），「国民に提案してその承認を経なければならない．この承認には，特別の国民投票又は国会の定める選挙の際行はれる投

票において，その過半数の賛成を必要とする」(国民による承認)．そして，2項にあるとおり，天皇が「国民の名」で公布する．

まず，国会による発議についてであるが，ここで単純多数ではなく3分の2以上の特別多数にしているのは，憲法改正という重要な問題を安易におこなわないためである．この総議員数とは，現在在籍する議員数ではなく，法定議員数と捉えるのが通説である．そして，内閣に発案権があるのかをめぐっては，議院内閣制のもとで容認する肯定説もあるが，主権者国民の代表である議員に限定すべきとする否定説が望ましいであろう．

次に，国民による承認についてであるが，過半数の捉え方については，有権者の過半数，投票総数の過半数，有効投票の過半数と捉える考え方がある．多数説は現実的に考えて，有効投票の過半数と捉えるが，憲法改正の重要性からよりハードルの高い他の捉え方も検討が必要である．

天皇の公布は形式的なものにすぎず，憲法改正の主体が国民であることを確認している．

③ 改正の限界

1②の憲法改正の手続さえ踏めば，どのような改憲もできるのであろうか．これについては，国民主権の絶対性から憲法制定権と憲法改正権を同視するなどして憲法改正には限界はないと考える憲法改正無限界説もあるが，通説は憲法改正限界説である．

その理由であるが，まず，憲法改正は憲法制定と異なり憲法の継続性が前提となっているからである．憲法改正は，今ある憲法の枠内で条文の修正，削除，追加をおこなうことであるから，これを超える場合は現憲法の破棄と新たな憲法の制定ということになる．

この憲法改正についての限界については，憲法自身の規定からうかがえる．憲法前文1段で，「日本国民は，正当に選挙された国会における代表者を通じて行動し」とまず民主主義についてふれ，次に「わが国全土にわたつて自由のもたらす恵沢を確保し」と自由を保障し，「政府の行為によつて再び戦争の惨禍が起ることのないやうにすることを決意し」と戦争の放棄をうたい，「ここに主権が国民に存することを宣言し」と国民主権を確認してい

る．次に，「そもそも国政は，国民の厳粛な信託によるものであつて，その権威は国民に由来し，その権力は国民の代表者がこれを行使し，その福利は国民がこれを享受する」と，アメリカのリンカーン大統領がゲティスバーグで演説した「人民の人民による人民のための政治」と同様の文言を置いている．そして，「これは人類普遍の原理であり」と言うのである．したがって，民主主義・自由の保障・戦争の放棄・国民主権は「人類普遍の原理」なのだから，変えてはいけないということになる．

　また，憲法11条は基本的人権の永久不可侵性を規定したものであり，憲法97条で再度，「これらの権利〔この憲法が日本国民に保障する基本的人権〕は，……現在及び将来の国民に対し，侵すことのできない永久の権利として信託されたものである」と規定している．将来の国民にも保障される永久の権利であるから，将来，基本的人権を奪うことも想定していないことがわかる．

　実際に憲法改正の限界の内容としては，改正手続と基本原理（特に，国民主権，基本的人権の尊重，平和主義といった三大基本原理）は変えてはいけないと考えられている．したがって，例えば今後日本で極右勢力が国内で大勢となり，天皇主権，基本的人権の安易な制約（例えば，女性・外国人・障がい者などを差別すること），戦争主義を掲げる憲法改正を数の力で強行したとしても，それは憲法改正の限界を超えるので無効と考える．ただし，平和主義については，平和主義の大枠を変更しなければ，9条2項の改正は許されると一般的に解されている．しかし，憲法の平和主義の独自性は9条2項にあるとの立場から，これには批判もある．

2　憲法の保障

①　憲法の保障とは

　憲法は国家の最高法規として国家権力の行動の仕方や範囲を定め，それによって国民の基本的人権を保障するものである．かつて，国家権力が国民の人権を侵害したから，今後はそのようなことをさせないために憲法をつくった．国家権力は常に憲法を侵害し，国民の権利を制約する可能性があるの

で，国家権力が憲法を侵害するような場合に，憲法規範の回復・予防措置が必要となってくる．このような，憲法を国家権力から守るための方策のことを「憲法の保障」という．

この憲法の保障には，憲法自体に規定されている憲法内的保障と，憲法には規定されていない超憲法的保障とがある．

② 憲法内的保障

まず，憲法内的保障であるが，これには事前の方策と事後の方策とがある．

まず，事前の方策であるが，一つめは，憲法の最高法規性の宣言である．憲法98条1項で，「この憲法は，国の最高法規であつて，その条規に反する法律，命令，詔勅及び国務に関するその他の行為の全部又は一部は，その効力を有しない」としている．ただ，宣言だけでは不十分なので，憲法81条の違憲審査制で担保している．

二つめは，公務員の憲法尊重擁護義務である．憲法99条で，「天皇又は摂政及び国務大臣，国会議員，裁判官その他の公務員は，この憲法を尊重し擁護する義務を負ふ」としている．実際に国家権力を行使するのはこのような人たちだから，こういった規定がある．だから，公務員試験には憲法の問題が出るし，公務員採用・就任前に，憲法尊重擁護の宣誓文に署名する．そして，この99条のなかに「国民」が含まれていないことが重要である．憲法は国民が国家権力をしばるためにつくったものだからである．この憲法尊重擁護義務の効果としては，法的義務というよりも道徳的義務と考えられることが多いが，公務員の服務宣誓拒否は職務上の義務違反として懲戒理由になりうるし，憲法の侵犯および破壊行為も公務員の懲戒や裁判官弾劾の事由とされる．憲法96条で憲法改正の発議は国会がおこなうことになっていることからすると，憲法改正権者である国民の意思を反映する（はず）の国会議員が憲法改正の主張をおこなうことは改正の前提として認められるが，内閣総理大臣はじめ各国務大臣がその立場で憲法改正を主張すべきでないと解すべきである．

三つめは，三権分立である．国家権力を立法権，行政権，司法権の三つに分け，お互い牽制させることで，国家権力の暴走を防いでいる．

四つめは，硬性憲法の技術である．硬性憲法とは，憲法改正が法律改正よりハードルの高い手続でおこなわれる憲法のことである．日本国憲法の場合，法律改正は基本的に国会の出席議員の過半数でできるが，憲法改正は各議院の総議員の3分の2以上の賛成が必要で，さらに国民投票も必要なので，日本は硬性憲法である．また，憲法の重要性から，多くの国で硬性憲法となっている．

　次に，事後の方策であるが，先にふれた憲法81条の違憲審査制がある．

③　超憲法的保障

　戦争・内乱・大規模な自然災害などの緊急事態時で，平時の統治機構のもとでは対処できない場合，憲法を一時的に停止して非常措置をとり，憲法秩序を護る方策を国家緊急権と言う．国家緊急権の行使は，国王，大統領，内閣総理大臣など行政権の長に権限を集中してなされる．本来，憲法によってしばりをかけられている側の公権力によって行使されるものであるから，国家緊急権の目的であるはずの憲法秩序の擁護を越えてしまう危険性がある．例えば，ドイツではワイマール憲法48条に大統領の非常事態権限があり，これをナチスが濫用・悪用した結果，14年間で250回以上も発動された．そこで，戦後のドイツでは1968年制定の基本法に緊急事態条項が挿入されたが，防衛事態認定は連邦議会がおこなうことにし，憲法裁判所による統制もある．戦前の大日本帝国憲法には，緊急勅令（8条「天皇ハ公共ノ安全ヲ保持シ又ハ其ノ災厄ヲ避クル為緊急ノ必要ニ由リ帝国議会閉会ノ場合ニ於テ法律ニ代ルヘキ勅令ヲ発ス」），戒厳大権（14条「天皇ハ戒厳ヲ宣告ス」），非常大権（31条「本章〔第二章　臣民権利義務〕ニ掲ケタル条規ハ戦時又ハ国家事変ノ場合ニ於テ天皇大権ノ施行ヲ妨クルコトナシ」）があり，特に緊急勅令は1928年の治安維持法改正（最高刑を死刑に）など乱発された．大日本帝国憲法には国家緊急権があったのに，日本国憲法にはないことから，戦前の反省からあえて「沈黙」したと考えられる．

　これに対して，緊急事態において，憲法秩序の護り手としての国民が行使する権利が抵抗権である．圧政による憲法秩序の破壊に対し，ほかに合法的な救済手段が不可能になったときに，国民が実力行使によって抵抗し，憲法

秩序回復をはかる権利のことである．特に市民革命前は，自然権を基礎とした立憲主義に内在する権利と理解され，実際に市民革命では大きな役割を果たした．その結果，1789年のフランス人権宣言 2 条にも「圧政への抵抗権」が保障されている（ただ，市民革命期の抵抗権は，革命権として理解されるべきという議論もある）．

　以上，緊急事態時に，国家権力の側から対応する国家緊急権と，国民の側から対応する抵抗権とは，力のベクトルが逆向きになっている．日本国憲法は抵抗権を明文化していないが，憲法12条は自由・権利の保持責任を明記し，97条も「人類の多年にわたる自由獲得の努力の成果」である永久不可侵な基本的人権を保障していることから，抵抗権を容認しているとも考えられる．

三　現実問題

1　「人の支配」政治

　憲法の保障で議論のある国家緊急権は，最近の日本では緊急事態条項論として議論されている．このなかには，改憲によって，内閣に法律と同等の効力を有する政令を出せるとするものもある．このような緊急事態条項が憲法に創設されれば，この間の自民党政権による首相の権限強化や首相の「暴走」からすると，大変危険とも言える．中曽根首相による「大統領的首相」論の問題点については，第17章三 **1** ②で説明した．安倍首相も，国家安全保障会議の設置で中曽根政治を引き継ぎ，「人の支配」政治をおこなったことについても，第17章「この章を学ぶ前に」および三 **1** ②で述べたとおりである．

2　改憲論

①　2012年自民党改憲案

　本章一 **2** ②でふれた2012年の自民党の全面的改憲案である「日本国憲法

改正草案」は，基本的に復古主義的な内容であるが，新自由主義的な内容も含む改憲案である．すなわち，天皇元首化，日の丸・君が代・元号規定，国防軍の設置，自衛権の明記（全面的な集団的自衛権行使可能），平和的生存権の削除，軍事裁判所の設置，人権制約原理の変更（国家優先時に安易に人権制約可能に），在住外国人の選挙権の否定，特定「目的」の結社禁止，職業選択の自由の公共の福祉からの解放（野放しの営業の自由の保障），家族条項，公務員の労働基本権の制限，首相の権限強化，地方自治の後退，緊急事態条項の創設，憲法改正規定のハードル下げ，国民の憲法尊重義務，といった内容がある（このうち，職業選択の自由の公共の福祉からの解放が新自由主義的改憲案であり，家族条項には両要素がある）．

② 2018年自民党改憲案

　同じく，一2②などでふれた2018年の自民党の4項目改憲案は，①9条への自衛隊の明記，②緊急事態条項の創設，③合区解消・地方公共団体規定，④教育充実から成る．しかし，①はただ憲法に自衛隊を書き込む改憲案ではなく，首相の判断だけで全面的な集団的自衛権行使可能な自衛隊を保持しようとするものである．③は参議院選挙区の合区をなくし，都道府県からかならず1人選出可能にしようとしているが，衆参両院は全国民の代表機関であるはずなのに，地方代表を認めようとするものである．④は中等高等教育機関の無償化を具体的に言うものではなく，教育への国家介入を正当化するものである．

③ 統一協会の改憲案

　2022年の安倍元首相の銃撃事件後，安倍元首相や自民党議員と統一協会との関係が注目されるようになった．統一教会系の国際勝共連合は2017年に改憲案を説明している．ここでは，緊急事態条項の新設，家族保護の文言追加（家族は社会の自然かつ基礎的単位とし，同性婚を否定している），自衛隊の明記（集団的自衛権の限定行使容認を含む．行使主体は「自衛軍」でも「国防軍」でもよいとする）を取り上げていた．この3項目は自民党のめざす改憲と非常に親和的な内容である．

④ 留意すべき点

　昨今の改憲論には，広範な賛成がえられやすい新しい権利規定論や首相公選制，憲法裁判所の設置論などもあるが，改憲のための誘導論という側面もある．改憲派の文書等から読みとれるのは，解釈改憲がもう限界にきたので，最低限9条は変えたいという意図である．一方で，昨今はグローバリズム・新自由主義改革にあわせた統治規定の再編のための全面改憲案もある．

　ただ，まず憲法改正を考える前に留意すべき点は，憲法は国民による国家の制限規範であるから，常に制限される側は憲法を疎ましく思っている点である．したがって，国民の側からもっと国家権力のしばりを強化したいという改憲案が出てくるのは大変望ましいが，国家権力の側から出てくる改憲論には注意が必要であり，警戒すべきである．

⑤ 今後の展開予想

　今後の展開予想としては，国民の改憲に反対する声が強い場合は，解釈改憲や立法改憲を進めると思われる．また，実際に改憲する場合も，国民を改憲にならす（憲法改正レベル1），最低限憲法9条を変える（憲法改正レベル2），新しい国家づくりのための全面改正をおこなう（憲法改正レベル3）といった形で，国民の動向によって変わるであろう．

　しかし，日本国憲法が保障する人権規定は本当に完全に保障されているであろうか．それができない人たちが改憲をしたところで，改憲した後の憲法を護ることができるのであろうか．憲法改正よりは憲法理念の実現に努めるにしろ，憲法改正するにしろ，最終的には主権者国民一人一人の判断が問われている．

判例索引

最高裁判所

最大判 1948 年 3 月 12 日刑集 2 巻 3 号 191 頁 ……………………………………… 112

最大判 1948 年 6 月 30 日刑集 2 巻 7 号 777 頁 ……………………………………… 112

最大判 1950 年 9 月 27 日刑集 4 巻 9 号 1799 頁 …………………………………… 83

最大判 1952 年 10 月 8 日民集 6 巻 9 号 783 頁（警察予備隊違憲訴訟）………… 220

最大判 1953 年 12 月 23 日民集 7 巻 13 号 1523 頁（農地改革事件）…………… 98

最大判 1955 年 4 月 6 日刑集 9 巻 4 号 663 頁 ……………………………………… 108

最大判 1955 年 12 月 14 日刑集 9 巻 13 号 2760 頁 ………………………………… 108

最大判 1957 年 3 月 13 日刑集 11 巻 3 号 997 頁（チャタレイ事件）………… 26, 81

最大判 1959 年 12 月 16 日刑集 13 巻 13 号 3225 頁（砂川事件）………… 183, 218

最大判 1960 年 6 月 8 日民集 14 巻 7 号 1206 頁（苫米地事件）………………… 219

最大判 1960 年 7 月 20 日刑集 14 巻 9 号 1243 頁（東京都公安条例事件）……… 84

最大判 1962 年 11 月 28 日刑集 16 巻 11 号 1593 頁（第三者所有物没収事件）… 106

最大判 1963 年 3 月 27 日刑集 17 巻 2 号 121 頁 …………………………………… 241

最大判 1963 年 5 月 15 日刑集 17 巻 4 号 302 頁（加持祈禱致死事件）………… 64

最大判 1963 年 5 月 22 日刑集 17 巻 4 号 370 頁（東大ポポロ事件）…………… 92

最大判 1963 年 6 月 26 日刑集 17 巻 5 号 521 頁（奈良県ため池条例事件）…… 244

最大判 1964 年 2 月 5 日民集 18 巻 2 号 270 頁 …………………………………… 122

最大判 1964 年 2 月 26 日民集 18 巻 2 号 343 頁 …………………………………… 142

最大判 1966 年 10 月 26 日刑集 20 巻 8 号 901 頁（全逓東京中郵事件）…… 27, 158

最大判 1967 年 5 月 24 日民集 21 巻 5 号 1043 頁（朝日訴訟）………………… 129

最大判 1969 年 4 月 2 日刑集 23 巻 5 号 305 頁（都教組事件）………… 159, 221

最大決 1969 年 11 月 26 日刑集 23 巻 11 号 1490 頁（博多駅事件）…………… 74

最大判 1969 年 12 月 24 日刑集 23 巻 12 号 1625 頁（京都府学連事件）……… 34

最大判 1970 年 9 月 16 日民集 24 巻 10 号 1410 頁 ………………………………… 39

最大判 1972 年 12 月 20 日刑集 26 巻 10 号 631 頁（高田事件）……………… 110

最大判 1973 年 4 月 4 日刑集 27 巻 3 号 265 頁（尊属殺重罰規定違憲判決）…… 48, 222

最大判 1973 年 4 月 25 日刑集 27 巻 4 号 547 頁（全農林警職法事件）……… 159

最大判 1973 年 12 月 12 日民集 27 巻 11 号 1536 頁（三菱樹脂事件）………… 57

最大判 1975 年 4 月 30 日民集 29 巻 4 号 572 頁（薬事法距離制限規定違憲判決）… 223

最大判 1976 年 4 月 14 日民集 30 巻 3 号 223 頁 ………………………… 122, 223

最大判 1976 年 5 月 21 日刑集 30 巻 5 号 615 頁（旭川学力テスト事件）…… 90, 143

最大判 1977 年 7 月 13 日民集 31 巻 4 号 533 頁（津地鎮祭事件）…………… 67

最一小決 1978 年 5 月 31 日刑集 32 巻 3 号 457 頁（外務省機密漏洩事件〔西山記者事件〕）…… 75

最大判1978年10月4日民集32巻7号1223頁（マクリーン事件）・・・・・・・・・・・・・・・・・・・ 28

最三小判1981年7月21日刑集35巻5号568頁・・・・・・・・・・・・・・・・・・・・・・・・・・・・・・・・・・・ 83

最大判1983年4月27日民集37巻3号345頁・・・・・・・・・・・・・・・・・・・・・・・・・・・・・・・・・・・・ 123

最一小判1982年9月9日民集36巻9号1679頁（長沼事件）・・・・・・・・・・・・・・・・・・・・ 183

最大判1983年11月7日民集37巻9号1243頁・・・・・・・・・・・・・・・・・・・・・・・・・・・・・・・・・ 122

最大判1984年12月12日民集38巻12号1308頁（税関検査事件）・・・・・・・・・・・・・・・ 79

最大判1985年7月17日民集39巻5号1100頁・・・・・・・・・・・・・・・・・・・・・・・・・ 122，223

最大判1986年6月11日民集40巻4号872頁（北方ジャーナル事件）・・・・・・・・・・ 34，79

最大判1987年4月22日民集41巻3号408頁（森林法違憲判決）・・・・・・・・・・・・・・・・ 223

最三小判1988年2月16日民集42巻2号27頁（NHK日本語読み訴訟）・・・・・・・・・・ 35

最大判1988年6月1日民集42巻5号277頁（殉職自衛官合祀拒否訴訟）・・・・・・・・・・ 68

最二小判1988年7月15日判時1287号65頁（麹町中学内申書事件）・・・・・・・・・・・・・・ 57

最一小判1989年3月2日判時1363号68頁（塩見訴訟）・・・・・・・・・・・・・・・・・・・・・・・・ 29

最大判1992年7月1日民集46巻5号437頁（成田新法事件）・・・・・・・・・・・・・・・・・・・ 106

最大判1993年1月20日民集47巻1号67頁・・・・・・・・・・・・・・・・・・・・・・・・・・・・・・・・・・・ 122

最三小判1993年3月16日民集47巻5号3483頁（第一次家永訴訟最高裁判決）・・・・ 79

最三小判1995年2月28日民集49巻2号639頁（外国人地方参政権訴訟）・・・・・・・ 29，248

最二小判1996年3月8日民集50巻3号469頁（エホバの証人剣道授業拒否事件）・・・ 68

最大判1996年8月28日民集50巻7号1952頁（沖縄県知事代理署名拒否事件）・・・・・ 246

最大判1996年9月11日民集50巻8号2283頁・・・・・・・・・・・・・・・・・・・・・・・・・・・・・・・・・ 123

最大判1997年4月2日民集51巻4号1673頁（愛媛県玉串料訴訟）・・・・・・・・・・・・・・・ 67

最大決1998年12月1日民集52巻9号1761頁（寺西事件）・・・・・・・・・・・・・・・・・・・・・ 227

最大判1999年11月10日民集53巻8号1441頁・・・・・・・・・・・・・・・・・・・・・・・・・・・・・・・ 122

最三小判2000年2月29日民集54巻2号582頁（エホバの証人輸血拒否事件）・・・・・・ 64

最大判2002年9月11日民集56巻7号1439頁（郵便法違憲判決）・・・・・・・・・・・・・・・・ 223

最三小判2002年9月24日判時1802号60頁／判タ1106号72頁（『石に泳ぐ魚』事件）・・・・・ 81

最一小判2002年12月22日民集57巻11号2335頁・・・・・・・・・・・・・・・・・・・・・・・・・・・・ 56

最大判2005年1月26日民集59巻1号128頁・・・・・・・・・・・・・・・・・・・・・・・・・・・・・・・・・ 29

最大判2005年9月14日民集59巻7号2087頁（在外選挙権違憲判決）・・・・・・・・・・・・ 223

最二小判2006年6月23日判時1940号122頁・・・・・・・・・・・・・・・・・・・・・・・・・・・・・・・・ 69

最三小判2007年2月27日民集61巻1号291頁・・・・・・・・・・・・・・・・・・・・・・・・・・・・・・・ 58

最一小判2008年3月6日民集62巻3号665頁（住基ネット違憲訴訟）・・・・・・・・・・・・ 36

最大判2008年6月4日民集62巻6号1367頁（国籍法違憲判決）・・・・・・・・・・・・・・48，223

最大判2010年1月20日民集64巻1号1頁（空知太神社事件）・・・・・・・・・・・・・・・・・・ 67

最大判2011年3月23日民集65巻2号755頁・・・・・・・・・・・・・・・・・・・・・・・・・・・・・・・・・ 122

最二小判2011年5月30日民集65巻4号1780頁・・・・・・・・・・・・・・・・・・・・・・・・・・・・・・ 59

最一小判2011年6月6日民集65巻4号1855頁・・・・・・・・・・・・・・・・・・・・・・・・・・・・・・・ 59

最三小判2011年6月14日民集65巻4号2148頁・・・・・・・・・・・・・・・・・・・・・・・・・・・・・・ 59

最一小判2012年1月16日判時2147号127頁・・・・・・・・・・・・・・・・・・・・・・・・・・・・・・・・ 59

最一小判 2012 年 1 月 16 日判時 2147 号 139 頁 ・・・・・・・・・・・・・・・・・・・・・・・・・・・・・・・・・・・ 59
最大判 2012 年 10 月 17 日民集 66 巻 10 号 3357 頁・・・・・・・・・・・・・・・・・・・・・・・・・・・・・・・ 123
最大決 2013 年 9 月 4 日民集 67 巻 6 号 1320 頁（非嫡出子法定相続分規定違憲判決）・・・48，223
最大判 2014 年 11 月 26 日民集 68 巻 9 号 1363 頁・・・・・・・・・・・・・・・・・・・・・・・・・・・・・・・ 123
最大判 2015 年 12 月 16 日民集 69 巻 8 号 2427 頁（再婚禁止期間一部違憲判決）・・・・・・・・48，223
最大判 2015 年 12 月 16 日民集 69 巻 8 号 2586 頁 ・・・・・・・・・・・・・・・・・・・・・・・・・・・・49，224
最大判 2017 年 9 月 27 日民集 71 巻 7 号 1139 頁 ・・・・・・・・・・・・・・・・・・・・・・・・・・・・・・・ 123
最大決 2021 年 6 月 23 日集民 266 号 1 頁 ・・・・・・・・・・・・・・・・・・・・・・・・・・・・・・・・・49，224
最大判 2022 年 5 月 25 日民集 76 巻 4 号 711 頁（在外邦人の最高裁国民審査権制限違憲判決）
　・・ 223
最三小判 2023 年 9 月 12 日民集 77 巻 6 号 1515 頁 ・・・・・・・・・・・・・・・・・・・・・・・・・・・・・ 193
最大判 2023 年 10 月 25 日民集 77 巻 7 号 1792 頁（性同一性障害特例法生殖不能手術規定違憲
　判決）・・ 223
最大判 2024 年 7 月 3 日裁判所ウェブサイト（旧優生保護法強制不妊手術規定違憲判決）・・・ 223

高等裁判所

札幌高判 1976 年 8 月 5 日行集 27 巻 8 号 1175 頁（長沼事件）・・・・・・・・・・・・・・・・・・・・・・ 183
大阪高判 1992 年 7 月 30 日判時 1434 号 38 頁・・・・・・・・・・・・・・・・・・・・・・・・・・・・・・・・・・・ 69
福岡高判 1995 年 10 月 26 日判時 1555 号 140 頁／判タ 901 号 266 頁 ・・・・・・・・・・・・・・・・ 73
東京高判 2005 年 9 月 28 日 ・・ 86
大阪高判 2005 年 9 月 30 日訴月 52 巻 9 号 2979 頁 ・・・・・・・・・・・・・・・・・・・・・・・・・・・・・・ 69
名古屋高判 2008 年 4 月 17 日判時 2056 号 74 頁（自衛隊イラク派兵差止訴訟）・・・・・・・・・・ 183

地方裁判所

東京地判 1959 年 3 月 30 日下刑集 1 巻 3 号 776 頁（砂川事件）・・・・・・・・・・・・・・・・・・・・・ 183
東京地判 1960 年 10 月 19 日行集 11 巻 10 号 2921 頁（朝日訴訟）・・・・・・・・・・・・・・・・・・・ 129
東京地判 1964 年 9 月 28 日下民集 15 巻 9 号 2317 頁（『宴のあと』事件）・・・・・・・・・・・・・・・ 35
札幌地判 1967 年 3 月 29 日下刑集 9 巻 3 号 359 頁（恵庭事件）・・・・・・・・・・・・・・・・・・・・・ 221
旭川地判 1968 年 3 月 25 日下刑集 10 巻 3 号 293 頁（猿払事件）・・・・・・・・・・・・・・・・・・・・ 222
東京地判 1971 年 11 月 1 日判時 646 号 26 頁（全逓プラカード事件）・・・・・・・・・・・・・・・・・ 222
東京地判 1970 年 7 月 17 日行集 21 巻 7 号別冊 1 頁（第二次家永訴訟第一審判決〔杉本判決〕）
　・・・ 143，222
札幌地判 1973 年 9 月 7 日判時 712 号 24 頁（長沼事件）・・・・・・・・・・・・・・・・・・・・・・・・・・ 183
東京地判 1974 年 7 月 16 日判時 751 号 47 頁（第一次家永訴訟第一審判決〔高津判決〕）・・・・ 143
岡山地判 2009 年 2 月 24 日判時 2046 号 124 頁（自衛隊イラク派兵差止訴訟）・・・・・・・・・・ 183

事項索引

あ

旭川学力テスト事件　90，143
朝日訴訟　128
新しい権利　34
アメリカ合衆国憲法　16，71，105
安保三文書　187，189
安保条約（日米安全保障条約）　180，186，218，246
安保法制　13，71，187-190，251
家永訴訟　79，142-143，222
違憲審査制　213，219-220，222-223，255-256
『石に泳ぐ魚』事件　81
一事不再理　112-113
『宴のあと』事件　35
上乗せ規制　243
営業の自由　99
恵庭事件　221
NHK日本語読み訴訟　35
愛媛県玉串料訴訟　67
エホバの証人剣道授業拒否事件　67
エホバの証人輸血拒否事件　64
沖縄県知事代理署名拒否事件　246

か

会計検査院　233
外国移住・国籍離脱の自由　99
外国人地方参政権訴訟　29，248
外務省機密漏洩事件（西山記者事件）　75
下級裁判所　214-215，217
学問の自由　88-94
加持祈禱致死事件　64
環境権　131-133
議員定数不均衡問題　121-124，223

議院内閣制　207，242
喫煙の自由　38-39
君が代　58-59，138，170-171
義務教育　141-142
教育基本法　136-142，147-148
教育の機会均等　44，139-140，149-150
教育を受けさせる義務　141
教育を受ける権利　135-151
教授の自由　90-91
行政権　194，205，207
共通番号制度（マイナンバー制度）　38
京都府学連事件　34
居住・移転・職業選択の自由　98-99
緊急事態条項　133-134，256-257
勤労の権利と義務　154-155
経済的自由　78-79，95-100
警察予備隊違憲訴訟　220
刑事被告人の権利　109-111
刑事補償請求権　113，118-119
決算　233
検閲　78-79
元号　172-173
健康増進法　39
元首　167，168
憲法裁判所　220，223-224
憲法尊重擁護義務　255
憲法の改正（憲法改正）　182，188-189，198，200，249-259
憲法の制定（憲法制定）　252，253
憲法の保障　254-257
憲法判断の回避　221
権利主体（人権享有主体）　27-29，30-31
権利章典　15，230
権利請願　15，103，230
皇位継承　168

公害規制　　131
公共の福祉　　25-27, 29-30, 98-99, 100, 158
合憲限定解釈　　221-222
麹町中学内申書事件　　57
公衆衛生　　129, 131, 134
硬性憲法　　256
交戦権　　178, 181
公的行為　　169-170
公的扶助　　130
幸福追求権　　32-40, 132
公平・迅速・公開裁判を受ける権利　　109-110
公法　　23
公務員の労働基本権　　158-160, 221
拷問・残虐刑の禁止　　112
合理的区別　　45-46
国事行為　　169-170
国民審査　　120, 217, 223, 224, 228
国務請求権　　113, 118-119
国連憲章　　177, 180, 184-185
国会　　117, 192-202, 231
国家からの自由　　14
国家緊急権　　256-257
国家権力制限規範　　13
国家による自由　　15
国家賠償請求権　　119
国家への自由　　15
子どもの権利条約　　144-146
個別的自衛権　　185, 190

さ

罪刑法定主義　　106, 112
最高裁判所　　196, 214-215, 224, 228
財産権　　26, 95-100, 223, 244
財政　　198, 229-236, 248
財政国会中心主義　　231
財政民主主義　　231
裁判員制度　　225
裁判所　　48, 109-110, 198, 212-228
裁判を受ける権利　　109-110, 118-119

差別的表現　　82, 84-86
猿払事件　　222
参審制　　225
参政権　　14-15, 28, 117-118, 120-121, 248
自衛権　　176-177, 179, 180-181, 190
自衛隊イラク派兵差止訴訟　　183
自衛隊の海外派兵の禁止　　187
塩見訴訟　　29
死刑〔制度〕　　105, 112, 115-116
自己決定権　　34-37, 64
事後法の禁止　　112
私人間効力　　23-24
事前抑制の禁止　　78
思想・良心の自由　　53-59
自白排除の法則　　111
私法　　23-24
司法　　212-228
司法権　　194, 213, 214, 215, 217
市民革命　　12, 13, 14-16, 21-23, 42-43, 71, 89, 96, 97, 99, 103, 105, 126, 193, 257
氏名権　　34-35
社会学的代表　　195
社会権　　14-15, 16, 126, 140
社会手当　　131
社会福祉　　129, 131
社会保険　　130
集会・結社の自由　　77
住基ネット違憲訴訟　　35
自由権　　14-16, 140
自由選挙　　121
集団的示威行動（デモ行進）　　77, 83-84
集団的自衛権　　185, 187, 188-191
住民自治　　240
祝日　　173
取材の自由　　74-75
殉職自衛官合祀拒否訴訟　　68
消極的平和　　185
肖像権　　34, 37-38
証人の審問権・喚問権　　110
条例　　196, 238, 240-241, 242-244

女帝論　173-174
知る権利　76-77
人格権　34-35, 64, 68
信教の自由　60-69
人権規定　13-14
人権の制約原理　24-27, 258
人身の自由　101-116
砂川事件　183, 218, 227
請願権　118-119
税関検査事件　79
政教分離　64-67, 234
政治的代表　194-195
精神的自由　14
生存権　125-134
政令　196, 206-207, 209, 210-211
積極的差別解消措置　46-47
積極的平和　185
絶対的平等　45
専守防衛　187
戦争の放棄　17, 104, 178, 184, 253-254
戦争法　187, 188-189, 251
全逓東京中郵事件　158-159
全逓プラカード事件　222
全農林警職法事件　159
戦力の不保持　179-180, 183
争議権　156
相対的平等　45
租税法律主義　231
空知太神社事件　67

た

大学の自治　90, 91-92
第三者所有物没収事件　106
大統領制　207, 209
大日本帝国憲法（明治憲法）　13, 17-18
高田事件　110
堕胎罪　50
弾劾裁判〔所〕　198, 215, 217
団結権　16, 155

団体交渉権　155
団体行動権　156
団体自治　240, 241
治安維持法　53, 72, 103, 256
地方公共団体　196, 238-248
地方自治　237-248
地方分権一括法　239, 245-246
チャタレイ事件　26, 81
直接選挙　121
通信の秘密　37, 77-78
通信傍受法（盗聴法）　38, 78
津地鎮祭事件　67
抵抗権　256-257
敵基地攻撃能力（敵基地攻撃論）　189-190
適正手続の保障　105-106
適用違憲　221
寺西事件　212, 227
天皇制　17, 44-45, 70, 101, 164-174, 249
天賦人権論　22
東京都公安条例事件　83
同性婚　49, 50-51
東大ポポロ事件　91
統治規定　13-14
統治行為論　183, 218-219
都教組事件　159, 221
特別区　238, 241-242
特別高等警察（特高）　54, 101, 103-104, 111, 112
苫米地事件　219
奴隷的拘束・意に反する苦役からの自由　104-105

な

内閣　196, 197, 198, 203-211, 232, 233, 253
内閣総理大臣　169, 191, 197, 198, 205-208, 210, 255, 256
長沼事件　183, 216
奈良県ため池条例事件　244

成田新法事件　106
二院制　194，196-197
二重の基準論　79-80
日本学術会議の任命拒否問題　92-93
農地改革事件　98

は

陪審制　225
破壊活動防止法　84
博多駅事件　74
犯罪被害者の権利　114-115
非核三原則　187，244
被疑者の権利　107-109
人の支配　12，203，257
日の丸　58-59，72，138，171-172
秘密選挙　121
秘密保護法　30，87
表現の自由　70-87，124
平等選挙　44，121
夫婦同姓・別姓　49，50
武器輸出三原則　187
不戦条約　176，178
普通選挙　44，117-118，120
不当な侵入・捜索・押収からの自由　109
不当な逮捕からの自由　107
プライヴァシー権　34-36，37-38，39，77，81-82，87
フランス人権宣言　16，71，96，193，257
不利益供述強要の禁止　111
文民　177，205，209-210
ヘイトスピーチ　82
平和主義　137，175-191，234-235，244-245
平和的生存権　37，181-183，190
弁護人依頼権　110-111
法曹一元化　225
放送の自由　75-76
法治主義　13
報道の自由　74

法の支配　12，13，203
法の下の平等　41-52，168，173
法律の留保　26
法令違憲　221，222-223
補強証拠の法則　111
北方ジャーナル事件　34，79

ま

マグナ・カルタ　15，103，230
マクリーン事件　28
マッカーサー三原則　17
マッカーサー草案　17，194
宮本裁判官再任拒否事件　217，226-227
明確性の原則　80，81，106
明白かつ現在の危険　80
三菱樹脂事件　57
名誉権　34，79，81，82
目的・効果基準　66-67

や

靖国神社　65，67，69
横出し規制　243
予算　197，198，206，232-233，235-236
予備費　206，232-233

ら

立憲主義　13，103，189，220，257
立法権　167，193-194，195
労働基準法　154，156-157
労働基本権　155-156，158
労働契約法　156，157
労働者の権利　152-162

わ

ワイマール憲法　16，89，97，126，153，256

著者

清水雅彦 (しみず・まさひこ)

1966年兵庫県尼崎市生まれ．神奈川県立茅ヶ崎北陵高校卒業，明治大学法学部卒業，明治大学大学院法学研究科博士後期課程単位取得退学．明治大学等非常勤講師，札幌学院大学法学部教授などを経て，現在，日本体育大学体育学部教授．専門は憲法学．研究テーマは平和主義，監視社会論．

著書に，『治安政策としての「安全・安心まちづくり」』(単著，社会評論社，2007年)，『クローズアップ憲法』(共著，法律文化社，2008年)，『平和と憲法の現在』(共編著，西田書店，2009年)，『市民的自由とメディアの現在』(共著，法政大学出版局，2010年)，『平和への権利を世界に』(共著，かもがわ出版，2011年)，『アイヌモシリと平和』(共著，法律文化社，2012年)，『憲法を変えて「戦争のボタン」を押しますか？』(単著，高文研，2013年)，『秘密保護法は何をねらうか』(共著，高文研，2013年)，『すぐにわかる　集団的自衛権ってなに？』(共著，七つ森書館，2014年)，『秘密保護法から「戦争する国」へ』(共編著，旬報社，2014年)，『マイナンバー制度』(共著，自治体研究社，2015年)，『すぐにわかる　戦争法＝安保法制ってなに？』(共著，七つ森書館，2015年)，『日米安保と戦争法に代わる選択肢』(共著，大月書店，2016年)，『緊急事態条項で暮らし・社会はどうなるか』(共著，現代人文社，2017年)，『安倍改憲をあばく』(共著，東方出版，2019年)，『9条改憲──48の論点』(単著，高文研，2019年)，『令和から共和へ──天皇制不要論』(共著，同時代社，2022年)，『憲法改正と戦争──52の論点』(単著，高文研，2023年) など．

装幀　森デザイン室
DTP　編集工房一生社

シリーズ　大学生の学びをつくる
憲法入門——法・歴史・社会をつなぐ

2024年3月15日　第1刷発行　　　　　定価はカバーに
2024年8月20日　第2刷発行　　　　　表示してあります

著　者　清　水　雅　彦

発行者　中　川　　　進

〒113-0033　東京都文京区本郷2-27-16

発行所　株式会社　大　月　書　店　　印刷　太平印刷社
　　　　　　　　　　　　　　　　　　製本　中永製本

電話（代表）03-3813-4651　FAX 03-3813-4656　振替00130-7-16387
http://www.otsukishoten.co.jp/

ISBN978-4-272-24015-9　C0032　Printed in Japan